作者簡介

尼爾・唐納・沃許（Neale Donald Walsch）。一九九五年，在他人生最低潮期，一天因寫了一封憤怒信給神，沒想到這信竟得到了回答，也因此產生了一本驚世之作——《與神對話》。之後，他整個的人生觀與生活都改變了。而創立了一個叫做「再創造」（ReCreation）的組織，專門致力在傳播自己所領悟的喜悅、真理與愛的信念。目前與妻子南茜住在美國的奧勒岡。

譯者簡介

孟祥森，台灣大學哲學系、輔仁大學哲學研究所畢業，曾任教台灣大學等學府。

著有《人間素美》《給你一朵禪的花》《給你一枚禪的果》《濱海茅屋扎記》《愛生哲學》《念流》等十餘種作品。

譯有《異鄉人》《蘇菲之路》《愛的藝術》《動物解放》等涵蓋文學、哲學、心理、社會學、歷史、環保各領域的著作，約六十餘種。

他熱愛生命，珍愛自然界中的一草一木，並投注許多心力於地球的生態保護上。

推薦序

一輩子等待的一本書

自然寫作家　徐仁修

「生命是什麼？」

「生命來自何處？」

「生命有什麼意義？」

「生活爲何是這樣子？」

這人生的基本問題，總是讓有點思想的人沉思不已。

我也一樣，半輩子尋覓，在經書中，在大師的話裡，在旅行路上，在探險途中，在攝影、在錄音時……但我沒有找到能說服自己的答案。後來我在大自然深處，證見了創造生命萬物的神奇力量，可是我仍然不解：祂，爲何要創造生命，創造人類，創造靈魂？

《聖經》說：「上帝創造萬物。」這我相信，但沒有說上帝爲什麼要創造萬物？

佛家說：「宇宙萬物因緣際合而產生。」這太含糊，等於沒說。

不過，以上種種太初以來無解的問題，我都在《與神對話》中找到了答案，而且是能深深說服我的答案。所以，這是一本我一輩子等待的書。

這也是人類世世代代所渴望見到又沒見到的一本書，竟能在這個時候出現，我輩何其幸運，能等到了這本書。

我第一次閱讀《與神對話》，不過才讀到五十幾頁，就讓我震驚，隨著頁數的增加，我開始亢奮，最後竟至狂喜，以至數日都不思睡眠。只因爲知道創造我們的神是如此慈悲、幽默、偉大，讓我在剎那間身心安頓，知所行止，了然生死。我開始學習「欣賞一切，不加評斷」，並試著體驗「萬物一體，與神同在」的感覺，也漸漸可以「一無所需，享受一切」。

半年來，一、二冊我已深讀了六次，目前正在做第七次的閱讀，而每一次都有新的體悟，也仍那樣亢奮狂喜。宇宙、人生這樣複雜深奧的大問題，只有創造它的神，才能用這樣深入淺出又明確的邏輯與比喻來答覆。

幸好這本書是在我年過半百時出現，若是在我年輕時，我閱歷粗淺、智慧不足，不會有興趣去翻或了解這書。若在年老時，成見已深、習性難改，恐只會低空掠過此書。而它就出現在此時此刻，對我而言，正是時候。我謝天謝地，謝謝那些讓這書出現的人，他們都是神的使者，也謝謝紅雲教官，他也是神的使者，把書送到我手中。

我也要成爲使者，把書介紹到衆人裡去。

能爲《與神對話》寫幾個字，將是我做爲作家一生中所寫的篇章中，最有意義，也是最重要的一篇。我謝謝給我這機會的人，也謝謝神的安排。我知道「一切的事物，沒有偶然，沒有意外，一切都是安排與選擇」。

譯序

天書

孟祥森

我覺得《與神對話》三部曲確實是「天書」。當然，它是經過人這「過濾器」過濾出來的，因此，總是會受到局限或有所偏失。因此，有些內容我仍會存疑或者不接受。但我接受這整套書；我接受它的心意，接受它許多寶貴的啓示與教誨。

我承認它是「天書」。

我認爲書中的神，是我最好的老師與朋友，我也非常喜歡紀錄者尼爾，他是個活潑、可愛、事事關懷而熱烈渴望眞理的人。

我有幸成爲此書的譯者之一，當我翻譯此書時，照進室內的陽光常常讓我覺得是「神光」。

感謝方智出版社將此書交給我，感謝編輯的費心編校，更感謝王季慶小姐非常細心的改正我譯文的許多錯誤。

感謝沃許，有這樣的人，出這樣的書。

當然，更要感謝書中呈現的這個神，這個神，我雖還不甚懂得，但非常喜歡，我已經四十幾年沒有感謝神了，現在我心中的他，是充滿了光與溫暖的好朋友與老師。

附件：譯文中的章名，是原書中所沒有的，主要爲方便讀者重複閱讀，以爲籤記之用罷了。

自序

遲來的神聖訊息

這是一本非比尋常的書。我這樣說，好像我跟這本書沒有多大關係似的。事實上，我所做的眞的就只是「出席」——問幾個問題，然後聽寫下來而已。

從一九九二年當我開始與神對話，我所做的就一直是如此。那一年，在極度的沮喪中，我不斷懊惱的問道：究竟我要如何做，才能使生活有意義？我究竟又做了什麼，才使得我的生活變得如此不堪？

有一天，我把這些問題寫在一本筆記簿上，那是一封憤怒的信，寫給神的信，但讓我震驚的是，神回答了，是在我心中以無聲之聲向我細語回答。幸運的是，我把這些話都寫了下來。

於今，我已這樣做了六年。出於我被告知這些私下的對話有一天將成爲書籍，我便於一九九四年底將這些話的第一部分交給了一家出版社。七個月後，它們就出現在各書局的書架上了。此刻，在我寫這篇序的時候，它們已在《紐約時報》暢銷書排行榜上持續了九十一個星期。

第二部對話也成爲暢銷書，在《紐約時報》排行榜上也好多個月居高不下。而現在，是這本非比尋常的對話的第三部，也是最後一部了。

第三部共花了四年的時間才寫成，得來不易。靈感與靈感之間的間隔，有時非常的長，有一次竟達半年之久。第一部的言詞是在一年之間口述完畢，第二部比一年略長一些，但這最後一部卻是我不得不在公開的聚光燈下完成的。因爲從一九九六年以後，不論我去到哪裡，永遠有人問我：「第三部什麼時候出版？」「第三部在哪？」「我們什麼時候可以讀到第三部？」

你可以想像這對我造成何等的壓力，這對完成這本書的過程又會有何等的衝突。我感覺自己就像在洋基棒球場的投手踏板上做愛一樣。

其實，在那裡做愛可能比我寫這第三部還更有隱密性。在本書的書寫過程中，每當我一拿起筆，就感到有五百萬人在瞇眼看著我，在等著、在渴望著每一個字。

我寫這些話，並不是爲了祝賀我終於完成了這部書，而是在解釋爲什麼這第三部會來得如此之晚。這幾年來，我身體和心靈的獨處時間都非常的少，而且間斷甚久。

我於一九九四年春季開始啓筆寫這部書，不久中斷了幾個月，其後又跳過了整整一年，而最後的幾章，則是在一九九八年春季和夏季才完成的。

雖然這部書花了這麼長的時間，但有一點是你們至少可以信賴的，就是這部書絕不是勉強寫出來的——絕不是。靈感要不是清清楚楚的來臨，就是我乾脆把筆放下，拒絕書寫——有一次一擱就擱了十四個月。因爲我下定決心，如果只是因爲我說過我要寫，就非得寫不行，則我寧可不寫。這雖然使我的出版商有點緊張，可是卻很有助於讓我對我寫出來的東西有信心——儘管這信心來得較爲漫長。現在，我終於可以把它呈現給你了。這部書的內容是總結了前兩部的教誨，並將它們帶到必然的，而又令人屏息的結論。

如果你曾讀過前兩部的前言，你就知道，我那時是有些害怕的。實際上是深恐那些言詞會造成什麼反應。但現在，我已不再害怕了。對於這第三部，我是什麼憂慮都沒有了。因爲我知道這其中的洞見，其中的眞理，其中的溫暖和其中的愛，會感動許多人。

我相信這是神聖的精神訊息。現在我看出來，這三部曲的每一部都是如此，它們將會在數十年中被人一讀再讀，不斷的研究探索；甚至不只數十年，而是數個時代；甚至數個世紀。因爲這三部曲涵蓋的題材非常的精深廣泛，從人與人的關係說到終極的眞相，說到宇宙的結構，說到生，說到死，說到浪漫的愛、婚姻、性、爲人父母、健康、教育、經濟、政治、精神與宗教、志業與正當的生計、物理、時間、社會習俗與道德、創造歷程、我們與神的關係、生態、罪與罰、宇宙間高度演化了的社會中的生活、對與錯、文化神話與文化倫理、靈魂、靈魂伴侶、眞愛的本質，以及如何將我們的神性表彰出來——因爲我們知道這神性就是我們的本性。

我眞誠的祈望你能從這三部曲中得到益處。

祝福你！

1 你教的，正是你必須學的

今天是一九九四年的復活節，我依指示，手上拿著鉛筆，在這裡等待。我在等待神。他答應我他會出現，就如她在過去的兩個復活節一樣，我們將開始另一段為時一年的對話。這次是第三部，就我所知也是最後一部。

這非比尋常的對話過程始於一九九二年，將於一九九五年的復活節完成。三年，共三部書。第一部以個人的事務為主：情感關係，正常的工作，金錢、愛情、性和神等巨大力量，以及如何把它們納入到日常生活中。第二部則將這些主題擴充，推向全球的政治考量，諸如政府的性質，如何締造一個沒有戰爭的世界、一個全球的和統一的社會。而這第三部，依我得到的指示，則是將焦點集中在我們人類所面對的一些最大的問題上。是有關其他界域、其他次元的一些觀念，以及這整個複雜的結構如何環環相扣的問題。

這三部書的程序是：

個人的真理
全球的真理
宇宙的真理

就像前兩部手稿一樣，對話將如何進行我完全沒有概念。過程總是很簡單：我把筆放在紙上，提一個問題，然後看我腦子裡有什麼東西冒出來。如果什麼都沒有，我就把紙筆放下，等另一天。第一部書用了大約一年；第二部一年略多（目前，在此第三部開始之際，第二部仍在進行中）。

我想這一部是三部中最為重要的。

因為自從寫書的過程開始直到現在，我第一次感到那麼的不自在。前面的四、五段寫完之後到現在，已過了兩個月。從復活節到現在，已兩個月了。兩個月，什麼都沒有——只有不自在。

我花了好幾個星期來校訂排版好的第一部手稿，這個星期才接到最後的清樣，卻不得不又送回打字行，因為發現了四十三個錯誤。而第二部，則仍在手稿階段，上個星期才完成，比「計畫中」晚了兩個月（原訂一九九四年復活節完成）。而這第三部，儘管在第二部尚未完成前就開始，卻一直留在文件夾中拖延到現在——而現在，第二部已經完成了，這第三部就吵著要求注意了。

然而，從一九九二年——也就是第一部開始之際——到現在，我是第一次感到抗拒這書寫，幾乎是惱火狀態。我覺得自己是被陷在這作業中，而我又從來不喜歡去做任何必須去做的事。甚且，在把第一部的手稿影本拿給少數幾個人看以後，從他們的反應得知，這三部資料必將被許多人閱讀，徹底審視，從神學的角度來分析，並熱烈辯論數十年。

這使我要回到筆記簿上就變得非常困難，也非常難以再把這隻筆視為我的朋友了。雖然我深知這些資料終將通過考驗，但我自己卻會成為眾矢之的，遭人謾罵攻擊，嘲笑，甚至厭恨；只因為他們認為我竟然膽敢將此資料公諸於世，更不用說我還宣稱這資料是直接自神而來了。

我相信我最大的恐懼是證明自己不適合做為神的「發言人」，因為從出生到現在，我做過數不清的錯事，我的行為一敗塗地。

凡是知道我過去的人——包括我的幾位前妻和孩子們——都會毫不遲疑的站出來，公開抨擊這些資料，只因為我即使只做為丈夫和父親，就做得全無光采可言。在這方面，我很失敗，而人生的其他方面，諸如友誼、表裡一致、勤奮和責任，也都沒有一樣說得過去。

總之，我深深知道，我沒有資格自奉為神的子民，更不用說是真理的使者了。我是全世界最沒有資格擔此任務的人，甚至想都沒有資格想。而現在，我竟要為真理發言，就覺得對真理不公。因為我整個的一生就是在展示弱點。

為了這些原因，神啊，求你免除我的任務，不要再做你的書記，求你去找另一個值得配上這種榮譽的人去擔當吧。

我倒喜歡把**我們**在這裡開始的事情辦完——不過你並沒有「義務」這樣做。不論對我，還是對任何人，你都沒有任何的「義務」；當然，**我**知道，由於你認為自己有，所以你頗有罪惡感。

我辜負了很多人，包括自己的孩子。

你一生所發生的所有事情都發生得恰到好處，使得你——和所有與你有關的人——都正好依你們所需要的方式成長。

這正是**新時代**每個人的「藉口」，逃避他們行為的責任，並規避任何不快的後果。

我覺得自己很自私，自私得讓人不可思議；我這一生的所作所為，大多是為了取悅自己，而不顧對他人的衝擊。

取悅自己，並沒有什麼不對……

但卻有那麼多人受到傷害、被辜負……

唯一的問題是，什麼東西讓你最高興。而你現在似乎在說，讓你最高興的事是所作所為對別人沒有傷害，或盡量少傷害。

這是說得客氣。

我故意這樣說的。你必須學著對自己寬大，不要再審判自己。

這很難，尤其是當每個人都那麼想要審判你的時候。我覺得我會變成你的絆腳石，變成真理的絆腳石。如果我堅持要寫完和出版這三部曲，我會變成你的訊息的蹩腳使者，使你的訊息喪失信譽。

你不可能使真理喪失信譽。真理就是真理，既不能被證明，也無法被否認，它就是它。

我的訊息之美與奧妙，是不可能因人怎麼看待你而受影響的。

其實，你正是最佳的使者之一，因為你以前的生活是你所謂不完美的生活。大眾會接受你——即使他們批判你。如果他們看出你是真誠的，他們甚至會原諒你「骯髒的過去」。

不過我仍要告訴你：只要你仍在擔憂別人怎麼看你，你就仍歸屬於別人。只有當你不再要求外在的讚賞時，你才能歸屬於自己。

我關心的主要是你的訊息，而不是我自己。我擔心你的訊息被抹黑。

如果你擔心的是訊息，那就把訊息發表出來。不要擔心它被抹黑，那訊息會為它自己說話。

要記得我告訴過你的：重要的是訊息怎麼送出去，而不是它怎麼被接受。

也要記得：你教的，正是你必須學的。

並非必須已達完美，才能談論完美。
並非必須已達精深，才能談論精深。
並非必須已達至高的演化階段，才能談論至高的演化階段。
只要真誠，只要認真。如果想要解除你自以為造成的「傷害」，則用你的行動去證明。做你所能做的，其他的就隨它去吧。

這說起來很容易，做起來可難了。有時候，我會有罪惡感。

罪惡感和恐懼是人唯一的敵人。

但罪惡感有其必要，它讓我們知道我們錯了。

沒有所謂的「錯」，只有合不合你用；它是否表彰了**你是誰**和**你選擇你是誰**。
罪惡感讓你卡在你不是你的那個方位。

但罪惡感至少讓我們注意到我們步入歧途了。

你說的是覺察，而不是罪惡感。

我告訴你，罪惡感是枯萎病——是把植物殺死的毒藥。

你不可能因罪惡感而成長，只會因而枯萎和死亡。

你所找尋的是覺察，但覺察不是罪惡感；愛也不是恐懼。

我再說一遍：恐懼與罪惡感是你們唯一的敵人；愛與覺察則是你們真正的朋友。你們不能把兩者混淆，因為一個會殺害你們，另一個則能給予你們生命。

那麼，我對什麼事情都不用感到「罪惡」了？

永遠永遠不要。它有任何好處嗎？罪惡感只會讓你不愛你自己——並消除任何你愛別人的機會。

我也不用恐懼任何事情？

恐懼與細心是兩回事。要細心——要覺察——但不要恐懼。因為恐懼使人癱瘓，而覺察則讓人行動。

要行動，而不要癱瘓。

我一向受到的教育就是要懼怕神。

我知道。你們跟**我**一向的關係就是被癱瘓了的。只有當你們不再懼怕**我**，你們才可能締造出有意義的人**神**關係。如果**我**能給你們任何禮物，能給你們任何特殊的恩寵，以便讓你們能找到**我**，那就是無懼。

無懼的人是有福的，因為他們將認識**神**。

這意謂著，你必須無懼到足以拋卻你原以為你對**神**的認識。

你必須無懼到足以跳開別人所說的有關**神**的種種。

你必須無懼到敢於走入你自己對**神**的**親身體驗**中。

然後你又必須無懼到不因此而感到罪惡。當你自己的體驗是如此違背你以為你所知道的**神**，如此違背人人對你說的**神**，你仍必須不因此而感到罪惡。

恐懼與罪惡感，是人的唯一敵人。

但是會有人說，照你所講的去做是跟魔鬼打交道；只有魔鬼才會這樣講。

根本沒有魔鬼。

這也可能是魔鬼會說的話。

魔鬼會說神說的一切，是嗎？

只是說得更聰明。

魔鬼比神聰明？

嗯，或說狡猾吧。

所以魔鬼會用神說的話來「狡辯」？

只是「扭曲」一點點——但只那麼一點點，就足以使人脫離正道，使人迷途。

我認為我們必須再談談「魔鬼」。

好啊，不過我們在第一部裡已經談了不少。

顯然還是不夠。再說，可能有人並沒有讀過第一部或第二部。因此，我認為應該先把前兩部的要點綜述一下。而且這也可以為這第三部中所述的更大、更具普遍性的真理鋪路。魔鬼這個問題，早了結早好。我要告訴你，「魔鬼」這東西為什麼是個「發明」出來的東西，又是怎麼發明的。

好吧，好得很，你贏了。這對話已經開始，我也已經投入了，所以顯然會繼續下去。但是，關於我進入這第三部對話，有一件事是大家應該知道的，就是從我寫下前面幾段話之後，到這裡已經過了**半年**。現在是一九九四年的十一月二十五日——感恩節的第二天。這中間一共是二十五個星期；從那幾段到現在，過了二十五個星期。這二十五個星期，有許多事情發生。但有一件事未曾發生，就是這部書仍在原封不動，一步都沒有向前。**為什麼要花那麼久的時間**？

你現在明白你可以如何阻礙你自己了嗎？你現在明白你可以如何顛覆你自己了嗎？你明白正在你走上通往某些善舉之路時，你可以如何讓自己止步了嗎？你一輩子都在這樣做。

嘿，停停！拖延這計畫的可不是我。我什麼都不能做——一句話也寫不出來——除非我覺得感動……除非我覺得……我討厭用這兩個字，但是我猜我是不用不行……我被靈感推動，在筆記簿上寫下東西。而靈感是你負責的部分，不是我負責的部分。

我明白了。所以，你認為拖延的是我，不是你。

可以說是的。

我的寶貝朋友，這真是再像你不過了——當然，其他人也是如此。你們把手壓在屁股下，對你們「至高的善」一事不做，實際上是把它推開，然後又諉過於別的什麼人或什麼事，說是它讓你們不能前進。你沒有看出這是一個模式嗎？

嗯……

我告訴你：從沒有任何時間是我沒有跟你在一起的；從沒有一分鐘是我「沒有準備好」的。

我以前不就對你說過了嗎？

嗯，是，但是……

我永遠都跟你在一起，直到地老天荒。

然而，我不會把我的意願強加在你身上——永遠不會。

我為你選擇你最高的善，但更為你選擇你的意願。這是愛的最確切表示。

當我想要給你的是你想要我給你的，我就是真的愛你。當我想要給你的是「我」想要給你的，則我只不過是**藉著**你愛**我自己**。

同樣的，藉著同樣的尺度，你也可以以此來斷定別人對你的愛，也可以斷定你是否真正愛別人。因為愛不為自己求取，而只想讓被愛的人的選擇成為事實。

這似乎和你在第一部中說的意思直接矛盾。在第一部中，你說：愛不關乎別人是什麼、做什麼和有什麼，而只關乎**自己**是什麼、做什麼與有什麼。

而你現在的說法也引起一些問題，例如對站在路中的小孩喊「不要站在馬路上」的父母怎麼說呢？或更好的例子，不顧自己生命的危險，衝進車輛奔馳的路中把小孩一把抱起的父母，又怎麼說呢？這樣的父母怎麼樣？他們難道不愛小孩嗎？然而他們還是把自己的意願強加在小孩身上了。請記住，那小孩之所以在路中，是因為他**想要**在路中。

你對這些矛盾做何解釋？

這其中並沒有矛盾，只是你沒看出其中的和諧來。等你明白我為我所做的最高選擇，就是你為你所做的最高選擇，你才能明白這愛的**神聖教誨**。我為我所做的至高選擇和你為你所做的至高選擇是同一件事，而這又因為你跟我是同一個。

你瞧，這神聖教誨也就是**神聖二分法**，而這又因為生命的本身就是二分的——

在同時同地，兩個顯然矛盾的真理可以並存。

在目前的例子中是，你與我既是分離的，又是合一的。在你跟一切人的關係中，都有這明顯矛盾的存在。

我在第一部中所說的沒有錯：在人與人的關係中，人的最大錯誤是在乎別人是什麼、做什麼或有什麼。你只要在乎自己（Self，本我）就好了。自己是什麼、做什麼或有什麼？自己需什麼、要什麼、選擇什麼？自己的最高選擇是什麼？

而我在這一部的這種說法也沒錯：當自己明白了並沒有別人時，則自己的最高選擇，就也是為別人所做的最高選擇。

因此，錯誤不在為自己做最好的**選擇**，而在**不知道**什麼才是最好的。這又出於不知道**你真正是誰**，更不用說你想要成為誰了。

我不明白。

讓我舉例說明。如果你想贏得印第安納波利斯五百英里的汽車大賽，則開時速一百五十英里可能對你是最好的。但如果你想去雜貨店買東西，這可能就不是最好的時速。

你是說要視情況而定！

沒錯。**生命中的一切**都是如此。什麼是「最好的」，要視你是誰、你想要成為什麼而定。除非你已明智的決定了你是誰、你是什麼，否則你就不能明智的選擇什麼對你是最好的。

我，身為神，**我知道**我想要成為什麼。因此，我知道什麼對我是「最好的」。

那又是什麼呢？請告訴我，什麼對神是「最好的」？這一定很有趣……

於我最好的就是把**你們決定什麼對你們是最好的給予你們**。因為我想要的是把我自己表現出來，而我是藉由你們來做此表現。

你了解了嗎？

了解了，不管你相不相信，我是真的了解了。

很好。現在，我要告訴你一些你會覺得難以相信的事。

我一向就在給予你們於你們最好的……儘管我承認你們可能並不一定知道。

這個秘密現在既然已經釐清了一些，你便可以開始了解我是什麼，我想要的是什麼了。

我是**神**。

我是**女神**。

我是**至高無上的存在，一切的一切，始與終，阿爾法與歐米加**❶。

我是**總合**與**本質**、**問題**與**答案**、**上**與**下**、**左**與**右**、**此時**與**此地**、**以前**與**以後**。

我是**光**，我是那**創造光的黑暗**，使**光**成為可能的**黑暗**。我是**無盡**之**女神**，是使「善」成其為「善」的「惡」。我是這一切——**一切的一切**——我無法在不體驗**我的全體**下，去體驗**任何部分**。

而這正是你對我不了解的地方。你想要我是其一，而不是其二；是高，而不是低；是善，而不是惡。然則否認了我的一半，你就否認了你**自己**的一半。而由於如此，你永遠不能成為**你真正是誰**。

我是**那莊嚴華美的一切**——而我想要的是以親自體驗的方式認識我自己。我藉著你這樣做，也藉一切存在之物。我藉著我所做的選擇，體驗自己的莊嚴華美。因為每一個選擇都是自我創造，每一個選擇都是在為自己下定義，每一個選擇都表示（represents）——也就是「再現」（re-presents）——**我在此時選擇我是誰**。

然而，**除非有東西讓我從中選擇**，否則我就不能選擇莊嚴華美。為了讓我選擇我之為莊嚴華美，我就必須有某部分**較不**那般莊嚴華美。

於你，也是同樣的。

我是**神**，正在創造**我自己**的過程中。

你，也是如此。

這就是你的靈魂所渴望去做的，這就是你的精神所渴望的。

如果我阻止你選擇你所要的，就是我阻止我自己選擇——我所要的。因為我最大的願望就是去體驗我之為我，而這卻只有在我不是我的空間中才能做到。這是我在第一部中細心而艱辛的解釋過的。

所以，我小心的創造了**我不是什麼**，以便我可以體驗**我是什麼**。

然而我又是我所創造的**一切**——因而以某種意義來說，我**又是我所不是的**。

怎麼可能是你所不是的呢？

很簡單，你其實時時都這樣，看看你的行為就知道了。

試著了解這件事：**沒有任何事物是我所不是的**。因此，**我是我所是，我也是我所不是**。

這就是神聖二分法。

這就是那神聖的秘密，但直至目前，只有那至為高越的心才能懂得。而我現在在此以這種方式向你們啓示，以便有更多的人可以懂。

這些是第一部中的訊息，如果你們想要懂和了解第三部中將提到的更高越的真理，你們就必須懂——並深深了解第一部中的基本真理。

不過此處我要先提這更高越真理的一端——因為它包含在你第二個問題的答案中。

我一直在等待我們回到我問題的這一部分。如果父母的所說所做是為了孩子好，即使**違背了孩子自己的意願**，這是愛孩子嗎？還是父母該讓孩子留在車輛奔馳的馬路中以證明自己愛孩子？

這是個微妙的問題。這也是自從有父母以來，每個父母都會以不同方式問到的問題。對於你身為父母而言，和對我身為神而言，答案是一樣的。

那答案是什麼？

別急，我的孩子，別急。「一切好的東西都會讓那有耐心的人等到。」你沒聽過這句話嗎？

沒錯。我父親常說，但我討厭聽。

我能了解。但你對你自己真的要有耐心——尤其是當你的選擇未能帶來你所要的東西時。比如，對你問題的第二部分的答案就是如此。

你說你想要答案，但你並沒有選擇它。你知道自己沒有選擇它，因為你沒體驗到你有答案。事實上，你是有答案的，一直都有。你只是不去選擇它。你選擇了去相信你沒有答案——因此你就沒有。

沒錯。你在第一部中也曾解說過這一點。我此時此刻就擁有我選擇擁有的一切——包括對神的全然領會——然而除非我**知道**我擁有，我就不會**體驗**到我擁有。

正是！你說得很正確。

但是，除非我**體驗**到我有，否則我又如何能**知道**我有呢？我怎麼可能知道我未能體驗到的東西呢？不是有一位偉大的智者（a great mind）曾說：「一切的知都是體驗」嗎？

他錯了。

知不是隨體驗而來——知先於體驗。

在這一點上，全世界一半的人都前後顛倒。

所以你的意思是說，我擁有我問題第一部分的答案，只是我**不知道**我有？

完全對。

然而如果我不知道我有，那我就**沒有**。

這是個弔詭，沒錯。

我不懂……除非我懂。

沒錯。

那麼，假如對某種東西我並不「知道我知道」，則我又如何到達我「知道我知道」的境地呢？

為了「知道你知道，就做得好像你知道似的」。

你在第一部中也說過這類的話。

沒錯。而現在是很好的時機來把先前的教誨扼要說明一下。而你也「正好」提出正好的問題，來讓我在此書開端之處簡述一下我們曾經詳談的一些訊息。

在第一部中，我們曾談過「是——做——有」（Be-Do-Have）範型，而大部分人又如何反其道而行。

大部分人認為，如果他們「有」某種東西（更多的時間、更多的錢、更多的愛等等），他們最後就可以「做」某些事（寫一本書、培養某項嗜好、去度假、買棟房子、交個朋友），而這又會讓他們「是」如何如何（是快樂的、和平的或滿足的，或在戀愛等等）。

事實上，他們是在把「是——做——有」的範型顛倒了。宇宙中的實況（跟你們所想的相反）是，「有」並不能產生「是」，「是」卻產生「有」。

首先你要「是」稱之為「快樂」（或「知」、或「智慧」、或「慈悲」等等）的人，然後從這「是」的境地去「做」一些事情——不久，你就會發現你所做的會轉回來帶給你一直想要「有」的東西。

啓動這種創造過程（沒錯，這正是……創造過程）的方式，是先看清你所要「有」的是什麼，問你自己如果你「有」那個東西，你會「是」什麼樣子，然後直接去「是」那個樣子。

以這種方式，你就把那習常的範型倒轉過來，事實上是更正成「是——做——

有」的範型，跟宇宙的創造力共同運作，而不是反其道而行。

以下是這個原理的簡述：

你的一生，並不**必須**去做任何事。

全部的問題只在**你是什麼**。

這是在我們對話結束時，我要再度觸及的三個訊息之一。我將以之結束本書。

現在，為了說明，讓我們設想有這麼一個人：他認為，如果他再有更多一點時間，更多一點錢，或更多一點愛，他就會真的快樂。

他沒有搞清楚他目前的「不很快樂」跟他沒時間、沒錢或沒愛之間的關係。

正是。反過來說，那個「是」很快樂的人，似乎有時間去做所有真正重要的事，有必須用的錢，有夠用終生的愛。

他發現他有使他「快樂」所需的一切事物……只因他先從「快樂」開始！

正是。**先決定**你選擇自己是什麼樣子，會讓你實際去經驗那種樣子。

「是，或不是，就是問題的所在」。（To be, or not to be. That is the guestion. 譯注：此處作者俏皮的引用莎翁名句。）

正是。快樂，是心靈的一種狀態。正如一切的心靈狀態會以實質的形式複製自己。

有一個電冰箱磁鐵上這樣寫道：

「所有的心靈狀態都自我複製。」

但是，如果不是你已有你認為必須有才能「是」的那些東西，你又怎能事先就能「是」快樂的，或任何你想要「是」的情況呢？——不管是你想要更發財或更被愛？

就像你「是那樣」的去做，你就會把它吸引過來。

就像你「是那樣」的去做，你就會變成那樣。

換句話說，就是「弄假成真」。

有點像，沒錯。只不過你不能真的「弄假」。你的所作所為必須真誠。

凡是所作所為，都須出自真誠，不然就會失去它的好處。

這並不是我不願意「報償你」。神既不「報償」，也不「懲罰」，這是你知道的。但是，為了讓創造過程得以運作，自然律要求身、心、靈在思、言、行中結合在一起。

你不可能騙得過自己的心。如果你不真誠，你的心會知道，那就沒什麼好說的了。你只是把創造過程中心靈可以幫助你的機會終止掉而已。

當然，你也可以不用你的心而能創造——不過要更困難得多。你可以要求身體去做你的心所不相信的某件事，而如果身體去做此事的時期夠長，你的心就會開始將它對此事原先的想法改變，而創造另一種**新想法**。一旦你對某一事物有了**新想法**，你就走上了一個歷程，將此事物創造為你生命中的一個永久面向，而不僅僅是你做出來的某種事物。

這是一條艱難的路，但即使在這樣的情況下，你的所作所為也必須真誠。人，你或可操縱，宇宙卻是你操縱不了的。

所以，這是一個極為巧妙的平衡。身體做心靈所不相信的某件事，然則為了此事得以運作，心靈卻必須在身體的行為中加入「真誠」這一要素。

如果心靈不「相信」身體所做的事，它又如何能為之加入真誠呢？

藉由取走私利的方式。

怎麼取？

心靈可能並不真誠的同意你身體的作為可以帶給你所選擇的東西，但心靈似乎十分清楚，神會願意藉著你，把好的事物帶給別人。因此，不論你為自己選擇什麼，都要給予別人。

可以請你再說一遍嗎？

當然可以。

不論你為自己選擇什麼，都要給予別人。

如果你選擇快樂，那讓別人也快樂。

如果你選擇豐饒，那讓別人也豐饒。

如果你選擇生活中有更多的愛，那讓別人生活中也有更多的愛。

要真心真意的這樣做——不是因為你尋求個人的獲得，而是因為你真的要別人獲得——於是你所給出去的一切，都會來到你身上。

怎麼會這樣？這是怎麼運作的？

你將某種東西給出去，這行為本身就使你經歷到你有這東西，可以給出去。由於你不可能把某種你現在沒有的東西給別人，因此你的心靈就得到一個新的結論，一個**新的想法**，就是，你必定有這個東西，**不然你不可能把它給出去**。

於是，這個**新的想法**變成了你的經驗。你開始「是」這樣。而一旦你開始「是」某一情況，你就啓動了宇宙最具創造力的機器——也就是你的**神聖本我**。

不論你「是」的是什麼，你就在創造什麼。

循環既已成立，這一情況或事物你就創造得越來越多。它會在你的實際經驗中表現出來。

這就是生活中最大的秘密。本書第一部和第二部就在告訴你們這個。全都在那裡了，比此處所說的更詳細得多。

請解釋一下，在將自己選擇的事物給別人時，為什麼真誠那麼重要？

如果你給予他人只是一個計謀，只是一種操縱，意在想使某種事物來到你身上，你的心靈是知道的。所以等於你給了它的一個訊號，表示**你現在並沒有這事物**。而由於宇宙不過是個大型的複製機，將你的意念複製成具體形式，因此**那就將成為你的經驗**。也就是說，你會繼續經驗著你「沒有」那事物——不管你**怎麼做**！

再者，這也會是你意圖將那事物給予對方的經驗。他們會明白，你只是想要得到某種東西，你實際上並沒有東西可以給予，而你的給予只是一個空洞的姿態，只是出自為自己圖謀好處的膚淺之舉。

因此，**你所想要吸引的東西，你卻正將它推開**。

然而，當你以純粹的心意將東西給予別人——因為你明白他們需要它，必須有它——你將發現你擁有這個東西，可以給出去。這可是一個重大的發現。

完全對！它真的是這麼**運作**的！我記得有那麼一次，當時我的生活情況相當不好。有一天，我捧著頭想，我沒什麼錢了，也沒什麼東西可吃，真不知道自己下一次是什麼時候才可以吃個夠，或怎麼樣付下次的房租。就在那天晚上，我在公車站見到一對年輕人。我去公車站拿一個包裹，而就在那裡，我看到了這兩個孩子，偎擠在一條長椅上，用外套當被子蓋。

我看著他們，心裡難過起來。我想起自己年輕時期的樣子，小孩子時的樣子，就是像他們這樣晃來晃去，到處跑。我走過去，問他們願不願意到我住的地方，坐在熱熱的火爐邊，喝一點熱熱的巧克力，說不定還可以把折疊床給他們睡一場好覺。他們眼睛睜得好大的看我，就像耶誕節第二天早晨小孩的表情。

好啦，我們就回到我的住處，我弄了一頓飯給他們吃。那天晚上，我們統統吃了一頓相當久沒有吃到的好飯。食物一直都在那兒，冰箱是滿的。我只是伸手進去，掏出我原先塞到後面去的東西。我炒了一鍋大雜燴，竟然**好吃得不得了**！我記得當時我還想，這些東西是哪裡出來的？

第二天早上，我甚至還給這些孩子弄了早餐，還送他們上路。當我把他們送到公車站，他們上車的時候，我伸手到口袋裡，竟然掏出了二十元給他們。我說：「這或許可以有點小用。」然後一邊擁抱他們送別。那一天，我覺得我的境況好了一些。嘿，其實是整個禮拜。那是一個我從來不會忘記的經驗，令我對生活的視野與領會，有了深刻的改變。

從那時起，事事開始好轉起來，而今天當我在鏡子裡看自己時，我注意到一件非常重要的事：**我還活在這兒呢**！

這是個美麗的故事，你是對的，這正是它運作的方式。所以，當你想要（want）什麼東西，就把它給出去，這樣你就不「缺」（wanting）了，你會立刻驗到「有」這個東西。從此開始，只剩下程度的問題。從心理上來看，你會發現「增加一些」比無中生有要容易得多。

我覺得我剛聽到的，是非常有意義的話。你可以把這段話跟我問題的第二部分連在一起嗎？它們之間有關聯嗎？

你明白，我想說的是，你**已經有**那問題的答案。目前你自以為你沒有那答案，並以此度日，你以為如果你有了那答案，你就會有智慧，所以你來向我求智慧。然而我告訴你：先去「**是**」智慧，然後你就會有智慧。

而「是」智慧的最快途徑是什麼呢？就是讓**別人**有智慧。

你想要這問題的答案嗎？那就把答案**給別人**。

所以，現在我要來問你這個問題。我要裝作「不知道」，而由你給我答案。

如果愛的意義是：你想要給對方的是他們自己想要的。那麼把孩子從車輛奔馳中的馬路上拉出來的父母，是真正愛孩子嗎？

我不知道。

我知道你不知道。**但如果你以為你知道，那你會怎麼回答呢**？

嗯，我會說，那父母想要的**真的**是孩子想要的——也就是**活下去**。我會說，那孩子並不想死，他只是不知道在車輛奔馳的馬路中逗留會導致死亡。因此，父母跑進馬路中央把孩子拉出來，並沒有剝奪孩子去展現意志的機會，完全沒有。他只是顧及孩子真正的選擇，也就是孩子最深的願望。

這是一個非常好的回答。

如果這是真的，則你，身為神，唯一應該做的，就是**阻止我們傷害自己了**。因為我們最深的願望不可能是傷害自己，然而，事實上我們卻一直都在傷害自己，而你卻坐在那裡袖手旁觀。

我始終都跟你們最深的願望相伴，你們最深的願望也是我給予的。

即使當你們做某件事情會讓你們死去，如果這是你們最深的願望，那麼你們也會如願：就是去經歷「死亡」。

我從不干涉你們最深的願望。

你是說，當我們傷害自己時，也是我們自己想要如此？這是我們最深的願望？

你們不可能「傷害」你們自己，你們是無法被傷害的。「傷害」是一種主觀的反應，而不是客觀的現象。你們可以選擇在任何際遇或任何現象中「傷害」你們自己，但這全然是你們自己的決定。

在這種真理下，我們可以說：沒錯，當你們「傷害」自己時，那是因為你們想要如此。但我是從一個非常高、非常奧秘的層次來說這件事，而你的問題則不是

「出自」這個層次。

以你所意指的層次而言——就以其為有意識的選擇而言——我要說，每當你做了使自己受到傷害的事時，並不是因為你「想要」如此。

在馬路上被車撞上的小孩，並不「想要」（尋求、有意的選擇）被車撞上。

那一再跟同一類型女人——跟他完全不對頭的女人——結婚的男人，並不是他「想要」（尋求、有意的選擇）反覆製造這種不良的婚姻。

那用鄉頭敲到大拇指的人，不能說是「想要」這種經驗。那不是他想要的、尋求的、有意選擇的。

然而，所有客觀現象都是下意識間被你吸引而來的；所有的事件都是被你無意識間創造的；你一生中所有的人、事、物、地，都是被你吸引而來的——如果你願意這樣說，是自己創造的——以便提供正好是你想要的條件與機會，好在你演化的過程中去經歷你下一個想要經歷的經驗。

我告訴你，你這一生所發生的每件事情，都是為了提供正好的機會讓你去治療、創造或經歷某種事物，而這又是你為了成為**你真正是誰**所希望治療、創造或經歷的。凡不是為你提供這正好機會的，根本不會發生。

那麼，我又真正是誰？

任何你選擇的，**神聖**面向中任何你想要成為的，這就是**你是誰**，那可以在任何時間改變。實際上，它常常在變，時時在變。然而，如果你希望你的人生安定下來，就不要再這樣變來變去；這有途可循。關於**你是誰**、關於**你選擇是誰**，不要老是改變主意就行。

說起來容易，做起來難！

我的看法是，你們是在許多不同的層面上做這些決定。決定到車輛奔馳的馬路上玩耍的小孩並非選擇死亡，她可能選擇其他好幾種事物，但死不包括在內，媽媽最清楚這一點。

這裡的問題不是孩子選擇死，而是孩子所做的選擇可能導致不只一個結果，其中包括死。她並不清楚這個事實；這於她是未明的。這是她缺欠的資料——而這卻使孩子不能做更清楚、更好的選擇。

所以，你看，你剛才分析得很好。

而我，身為神，我從不干涉你們的選擇——然而我卻永遠知道你們的選擇是什麼。

因此，你可以假定，如果有什麼事情發生在你身上，那麼它的發生正是完美——因為，在神的世界中，沒有任何事情是逃得過完美的。

你一生的設計——其中的人、事、物、地——全都是由完美的創造者完美的創造出來的，而此完美的創造者，即是完美本身：就是你。而我，則在你之內，以你之身，並且藉由你。

我們可以在這共同創造的過程中，有意識或無意識的一同運作。你可以自覺的走過一生，或不自覺的走過一生。你可以睡著走你的路，或醒著走你的路。

任你選。

等等，讓我們回頭談談在許多不同層次做決定的話題。你說，如果我想要我的生活安定下來，我就應當在我是誰和想要是誰方面不再改變主意。而當我說這說來容易時，你又說我們每個人都在許多不同的層次上做選擇。你可不可以說得詳細些？這意涵著什麼？意謂著什麼？

如果你所渴望的，就是你的靈魂所渴望的，則一切都將十分單純。如果你聆聽你純粹性靈部分的聲音，則你一切的決定都將容易，而所有的結果也將歡悅。這是因為……性靈的決定永遠都是最高的選擇。

它們無需事後的批評，它們不需要分析或評估。它們只需遵從、實行。

但你們卻不只有靈性，你們是身、心、靈的合一體。這既是你們的榮耀，也是你們的奇妙。因為你們往往同時在這三個層面做決定和選擇——**而又並非相合無間**。

你們常常身體要某一事，心尋求的是另一事，靈渴望的卻又是第三種。這種情況尤其在孩子身上可以看到，因為他們還沒有成熟到足以分辨哪些是對身體「好玩」的事，哪些是對心有意義的事，更不用說哪些是跟靈共鳴的事了。所以，小孩子會在馬路上晃蕩。

而我，身為神，我覺察到你們所有的選擇——甚至那些你們潛意識中所做的選擇。我絕不會去干涉，而是促成。我的任務就是確保你們的選擇得到允許。（事實上，是你們允許你們自己。我所做的只是設置一個系統，使得你們可以這樣做。這個系統叫作創造歷程，我曾在第一部裡詳加說明過。）

當你們的選擇互相衝突——當身、心、靈不是一體運作——創造歷程就在所有的層次同時運作，產生混雜的結果。如果你的生命是和諧的，你的選擇是一致的，則令人驚奇的成果便會產生。

你們的年輕人有一句話：「樣樣搞定。」——這可用來形容這合一的狀態。你們做決定時，層次中還有層面，在心的層次尤其如此。當你們的心智在做決定時，至少它是從內在的三個層面中做選擇的，也就是邏輯、直覺與情緒。而有時它是由這三個層面一同做決定的，因此可能製造出內在的衝突。

而在情緒這個層面中，又有五個層面。這即是五種自然情緒：悲傷、憤怒、羡妒、恐懼和愛。

在這五種情緒中，又有兩種最終情緒，就是愛與恐懼。但愛與恐懼卻是所有這些情緒的基礎，其他三種情緒是由這兩種情緒所衍生的。

推到最後，所有的意念都是由愛或恐懼所推動。愛與恐懼乃是兩大極端。這是原初的二元對立。一切到最後不是落入其一，就是落入其二。所有的思想、觀念、概念、領會、決定、選擇與行動，最後都以其中之一為基礎。

而推到最後的最後，真正卻只有一個。

愛。

事實上，愛是所有的一切。即使恐懼，也是愛的衍生物，而當恐懼得到得當的運用時，就表達了愛。

恐懼表達了愛？

如果以其最高形式，沒錯。一切事物當以其最高的形式表達，都表達了愛。

那在車輛奔馳的馬路上救出孩子的父母，表達的是恐懼還是愛？

嗯，兩種都有，我想。為孩子的生死恐懼，而愛——則足以使他們冒著自己性命的危險去搶救孩子。

正是。所以從這裡可以看出，恐懼的最高形態可以變為愛……是愛……而以恐懼表達出來。

同樣的，依自然情緒的音階而上，憂愁、憤怒與羨妒，也都是恐懼的某種形態，而轉過來又都是愛的某種形態。

其一導致其二，你明白嗎？

當這五種自然情緒的任何一種被扭曲時，問題就會產生。它會變得怪異，無法認出是愛的產物，更不用說是神的產物——而神乃是**絕對的愛**。

這自然五情之說，我從伊麗莎白．庫布勒．露絲博士（Dr. Elizabeth Kubler-Ross）那裡聽過；與她的交往讓我獲益良多。

沒錯。是我給她靈感，讓她談論自然五情。

所以，當我做選擇時，有賴於「我來自何處」，而我所來自之處，又可能有數層之深。

沒錯，正是如此。

請再教教我這自然五情，因為伊麗莎白所教我的，我大部分已經忘了。

悲傷是一種自然情緒。是這種情緒，讓你在不想說再見時說再見，在遭遇到任何一種損失時，表達出內心的悲痛。那損失可以是失掉你所愛的人或者是隱形眼鏡。

當你的悲傷可以表達時，你就除去了它。孩子們在感到悲傷時，如果可以表達悲傷，長大後對於悲傷就有非常健康的態度，因之往往很快就可度過悲傷。

那些被大人說「不行，不行，不准哭！」的孩子，長大以後卻無法宣洩。因為從小他們就被人告誡，終其一生都不可哭泣。因此他們就壓抑他們的悲傷。

悲傷長期被壓抑，會變成慢性抑鬱，是非常不自然的情緒。

人會因慢性抑鬱而殺人，發動戰爭，毀城滅國。

憤怒是一種自然情緒。它是讓你說「不，謝了。」的原因。它不一定有辱罵之意，不一定有傷人之意。

如果允孩子表達他們的憤怒，他們長大後，對憤怒就有一種健康的態度，通常也容易度過憤怒的時刻。

如果讓孩子覺得發脾氣是不對的，甚至根本不應該生氣，則他們長大以後，就很難處理自己的憤怒情緒。

憤怒如果持續被壓抑，就會變成暴怒，而這是非常不自然的情緒。

人會因暴怒而殺人，發動戰爭，毀城滅國。

羨慕是一種自然的情緒。這是使五歲的小孩想要像姊姊一樣可以搆到門把，或騎腳踏車的情緒。羨慕是那使你想要「再做一次」的自然情緒；是使你一試再試，不屈不撓，直到達成的情緒。羨慕是非常健康的，非常自然的。如果讓孩子表達他們的羨慕，長大之後，他們就對這種情緒有非常健康的態度，很容易度過這種情緒。

如果讓孩子覺得羨慕不好，不應當表達，甚至根本不應當有這種情緒，則長大之後，他們就很難處理這種情緒。

羨慕如果持續受到壓抑，就會變成嫉妒，而嫉妒是非常不自然的情緒。人會因嫉妒而殺人，戰爭因之而起，毀城滅國。

恐懼是一種自然情緒。所有的嬰兒都生而僅僅具有兩種恐懼：害怕跌下去，害怕很響的噪音。其他的恐懼都是由學習而來的反應，是由環境帶給孩子的，是由父母教給孩子的。自然的恐懼是為了讓人小心，小心是為了讓身體可以活下去，它是愛的衍生物，**對自己的愛**。

如果讓孩子覺得恐懼是不對的，是不應該表達的，甚至根本不應該有這種情緒，則他們長大以後，就很難處理這種情緒。

恐懼如果持續被壓抑，就會變成驚恐，而驚恐是非常不自然的情緒。

人會因驚恐而殺人，戰爭因之而起，毀城滅國。

愛是一種自然情緒。如果讓孩子可以自然的表達與接受，不加限制，不加條件，不被禁止，不感困窘，則它可以什麼都不再要。因為以這樣的態度表達與接受的愛，其本身就完滿自足。然而，愛如果受到限制，被設下條件，由規範與儀式捆綁扭曲，被操縱和制止，就會變得不自然。

如果讓孩子覺得他們自然的愛是不好的，是不該表達的，甚至是不該有的，長大以後，他們就會難以處理這種情緒。

愛如果持續被壓抑，就會變成占有，而這是非常不自然的情緒。

人會因為占有而殺人，戰爭因之而起，毀城滅國。

而當這些自然的情緒被壓抑，就會造成不自然的反應。大部分人的大部分自然情緒卻都受到壓抑。然而，這些情緒卻是你們的朋友。它們是你們的禮物。它們是你們神聖的工具，用以雕塑你們的經驗。

你們生而具有這些工具。它們是幫助你們安度生命的。

那為什麼大部分人的這些情緒都被壓抑？

他們被人教以如此。

誰教他們如此？

他們的父母，那些養育他們的人。

為什麼？為什麼父母要這樣做？

因為父母又被他們的父母教以如此，代代相傳。

對，沒錯。可是**為什麼**？究竟**原因**何在？

原因是，你們不是當父母的料。

什麼？誰「不是當父母的料」？

母親與父親。

母親與父親不是當父母的料？

當父母親還年輕時，他們不是，大部分父母親都不是。事實上，有這麼多父母親當得還不錯，已經是奇蹟了。

沒有任何人比年輕父母更不適合養育小孩子，也沒有任何人比年輕父母更知道這一點。

大部分父母在做父母時，生活經驗還不夠，他們連自己都沒法照顧。他們仍在找尋答案，仍在尋求線索。

他們甚至連自己的自我也還未能發現，卻要試圖去引導和培育那比他們更容易受傷的人去發現自我；他們甚至連自己都還不能定義，竟要被迫去定義別人。他們仍舊在力圖把自己父母給他們的不當定義剝除中。

他們甚至連**自己是誰**都還沒有發現，卻試圖告訴你你是誰。但壓力是如此之大，以致他們無法站直——何況他們甚至也無法使他們的生活「走對」。因此，他們就把所有的事情都「弄錯」了；把他們的生活以及他們孩子的生活都弄錯了。

如果他們幸運，對孩子的傷害還不至於太大。他們的孩子可以克服——但很可能是在對他們的孩子已經造成傷害之後。

你們大部分人，是在你們養育孩子的時期**已經過了好多年後**，才獲得做妙爸爸、妙媽媽所必備的耐心、智慧與愛心的。

為什麼會這樣？我不懂。我知道你的觀察在很多方面是對的。但我不懂為什麼會這樣。

因為年輕的生育者從來就不該成為養育者。你們養育兒童的年齡實在是在現在養育兒童的年齡過了之後才開始。

我還是有點搞不清楚。

在生理上，人類在自己還是兒童時，就有能力生育兒童了。然而可能會讓你們大部分人吃驚的是，人類的童年期其實是延續到四十歲或五十歲。

人類有四十年或五十年自己都是「兒童」？

從某個角度來看，沒錯。我知道要把這個看法當成你們的真理很困難。但是看看你的四周，人類的行為或許可以證明我的看法。

問題是，在你們的社會，你們被教導說，在二十一歲時已經「成人」，已經準備好邁入世界。使得問題更加嚴重的是，你們的父母親在開始養育你們時，有許多比二十一歲大不了多少。這樣你就可以明白問題的嚴重性了。

如果生孩子的人本意就是要成為養育孩子的人，則生孩子的事就必須要到你們五十歲以後才行！

生孩子的事應由年輕人去做；那是因為他們的身體已經發育好了，強壯了。**養**孩子的事應由年長的人去做，那是因為他們的心智已經發育好了，強壯了。

但在你們的社會，你們卻堅持生孩子的人必須負責養育孩子——結果是，你們不但使得做父母十分艱困，也把環繞著性的許多能量給扭曲了。

呃……可不可以再解釋一下？

當然可以。

許多人都已觀察到我所觀察到的事實。也就是說，許許多多人——或許絕大部分的人——在有能力生孩子的時候，還不真正有能力養育孩子。然而，在人類發現了這個事實後，卻選了正好錯誤的途徑。

你們本應讓年輕人去享受性的歡樂，若生了孩子，則由年長者帶養；你們卻告訴年輕人，**除非他們準備好負起養育孩子的責任**，否則就不要從事性生活。你們讓他們認為在此之前有性經驗是「錯」的，因而在性的周圍造成了一層禁忌，然而，性卻本是人生最歡天喜地的事情之一。

當然，這種禁忌是後生幾乎不會去理睬的，而理由頗為得當。因為去遵從這種禁忌，**根本是不自然的**。

人類在感受到內在的訊息告訴他們已經準備好時，就渴望著配對與交合。**這是人的天性**。

然而，他們對自己天性的看法，卻十分有賴於父母怎麼告訴他們，這比他們內在的感覺還更有分量。你們的孩子期望你們告訴他們，人生是怎麼回事。

因此，當他們開始想要偷看對方，想要純真的跟對方玩耍，想要探測對方的

「不同」時，他們就期待父母給他們訊號。看他們的這種天性是「好」的？還是「壞」的？是受贊許的？還是要被捏死了，要受挫折的？

從觀察得知，對於人性的這一部分，許多父母告訴他們孩子的話，都是旁枝末節，就是不指向問題的核心。什麼別人怎麼說的啦，**宗教**怎麼說的啦，社會怎麼看的啦等等等。

你們這一物種的自然秩序是，性在九歲到十四歲間開始萌芽。十五歲以後，大部分人都已具備性別而且表現出來了。於是，開始了與時間的競賽：孩子拚命向前，要把歡樂的性能量做充分的釋放，父母則拚命阻止。

在這場鬥爭中，父母處於先天弱勢，因為，他們想要孩子**不去做的**，正是天性中的事。他們是**逆天而行**。

因此，大人們發明了種種家庭的、文化的、宗教的、社會的和經濟的限制、說詞與壓力，以便讓自己對孩子的要求顯得正當。因此孩子漸漸接受自己的性是不自然的觀念。但「自然的」事怎可能這麼被羞辱、被制止、被控制、被否定呢？

嘿，我想你有點誇張了。你不覺得你有點誇張嗎？

真的？對於四、五歲孩子身上的某一部分，做父母的竟然連正確的**名稱**都不肯用，你想對這孩子會有什麼樣的衝擊？你們怎麼告訴孩子你們這一部分的舒服程度？而你們又認為他們這一部分的舒服程度**應該**是怎樣？

呃……

對，就是「呃」……

是啊，就像我祖母常說的：「我們是不用那些字的。」我們只說「噓噓」「屁屁」——這聽起來**好多了**。

只因為你們對身體這部分的名稱添加了太多負面的「包袱」，所以你們極少在平常的談話中用這些字。

當然，孩子們在年幼的時候，搞不清楚父母為什麼會這樣；他們只是留下**不可磨滅**的印象，認為身體的某些部分「碰不得」「說不得」，凡是與它們有關的，都讓人難堪——如果不是「錯」的話。

等孩子慢慢長大，到了十幾歲的時候，他們會發現，事實並非如此；但那時你們又會以非常清楚的言詞告訴他們，性生活會讓人懷孕，他們如何必須負起養育孩子的責任，因此，他們就有了另一種性是「不對」的理由，於是循環完成。

你們的社會之所以不僅是小有混亂，而是瀕臨浩劫，正是因為你們**愚弄自然——愚弄自然的結果永遠是如此**。

你們製造了性尷尬，性壓抑，性羞愧——因而導致性禁忌、性失調和性暴力。就以一個社會而言，凡是你們覺得尷尬的，永遠都被禁止；凡是被壓抑的，永遠都會失調；而凡是內心明明覺得不該羞愧的事，卻必須羞愧的，永遠都會引發暴力以為抵抗。

那麼，佛洛伊德有些話是對的了。他說，人類的憤怒有許多成分跟性有關——某些基本的和自然的生理本能、興趣與渴望，因被壓抑而產生內心深處的憤怒。

你們的許多精神病學家都做過這樣的診斷。人因為明明知道他覺得那麼好的事情不該感到羞恥，卻又真的感到羞恥與罪惡，因此憤怒。

首先，對於你「應該」認為那麼「壞」的事覺得那麼「好」，這就讓人會跟自己生氣。

然後，當他們終於明白他們被騙了——原來性是人的經驗中美妙的、可敬重珍惜的、光輝燦爛的部分——他們就開始惱怒：惱怒父母對他們的壓抑；惱怒宗教對他們的羞辱；惱怒異性對他們的挑釁；惱怒整個社會對他們的控制。

最後，他們開始惱怒自己，竟然允許所有這些人與事來禁止他們。

這種被壓抑的憤怒，大部分都用來建構社會扭曲的、誤導的道德價值——這個社會用紀念碑、雕像、郵票、電影、圖畫、攝影和電視節目歌頌與推崇世界上最醜陋的暴力，卻隱藏世間某些最美麗的愛之行為——更糟的是，使它們看來低賤。

而所有的這些——**所有的這些**——都是由一個意念產生：那些生孩子的人，必須獨自承擔養育孩子的責任。

但如果生孩子的人不負責養育孩子，誰該負責？

整個社會，特別是年長的人。

年長的人？

在大部分進步的民族和社會中，是年長的人養育孩子，教育孩子，訓練孩子，將民族與社會的智慧、教誨與傳統傳給孩子。以後在我們講到這些進步文明時，我還要再談這件事。

凡是年輕人生小孩不被視為「不對」的社會——因為在這樣的社會，年長者會養育小孩，因此不致有不勝負荷的責任與負擔——性的壓抑是聞所未聞的事，同樣，強暴、性異常、性功能失調，也是聞所未聞的。

我們的地球上有這樣的社會嗎？

有，但正在消失。你們想要掃除他們，同化他們，因為你們認為他們是野蠻人。在你們所稱的非野蠻社會，孩子（妻子、丈夫也同樣）被認為是財產，是私有物，因此生孩子的人必須成為養育孩子的人，因為必須照顧自己「所擁有」的東西。

你們的許多社會問題，根本上出自你們的一個觀念，認為妻子與兒女是私有物，認為他們是「你」的。

以後當我們探測與討論高等演化的生命時，我們會再談整個的「所有權」問題。但是目前，先讓我們把這個問題想一想：有任何人在生理上可以生孩子的年齡，就已經在心理上準備好了要養孩子嗎？

事實是，大部分人類到了三十、四十仍未具備養孩子的能力，而且也不應期盼如此。他們自己還沒有活到可以把深刻的智慧教給孩子的階段。

我聽說過這類的想法。馬克吐溫就曾提過。有人曾聽他說：「我十九歲的時候，我爸爸什麼都不知道。但當我三十五歲時，很吃驚這老人已經那麼有見地。」

他說得好。你們年輕的時候並不是要去教導真理的，而是要去蒐集真理。**在你們還沒有蒐集好真理的時候，怎麼可能去教導真理呢？**

當然是不能。因此你們就只得把別人教你們的真理教給他們——你們父親的、母親的、社會的、宗教的。不論什麼，亂七八糟都有，只是沒有你們自己的。因為你們自己還在尋找。

而你們會一直找尋，一直實驗，一直發現，一直失敗，形成又改造你們的真理、你們對自己的觀念，一直到你在這星球上半個世紀或近乎半個世紀之久。

然後，你們才在自己的真理中安身下來。而你們每個人所承認的最大真理，可能就是根本沒有恆常的真理；真理，像生命一樣，是一種改變著的、成長著的、演化著的東西——在你剛剛以為演化的過程已經停止時，它卻沒有，卻真的剛剛開始。

沒錯，我已經到了這個年齡，我已經五十多了，我已經到了這個階段。

嗯，你現在是個比較聰明的人了，是個長者了，現在你該養育孩子了。或說得更正確些，從現在算起十年。養育後代的應該是長者，而天意也本是如此。懂得真理與生命的是長者。他們知道何者重要，何者不重要。他們知道內外合一、誠實、忠誠、友誼與愛，這些用詞究竟是什麼意思。

我明白你此處的論點。雖然難以接受，但我們有許多人卻真的在有了自己的孩子以後，才開始剛剛從「孩子」走向「學生」的階段，但此時，我們卻發現我們必須開始教**孩子**。所以，我們就想，那我們就教他們我們父母教我們的吧。

於是，父親的罪就會落到兒子身上，甚至要落到第七代。

我們怎麼樣才能改變？怎麼樣才能終止這循環？

把養育孩子的責任交到可敬的長者身上。父母想要看孩子，任何時候都可以去看，只要願意，任何時候都可以跟孩子住在一起。但不再獨自負起養育和照顧孩子的責任。孩子的生理需求、社會需求與精神需求，由整個社會來供應，教育與價值觀由長者給予。

日後當我們談到宇宙中其他文明時，將會討論一些新的生活模式。但那些模式在你們目前構鑄的生活中無法運作。

你的意思是？

我的意思是，你們不只做父母的方式無功效，整個的生活方式都是如此。

請再解釋一下。

你們彼此遠離。你們撕裂了家庭，支解了小型的社群，而投向大城市。「部落」、族群或社群，將對群體的責任視為自己的責任，但在大城市卻人多，群少。結果，你們便沒有長者，至少不能在近處求得。

更糟的是，你們不僅遠離長者，而且把他們推到一邊，把他們邊緣化，把他們的力量撤走，甚至恨他們。

沒錯，你們社會中的某些成員甚至恨年長者，聲稱他們在吸社會的血，要求的權益使你們年輕人付出的稅捐越來越多。

沒錯。有些社會學家就預言將有世代戰爭，年輕人指責老年人要求越來越多，貢獻卻越來越少。現在已經有許多年老公民了，等「戰後嬰兒潮」都年老以後，問題更嚴重，因為這一代的壽命一般更長。

然而，如果說你們的年長者沒有貢獻，那是因為你們不讓他們貢獻。當他們正能夠對公司做出某些好成績時，卻強迫他們退休；當他們的參與正能夠為活動帶來某些意義時，你們卻迫使他們從活躍的、有意義的參與中退出。

不但在養育孩子方面，就是在政治上，經濟上，甚至宗教上，你們都變成了年輕崇拜、老人遺散的社會，而原先在這些方面，年長者至少有其立足點。

你們的社會也變成了一種單數社會，而非多數社會。也就是說，你們的社會是由個體組成的，而非由群體。

由於你們把社會個體化和年輕化，你們便失去了它的豐富與資源。現在你們是既不豐富又無資源，太多太多的人活在情感與心理的貧乏和破敗中。

那我要再問：有沒有辦法可以結束這種循環？

首先，看清並承認這是事實，你們有太多的人生活在不承認中。你們有太多的人，把本來就是這樣的情況裝作根本不是這樣。你們睜眼說瞎話，自己不肯聽事實的真相，更不用說去傳播。

稍後，等我們講到高度演化的生物時，我們還要再談這一點，因為未能觀察到、未能承認實情，並非小事。如果你們真想改變現況，我希望你們允許自己聽聽我的話。

說真話的時刻業已到來；單純而明白的。你準備好了嗎？

準備好了，這就是我為何來與你相會。這就是整個這三部書的對談何以會開始的理由。

真理與實情往往令人不舒服。只有那些不想忽視的人，真理與實情才令他們感到寬慰；不但令他們感到寬慰，而且能激發他們，給予他們靈感。

對我來說，這整個三部曲都是激發我、給予我靈感的。請說下去。

我們有很好的理由可以樂觀。我觀察到事情已在開始改變。在你們這物種中，越來越有人強調社區的重要性，建構擴延式家庭。你們也日漸尊崇長者，在他們的生活中建造意義與價值，並從他們生活中求取意義與價值。這是在極有益的方向上前進了一大步。

所以，事情在「轉頭」。你們的文化似乎已採取步驟，而現在開始前進了。

這些改變不可能一日即成。比如，雖然你們養育孩子的方式，是目前思想的肇因，你們卻不可能一下子把它全部改變。然而，你們卻可以一步一步的改變你們的未來。

讀這三部曲是步驟之一。在我們談話結束前，這部書會再三的反覆重點，這些複述不是出於偶然，而是為了強調。

由於你問到該如何建構你們的明日，現在就讓我們先看看你們的昨日吧！

2 生命的一切都是S·E·X

過去跟未來有什麼關係？

當你們知道了過去，就能更知道未來可能是什麼樣子。你問我如何可以過更好一點的生活。如果你知道你是如何走到目前的地步，就會對你很有用。

我要跟你談談權力與力量，以及兩者之間的差別。我要跟你聊聊你們所發明的撒旦這號人物，聊聊你們怎麼發明了他，又為什麼會發明他；也會談談你們為什麼決定你們的神是「他」，而不是「她」。

我要跟你說說**我真正是誰**，而非你們在神話中所說的我是誰。我要以這樣的方式形容**我的本體**（Beingness），以致讓你們願意用宇宙論——關於宇宙的真實論說，以及宇宙與我的關係——來取代你們的神話。我要讓你們知道，什麼是生命與生活，它如何運作，為什麼以它運作的方式運作。這章要講所有這些事。

當你們知道了這些，你們就可決定，什麼是你們人類所創造的事物中你們想要揚棄的。因為我們談話的這第三部分——這第三部書——主要就是在建立一個新的世界，創造一個新的實相。

我的孩子們，你們在自設的監獄中已經生活得太久了，現在已是放自己自由的時候。

你們監禁了你們的五種自然情緒，壓抑它們，把它們轉變為非常不自然的情緒，因而把不幸、死亡與破壞，帶到你們的世界。

在你們這個行星上，許多世紀以來的行為模式是：不可「縱容」情感。如果你們覺得悲傷，那就打發掉它；如果你們覺得憤怒，那就塞住它；如果你們覺得羨慕，那就以此為恥；如果你們覺得恐懼，那就克服；如果你們覺得愛，那就控制它、限制它，等它過去，或逃跑——竭盡所能不要表達，盡快、馬上、立時立地的把它剷除。

是放你們自己自由的時候了。

事實上，你們把你們的**神聖本我**囚禁了起來，現在是把你們的**本我**釋放出來的時候了。

我開始振奮起來了。我們要怎麼開始？從哪裡開始？

在我們對如何走上這條路的扼要研究中，讓我們先回頭看看你們的社會**重新結構**它自己的那個時候。這是男人成為支配者的時候，他們決定不應當展現情感——甚至在某些情況下根本不應該有情感。

你說：「當你們的社會重新結構它自己的時候」——請問是什麼意思？我們這裡在說的是什麼？

在你們歷史的早期，你們在這個星球上的社會是母系社會。後來發生了轉變，產生了父系社會。當你們做了這種轉變時，你們就告別了對情感的表達。你們對表達情感加上了「脆弱」的標籤。就是在這個階段，男人也發明了魔鬼和雄性的神。

男人發明了魔鬼？

沒錯。撒旦基本上是男性的發明物。到最後，社會上所有的一切都跟著跑。但背離情感，發明「惡魔」，卻全然是出自對母系社會的背叛，而在母系社會中，女人是以情感來統御一切。那時女人持有一切政府職位，所有的宗教權位，以及商業、科學、學術和醫療方面所有具影響力的職位。

那男人有什麼權力呢？

沒有。男人必須為自己的存在找理由，因為除了使女人的卵受精外，只有去搬動沉重的東西。他們很像工蜂、工蟻。他們做粗重的體力工作，並確保孩子可以生養出來，而且受到保護。

過了千百年，男人才在社會的組織中為自己找到和創造出較大一點的位置。即使參加部族內部的事務，在社團的決定中有發言權和表決權，也是千百年之後才有的事。因為婦女不認為男人有能力懂得這些事務。

好傢伙，很難想像有一個社會純粹基於性別差異，而不准整個一半的人有表決權的。

我倒很喜歡你對這件事的幽默感。真的。我要繼續講下去嗎？

請說。

又過了許多世紀，男人才想要實際上去持有某些領袖職位，希望有機會為此等職位表決。在他們的文化中，其他有影響力和權力的職位，也一概是沒他們份的。

當男人最後終於取得了社會的權勢，超出原先的地位，不再只是嬰兒製造者和奴工後，卻不對女人報復，反而給與婦女一切人類所應得的尊重、權力和影響力，不以性別而有差異，實在是男人的雍容大度，可讚可歎！

你這也很幽默。

哦，抱歉。我說錯了星球了嗎？

讓我們言歸正傳。但在說「魔鬼」的發明之前，讓我們先說說權力。因為撒旦之所以被人發明出來，關鍵全在於此。

你要說在目前的社會，男人握有所有的權力，是嗎？但讓我先跳到你前頭，告訴你我認為這是怎麼發生的。

你說在母系時代，男人很像工蜂在服侍女王蜂。你說他們做粗重的活，確保兒童可以生育和受到保護。但我想要說的是：「那又有什麼改變？他們**現在**還不是在做這個？」我可以打賭，許多男人都會說，實際上並沒有多大**改變**——除非是，男人為了維持他們那「沒人領情」的職位，而抽取了一些代價罷了。他們確實是權力更多了些。

其實，是大部分的權力。

好吧，大部分的權力。但此處我看到的諷刺則是，兩性都覺得自己做的事沒人領情，而異性則得盡方便。男人惱恨女人想把權力奪回，因為男人認為他們既為社會做那麼多事，**卻沒有權力**，鐵定死得很慘。

女人則惱恨男人掌握了所有的權力，認為自己既然為社會做了那麼多事，卻仍舊無權，也鐵定死得很慘。

你分析得很正確。如果男人女人仍在自我的不幸中反覆打轉，他們就都會死得很慘；唯一的希望是，男方或女方，或雙方都看出，人生的關鍵不在權力，在力量。唯一的希望是雙方都看出關鍵不在分別，而在合一。因為**內在的力量是存在於合一中**，卻消失在分別中。分別讓人感到虛弱、無力——因而去爭權奪利。

我告訴你們：療癒你們的分裂，終止你們的分別幻象，你們將重獲內在力量之源。在那裡，你們才能找到真正的權力，**做**一切的權力；**是**一切的權力；**有**一切的權力。因為創造的權力是由內在的力量產生，而內在的力量是由合一產生。

你跟你的神之間的關係是如此；你跟你的人類同胞之間的關係顯然也是如此。如果不再認為你們是分離的，則由合一而產生的一切真正內在力量，就可任憑你們揮舞——不論是以整個社會而言，還是以全體中的個體而言，都是如此。

然而你要記得：

權力來自內在力量，內在力量並非來自赤裸裸的權力。而在這一點，大部分世人卻都顛倒了。

沒有內在力量，權力只是幻象；沒有合一，內在力量只是謊言。謊言對你們的物種是沒有好處的，卻已深深扎根在你們的集體意識裡。因為你們以為內在力量來自**個體**與**分別**，實情卻根本不是如此。跟神分離，跟人互相分離，就是你們失調與痛苦的肇因。然而，分離卻依舊偽裝成力量，而你們的政治、經濟，甚至宗教，卻仍舊在支撐這種謊言。

這種謊言造成一切戰爭和一切導致戰爭的階級鬥爭；導致種族對立，兩性對立，以及造成對立的一切權力鬥爭；導致個人的苦難，以及造成苦難的一切內部鬥爭。

然而，你們卻仍舊頑固的緊緊抓著這謊言，而不論你們看到它把你們帶向何方——即使把你們帶向毀滅。

現在，我要這樣告訴你們：去認識真相，真相會使你們自由。

沒有分別。互相之間沒有，與神之間沒有，與一切之間都沒有。

在這部書中，我將一再的述說這項真理，我將一再的做這樣的觀察。

你們的所作所為，要如你們跟任何東西都沒有分別，跟任何人都沒有分別，如此，則明天你們就可以治癒全世界。

這就是一切時代最大的秘密。這就是人類千年萬年所尋求的答案。這就是人類致力的解決之道，這就是人類所祈求的啓示。

所作所為，如你們跟任何東西都沒有分別，你們就能治癒世界。

要明瞭，那是與人協同去做的權力，而非制馭人的權力。

謝謝你。我明瞭了。那麼，讓我們再回頭看：一開始是女性具有制馭男性的權力，而現在則是相反。是男性發明了魔鬼，以便奪取女性族長的權力？

沒錯。他們運用恐懼，因為恐懼是他們唯一具有的工具。

那我又要說了，其實改變真的不多。男人到今天還是如此。有時候，連試都沒試著訴諸理性，男人就在運用恐懼了。尤其是大一點的男人，強一點的男人。（或是大一點、強一點的國家。）有時候，那似乎實際上是扎根在男人心中；那似乎是深入到他們的**細胞**。強權就是公理，力量就是權力。

沒錯，自從母系社會被推翻後就是如此。

怎麼會變成這個樣子？

我們現在要談的人類簡史就是要講這個。

那麼就請說吧。

在母系社會時代，男人為了獲得控制權，必須要做的，不是說服女人多給男人權力以便控制女人，而是要去說服其他男人。

畢竟，那時候生活過得平平順順，男人只是做做體力工作，讓自己有價值，然後有性；不然，他們其實也可能過得更壞。所以，要那些沒有權力的男人去說服其他沒有權力的男人去尋求權力，並不是容易的事，直到他們發現了恐懼。

恐懼是女人所沒有料到的。

這恐懼，最初是以懷疑為種，由男人中最不滿的撒種。男人中也總是有那些最「沒人要」的、肌肉最不發達的、最不討人喜歡的——也就是那些女人最不會去注意的。

我敢打賭，就因為情況是這樣，所以他們的抱怨，就被認為是由於性挫折而來。

沒錯。不過，這些不滿的男人必須去運用他們唯一的工具。因此他們就從懷疑的種子中培育恐懼。如果女人錯了呢？他們這樣問。如果女人對世界的治理不是最好的呢？如果女人對世界的治理正好是把整個社會——整個人類——帶向毀滅又怎麼辦？

這是許多男人無法想像的。女人，不是女神的直系後裔嗎？不是女神的精確複製嗎？而女神不是善的嗎？

這樣的認識是如此有力，如此普及，以致男人除了去發明一個魔鬼——撒旦——以外，無以抗衡母系社會全民崇仰的**偉大母親**之無盡的善。

那他們如何去說服其他人，讓大家相信有這麼一種「邪惡者」呢？

他們的社會所能了解的是「爛蘋果」理論。就連女人也從經驗中看到、知道有些孩子，不管她們如何用心教養，就是會「變壞」。尤其是男孩，就是無法管住；這是任何人都知道的。

就這樣，一則神話被創造了出來。

那神話說：有一天，眾**女神**之**女神**，**偉大母親**，生了一個孩子，**沒有變好**。不管她怎麼做，那孩子就是無法變好。最後，他竟然還要爭奪她的寶座。

即使對充滿愛、充滿寬恕的**母親**，這也太過分了。於是，那男孩被永遠放逐——但是他還是會在聰明的偽裝下出現，有時甚至偽裝成**偉大母親**本身。

這則神話設下了基礎，讓男人產生疑問：「我們怎麼知道我們所崇拜的**女神**真的是**女神**？也可能是那壞孩子現在長大了，要來愚弄我們。」

由於這個設計，男人遂可以使別的男人也擔心起來，接著又惱怒女人不把他們的擔心當真，於是他們就背叛了。

你們現在所稱為的撒旦，就是這樣被創造出來的。創造一則「壞孩子」的神話並不難，甚至讓族裡的女人相信這樣一種造物的存在，也不難。要讓任何人相信這壞孩子是男孩，也無任何困難之處。男性不是較差的一性嗎？

這一個設計是為了造成一個神話上的問題：如果「壞孩子」是男性，如果「邪惡者」是雄性，則誰可以制服他呢？當然不可能是女性的神。因為，散播者很聰明的宣揚道：智慧、洞察、明晰、憐憫、計畫、思想，無疑是女性較優越。然則如果以赤裸裸的力量而言，則不是需要男性嗎？

原先在**女神**神話中，男人只不過是配偶——女人的伴，做著僕人的工作，並在歡慶他們女神的美好中滿足他們的渴望。

但現在卻需要做得更多的男人：除了可以保護**女神**，還能打敗敵人。這種改變並非成於一夕，而是經年累月。慢慢的，非常緩慢的，社會上的人開始認為男性伴侶在其精神神話中也是保護者了，因為現在**女神**需要受到保護，既然如此，則顯然一位保護者是必要的。

男人從保護者的身分跳到**平等伙伴**的身分就並非一大步了。於是，他現在與**女神**平起平座。**男神**被創造出來，有一段時間，**男神**們與**女神**們共同君臨神話。

漸漸的，男神們又被賦予了更多的任務。對保護與力量的需求，漸漸凌駕了對智慧與愛的需求。在這樣的神話中，一種新的愛產生了：用蠻橫的武力來保護他人。但這是對所保護的對象有所覬覦的愛；對其所保護的**女神**有所嫉妒。至今不僅是去滿足他們對女性的欲望，並且為此欲望而戰、而死了。

於是這樣的神話開始出現：有巨大能力的**男神們**，為了**女神們**不可言說的美而爭執與打鬥，於是產生了**嫉妒的男神**。

精采。

等等。快說完了，還有一點點。

男神們的嫉妒不久就不僅為**女神們**而發，而擴及一切造物。這些嫉妒的**男神**要求道：我們最好是愛祂，而不要愛任何別的**男神**——不然的話，有你好看！

由於男性是最有威力的物種，而**男神們**又是男性中最有威力的男性，所以，在這新的神話中，幾乎沒有什麼可以爭辯的空間了。

那些爭辯而失敗的故事開始產生，**憤怒的神誕生了**。

不久，關於神的整個觀念都被顛覆了。神不再是一切愛之源，而變成了一切恐懼之源。

原先愛的模式被取代了：原先主要是女性的愛——母親對孩子無盡寬容，甚至是女人對她那不怎麼樣的、但還算有用的男人的寬容——現在被予取予求、不寬容的男神的嫉妒與憤怒之愛所取代了；這男神是不允許干擾的，不允許不唯命是從的，不會不在乎任何冒犯的。

體驗著無限制的愛、溫柔的臣服於自然法則的**女神**那怡然的微笑，於今被不那麼怡然的男神那嚴厲的表情取代了；這**男神**宣稱有能力凌駕自然法則，對愛則強加限制。

這就是你們今日崇拜的**男神**，這就是你們今天走到的地步。

真是驚人。又有趣，又驚人。但你告訴我這些，又是為了什麼？

你們必須知道這一切都是**你們製造出來的**。「強權即公理」或「權力就是力量」這類觀念，都是從你們男人創造出來的神話中產生的。

憤怒的和嫉妒的神，都只是想像的產物。然而，由於你們想像得太久了，它**變成了真的**。到今天，你們還是有些人認為它是真的。但它跟最終的實相沒有關係，跟世間真正進行的事也沒有關係。

那麼是什麼？

真正在進行的是，你的靈魂渴望著去經歷靈魂所能想像的**最高體驗**。你的靈魂來到這裡就是為此目的——在它的經驗中去認識、去實現自己，也就是使它自己成為真正的自己。

接著，它發現了肉體的歡樂——不僅是性的，而是一切形式的歡樂——在它耽溺於這些歡樂之際，漸漸忘卻了精神的歡樂。

然而這些精神上的歡樂——比肉體所能給予的要大得多，但靈魂卻忘了這一點。

好吧。現在我們要告別歷史了，要再重回到原先所談到的問題。我們能把那問題再說說嗎？

其實，我們並沒有告別歷史。我們是在把樣樣東西合併起來。這其實再明白不過了。你靈魂的目的——它進入肉體的原因——是要去做、去表達你真正是誰。靈魂渴望這樣；渴望認識它自己，體驗它自己。

這種認識的渴望，是生命想要成為其本身。這是神，選擇要去表達其自身。你們歷史上的神，卻不是那真正是神的神。這是重點，你的靈魂是我藉以表達和體驗**我自己**的工具。

這不是很限制你的體驗嗎？

也會，也不會，這要看你怎麼做。你選擇什麼層次，你就以什麼層次表達和體驗我。有些人選擇非常恢宏的表達方式，這沒有比耶穌基督更高的了——雖然還有其他的人也達到同樣高的層次。

基督不是至高的榜樣？他不是神化作的人嗎？

基督是至高的榜樣，但他不是到達這最高狀態的唯一榜樣。**基督**是**神**化作的人，但他不是神唯一化作的人。

每一個人都是「神化作的人」。你是我，以你現在的形象表達。然而你不必擔心會限制了我；不必擔心你們自己是如何有限。因為我是不被限制的，永遠不會。你以為你是我所選擇的唯一形象嗎？你以為你們是我所賦予我之本質的唯一物種嗎？

我告訴你，我在每朵花中，在每片彩虹中，在每顆星辰中，在繞著每顆星辰旋轉的每顆行星，以及其上其內的一切事物中。

我是風聲，是你們太陽的溫暖，是每片雪花令人難以置信的獨特與完美。

我是老鷹飛翔的威儀，我是麋鹿在草原的純淨，我是獅子的威猛，我是長者的智慧。

我也不局限於僅只是你們星球上展現的萬象。你們並不知道**我是誰**，只是自以為知道而已。但不要以為我只局限於你們，或以為我的**神聖本質**——即至為**神聖的精神（靈）**——只賦予了你們。如果這樣，就是傲慢的想法，而且是不正確的。

我的本體（Beingness）在一切之中，一切，一切都是**我的表現**，**一切**即**我的本性**。沒有任何事物不是我；凡不是我的，就不可能存在。

有福的造物們，我創造你們是為了讓我體驗**自己**身為**我自己經驗的創造者**。

我想有些人會看不懂。請講得更詳細些，讓我們懂。

神有一個層面——就是我身為**創造者**的這個層面——是只有那非常特別的造物才可以創造的。

我不是你們神話中的男神，也不是女神。我是**創造者**——就是**那行創造的**。然而，我選擇在**我自己的體驗中認識我自己**。

正如我藉由雪花認識我的設計之完美，藉由玫瑰認識令人敬畏的美，我同樣藉由你們而認識我的創造力。

我給了你們有意識的創造你們經驗的能力，而此能力是我所具有的。

藉由你們，我可以認識我的每一層面。雪花的完美、玫瑰的令人敬畏之美、獅子的威猛、老鷹的威儀，統統具備在你們身上。我把這一切都賦予給你們，並且還多了一項：即去覺察這一切的意識。

因此你們有**自我意識**。這是給予你們的最大禮物，因為你們可藉此覺察到自己是自己——而這正是我之所以為我。

我是**我自己**，覺察到**我自己是我自己**。

這就是這句話的意思：**我是那我是的**。

你們是我那覺察的**部分**，被體驗到的覺察。

而你們正在體驗的（和我藉由你們正在體驗的）是我，並且創造了我。

我正在持續創造**我自己**。

這是否意謂神不是恆常不變的？這是否意謂你不知道下一刻**你會是**什麼樣子？

我怎麼能夠知道？你還沒有做決定呀！

讓我搞清楚，是我在決定這一切嗎？

沒錯。你就是在選擇是我的我。

你是我，在選擇我之為我——並在選擇我將要是的樣子。

你們所有的人、集體的，都在創造這個。你們各自以自己為基礎在這樣做，並且體驗；你們也以共同創造集體生活的方式集體的在這樣做。

我是你們全體的集合經驗！

你是真的不知道你的下一刻將是什麼樣子？

剛才我是逗著玩的說，我當然知道。你們一切的決定我都已知道，因此我知道**我現在是誰，一向是誰**，也知道**我將永遠是誰**。

你怎麼可能知道我下一刻要選擇的是什麼，做什麼，和有什麼呢？更不用說所有的人類將要選擇什麼了？

簡單。你們已經做了選擇。一切你們將是、將做或將有的，都已做了。你們此刻正在做！

你明白嗎？並沒有「時間」這個東西。

這一點，我們以前也討論過。

值得現在回顧一下。

好。請告訴我這是怎麼運作的。

過去、現在與未來，是你們構築的概念，是你們所發明的實相，以便去創造一個結構，在其中擺放你們的經驗。如果不是如此，你們（我們）所有的經驗都將會重疊。

實際上它們是重疊的——也就是說，在同「時」發生——只是你們不知道。你們把自己放在一個知覺的殼中，阻斷了**整體實相**。

關於這點，我在第二部中做過詳細解釋，回頭去看看那段資料，會對你有益，能使你們可以釐清這裡所講的內容。

這裡我要講的是，一切事物都同時發生，一切。所以，沒錯，我知道我「將是」「現在是」和「過去是」什麼。我一向（always）知道，也就是說，樣樣（all ways）知道。

所以，你可以明白，你們無法使我吃驚。

你們的故事——整個世間的戲碼——之所以被創造，是為了讓你們在你們自己的經驗中知道你們是誰。這也是為了讓你們忘記**你們是誰**，以便讓你們可以再度記得**你們是誰**並創造它。

因為如果我已經經驗到我是誰，我就不能**創造**我是誰。如果我已經有六呎高，我就不能創造我為六呎高。我必須比六呎**矮**一些——或至少**自以為**矮一些。

正是，你了解得很正確。

由於靈魂（神）的最大欲望，就是體驗他**自身**為**創造者**，又由於一切都已被創造，因而除了找一條路忘掉一切**我們的**創造外，**我們**別無選擇。

我倒是很吃驚我們竟找到了一條路。試圖「忘記」我們全都是「一」，試圖忘記我們這「一」乃是神，必然會像試圖忘記屋子裡有粉紅大象（**pink elephant**，譯注：指狂飲或吸毒後呈現的幻覺或幻象）一樣。我們怎麼會那麼入迷？

嗯，你觸到了一切肉體生活的秘密原因了。讓你們那麼入迷的是在肉體中的生活——而且也理當如此，因為畢竟那太精采了！

我們這裡用來幫助**我們**遺忘的，是你們某些人所稱為的**快樂原則**。最高層次的，是於此時此地的經驗中，使你們創造你們**真正是誰**的那種快樂，並在下一個最華美的層次中再創造、再創造，又再創造**你們是誰**。這就是神的最高樂趣。

層次較低的快樂，是使你們忘記**你們真正是誰**的那種快樂。不要責備這較低的快樂，因為如果沒有它，你們就不能去體驗較高的。

這幾乎好像是說，一開始肉體的快樂使我們忘記了**我們是誰**，然後卻又變成那通道，藉由它，我們記得了我們是誰！

沒錯，你說得對。以肉體的快樂為通道，記起你是誰；這是把一切生命的基本能量透過身體而提升。

這就是有時你們稱為「性能量」的能量。它是沿著你們生命中的內在管道而提升的，直到你們稱為第三眼的區域。這區域在前額略後方，兩眼之間微微上面的部分。當你們提升這能量時，它會流遍全身，就像內在的高潮。

這是怎麼回事？怎麼做？

靠「想」的，我說的是真話，你們就順著你們稱為「脈輪」的內在通道往上「想」。生命的能量一旦經常上升，你就會對這經驗產生嗜好，正如你會對性有飢渴。

能量提升的經驗非常美妙。不久，它就會變成你們最渴望的經驗。然而你們永遠不會完全失去你們對能量下降的渴望，也就是對基本熱情的渴望；而且也不應這樣意圖。因為在你們的經驗中，如果沒有低的，就不能有高的；這點我已跟你們說過許多次了。一旦你到達高處，你就必須返回低處，以便再度體驗移向高處的樂趣。

這就是一切生命的神聖韻律。你們不僅把能量在自身內轉動，也在**神的體內**轉動更大的能量。

你們生而為較低的形式，卻向較高的意識狀態演進。

你們其實是在**神的體內**提升能量。你們**就是**那能量。當你們到達最高狀態，充分的體驗了之後，你們就可決定下一步選擇何種經驗，在**相對界域**中選擇何處去經歷這經驗。

你也可能希望再度體驗你自己成為你的**自己**——畢竟這是了不起的經驗——如此，你可以在**宇宙之輪**（the Cosmic Wheel）上重新再來一次。

這跟「業輪」（karmic wheel，譯注：使人轉入六道輪迴之輪）不一樣嗎？

不同，沒有「業輪」這種東西，它不是你們所想像的那樣。你們有許多人想像不是在踩輪子，而是踩踏車（treadmill，譯注：古時罰囚犯踩踏的）。在其中，你償還往日的債務，又努力不要造成新的。

這就是你們有些人所稱的「業輪」。這跟你們不少的西方神學家的想法沒有多大不同，因為在這兩種模式中，你們都被看作沒價值的罪人，想尋求純潔，以便轉往下一個精神層次。

但我這裡所說的經驗，我稱它為**宇宙之輪**；因為沒有價值、還債、懲罰和「淨化」這類的事。**宇宙之輪**純粹是對終極實相的描述，這實相或許你們可稱為宇宙真相。

這是生之循環；有時我稱它為「歷程」。這是萬物無始無終之本質的寫照；它是持續向一切去、自一切來的通路，在這通路上，靈魂歡歡欣欣的行遍永恆。

這就是一切生命的神聖韻律，以此你們推動**神的能量**。

哇！我還從沒聽過這麼清楚的解釋呢！我從不曾以為自己可以把這些搞得這麼明白！

嗯，沒錯。清楚，是你在這裡所要體驗的，這是我們對話的目的，我很高興你達到了。

但你說事實上在宇宙之輪並沒有「高」與「低」。怎麼可能！它是輪子，不是梯子。

說得好。

真是一個精采的比喻，精采的領會。

因此，不要責備人的生命中你們所謂低的、下等的、動物的本能，而應祝福它們，尊崇它們，因為透過它們，藉著它們，你們找到了回家的路。

這會讓許多人放下他們關於性的罪惡感。

這就是為什麼我說，要跟性、要跟生命的一切玩耍，玩耍，玩耍！

把你們所謂的神聖與所謂的褻瀆混而為一吧！因為除非你們把聖壇視為愛的最終場所，除非你們把臥室視為崇拜的最終場所，否則你們就什麼都看不見。

你們以為「性」跟神是分開的？我告訴你們：**我天天晚上都在每一個臥室裡**！

所以，去吧！把你們所謂世俗的與所謂深沉的混而為一——以便你們得以看清沒有分別，並體驗**一切**是**一**。然後，當你們繼續演化，你們將不是以「放棄性」來看自己，而只是在更高層次享受它。因為**生命**的一切都是S·E·X——Synergistic Energy Exchange（能量協同交換）。

關於性的這層意義如果你能了解，則關於一切事物的這層意義你就也能了解。即使是生命的結束——你們所稱為的「死」——也是一樣。在你死的那一刻，你看到的將不會是失去生命，而是在更高一個層次上去享受生命。

到最後，當你終於看出在**神的世界**中沒有分別——也就是說，無物不是神——你就終於可以把人所發明的這你們稱之為**撒旦**的東西丟開。

如果說撒旦存在，那就是每當你以為你跟我是分別的那個意念。但你不可能跟我分開，因為**我即一切**萬有。

人發明魔鬼，是為了威脅人，讓他們去做想教他們去做的事，並說如果他們不做，就與神分開。

最終的恐嚇手段就是投入地獄的永恆之火。然而，現在你們已不需懼怕了，因為沒有任何事物能夠把你與我分開。

你跟**我是一體**。既然**我是我所是**，也即**一切**，則**我們**除了是**一體**之外，別無其他可能。

所以，我為什麼要譴責我自己呢？我又怎麼會這麼做呢？既然**我即是一切**，別無其他，那我如何**自己**與**自己**分開呢？

我的目的是在演化，不是在譴責；是在成長，不是在死亡；是在經歷，不是在不能經歷。

我的目的是「是」（to be），而不是不再「是」。

我無法把**我自己**和你分開——或和任何事物分開。

無知於此，就是「地獄」；知於此，並完全領會，就是「拯救」。

你現在已經得救。
你再不需要對「死後」會發生什麼事擔憂了。

3 一切都只是視角的問題

我們現在可以談一談死這回事嗎？你曾說這第三部要談更高的真理，更普遍的真理。可是我們所談過的話中，還沒有多少有關死和死後的事。讓我們現在談談好嗎？

好。你想知道的是什麼？

死的時候發生的是什麼事情？

看你選擇什麼？

你是說我們選擇什麼就發生什麼？

你以為你死了就不再創造？

我不知道；所以才問你。

好像很合理。（不過，你是知道的，**只是你忘掉了**；而這也很棒。一切都照計畫進行。）

你死以後，並不會停止創造。這對你而言，是否就夠了？

沒錯。

好得很。

至於何以你死後還不停止創造，則是因為你從來就不會死。你無法死，你是生命本身，而生命不可能**不是**生命，因此你不可能死。

所以，在你死的時刻所發生的事，就是……你繼續活下去。

這就是為什麼有那麼多人「死了」，卻不相信自己「死了」——因為他們沒有經歷到死，他們反而覺得非常活躍（那是因為真正就是如此）。所以，他們有點糊塗了。

本我可能會看到身體躺在那裡，皺成一團，一動不動，然而本我卻可以到處行動。它往往是在屋子裡到處飛——然後是同時存在所有的空間。當它想要某個觀點時，它就突然發覺正在經歷體驗那個觀點。

如果靈魂（這是我們現在給予本我的名稱）覺得奇怪：「我的身體為什麼不動呢？」它就會立即發現自己浮在身體上方，好奇的看著身體的寂靜。

有人走進屋子，靈魂想：「那是誰？」立刻它就會在那人的面前或身邊了。這樣，靈魂不久就知道了它可以去任何地方——而且是以意念的速度。

靈魂於是感受到不可置信的自由與輕鬆，隨著意念可到處亂跑的這回事，靈魂是要有一會兒才能「習慣」的。

如果這人有孩子，如果它想到這些孩子，則不論他們在多遠，靈魂都可以馬上到他們面前。於是靈魂習知自己不但可以以意念的速度到自己想去的任何地方，而且可以一時在兩處，或三處，或五處。

它可以同時在這些地方存在、觀察與行動，而不至於感到困難或混亂。隨後它又可以「聚合」自己，重又回到某個地方，只靠重新聚焦就可以了。

在下一世，靈魂會記起它這一世如果能夠記起就好了的事——這就是一切由意念所創造，事情的出現是由意願使然。

我的意念集中於什麼，它就變成了我的實況。

完全正確，唯一不同的是你體驗到這結果的速度。在物質生活中，你的意念和經驗之間可能會有一段時間的間隙。在靈界則沒有間隙；結果是當下的。

因此，剛剛離開肉體的靈魂，得學習非常小心的監控它們的意念，因為不論它們想什麼，就會經驗到。

我用「學習」這兩個字是不夠嚴謹的，只是一種方便的說法，不是精確的描寫。「記起」可能比較正確。

如果物質化的靈魂能像精神化的靈魂那樣，有效而快速的學會控制自己的意念，則它們整個的一生都將會改變。

在創造個人實相方面，意念控制——或某些人所稱為的祈禱——就是一切。

祈禱？

意念控制，就是至高的祈禱。因此，只想那善的事，那正的事。不要去沉思負面與黑暗。即使在事情看起來黯淡之際——尤其是這種時候——仍舊只看完美，只表達感謝，只去想像下一步你要選擇的事物之完美狀況。

在這個方法中，可以找到平靜。在這個歷程中，可得到和平與安詳。在這種覺醒中，可找到歡悅。

太棒了。這個訊息太棒了。謝謝你藉由我把它傳遞出來。

也謝謝你讓它傳遞出來。有時候你比較「乾淨」，有時候你比較開——像剛剛洗過的濾網，這時它更「開」，開著的洞口更多。

說得好。

我盡我所能。

再回過頭來：從肉體脫離的靈魂，很快就記得非常小心的監控它們的意念，因為它們不論想什麼，就會創造和經驗什麼。

我要再說一遍，那仍舊居住在肉體內的靈魂也一樣，只是結果往往比較慢。就是由於意念與創造間的「時間」間隙——有時數日，有時數週，有時數月，甚至有時數年——才讓你們誤以為事情是**發生在**你們身上，而不是由於你們而發生。這是一種幻覺，它使你們**忘了你們才是事情的原由**。

我已經解釋過好幾次，這種遺忘是「建造在體系之內」的。它是歷程的一部分，因為如果不是**你們忘了你們是誰**，你們就不能創造**你們是誰**。因此，這導致遺忘的幻覺乃是有意創造出來的效果。

因此，當你們脫離肉體，看到你們的意念與創造之間關係這麼當下而明顯，自然會大為吃驚。一開始是吃驚，然後是歡喜；你們開始記得你們是你們經驗的肇因，而不是其後果。

在我們死之前，為什麼意念與創造之間有所拖延，而死後卻完全沒有呢？

因為你們是在時間的幻象中運作。脫離肉體後，意念與創造間之所以沒有拖延，是因為你們也脫離了時間尺度。

換言之，就是你常說的：時間並不存在。

不像你們所領會的那樣。「時間」現象其實是一種視角（perspective）的作用。

當我們還在身體內時，它為什麼存在？

是由於你們移入你現在的視角，採取現在的視角而造成的。你們運用這視角做為工具，把你們的經驗分成許多個別的片段，而不是把它當作一個單一事件，以此更充分的探測並檢察你們的經驗。

生命（生活）是一單一事件，一個在宇宙中**當下此刻**正在發生的事件。一切都正在發生。在一切的地方。

沒有「時間」，只有**此時**。沒有「空間」，只有**此處**。

此時與**此處**就是**一切**。

然而你們選擇盡其詳細的體驗這此時此地的莊嚴華美，去體驗你們自己的**神聖本我**為此時此地實相的創造者。你們只有兩條路——兩種經驗場——可以這樣做，即**時間**與**空間**。

這個想法是如此的莊嚴華美，以至於你名副其實的因歡喜而爆炸！在這種歡喜的爆炸中，創造了你的各部分之間的空間，以及從你自己的一部分到你自己的另一部分所需的時間。

以這種方式，你名副其實的**是把自己撕成碎片**，以觀看自己的碎片。你可以說，你是如此的快樂，以致「摔個粉碎」。

自此以後，你就一直在把碎片拼起來。

我的一生就是如此！我正在把碎片拼合，想看看它們有沒有任何意義。

藉由稱為時間的設計，你才可以分成片片，把不可分的分開，以此，在你創造它時，才更能充分的看它和經驗它。

這正像當你透過顯微鏡看一個堅固的東西一樣，看到它根本不是固體的，而是數以百萬計的不同效應之聚合——許多不同的事情同時發生，以此創造出更大的效應——同樣，你用時間做為你靈魂的顯微鏡。

現在，我要告訴你一則**岩石的寓言**。

曾經，有一塊岩石，充滿了無以數計的原子、質子、中子和次原子微粒。這些微粒子依照某些規範，不停的在飛馳，從「這裡」到「那裡」。這樣做需要「時間」。然而它們卻飛馳得如此之快，以致那**岩石**本身似乎完全不動，而只是**存在**（**was**）。它就躺在那裡，餐風飲露，沐浴陽光，全然不動。

「我的裡面，那在動心的，是什麼？」岩石問。

「是**你**。」遠處的**聲音**說。

「我？」岩石說，「怎麼可能？我根本沒動。這是誰都看得出來的。」

「沒錯。**遠看**確實是如此，」那**聲音**說，「從**這裡**看，你**看起來**就真像固體的、不動的。但是當我更近一些——當我非常近的來看實際上發生的事，我看出一切組合為**你是誰**的東西**都在動**。它們透過時間與空間，以某種特定規範，以不可置信的速度在動，**創造**成稱為『岩石』的**你**。所以你真像魔術！你同時又**在動**，又**不動**。」

「那麼，」**岩石**問道，「哪一種是幻象呢？岩石的一體與不動，還是它各部分的分別與運動？」

那**聲音**回答道：「哪一種是幻象！是神的一體與不動，還是神各部分的分別與運動？」

我告訴你：在這**岩石**上，我要建立我的**教會**。因為這就是**曠古的岩石**。這就是未留一塊石頭不被翻動的永恆真相。在這小小的故事中，我已把這真理為你們解說殆盡。這就是**宇宙真相**。

生命（生活）是一系列微小的、極快速的運動。這運動卻全然不影響那**萬有**的不動與存在。然而，正如那岩石中的原子，是那運動創造著你眼前的不動。

從一個距離以外來看，沒有分別。不可能有分別，因為**萬有**即是**萬有**，此外無**他**。我即是**不動的推動者**。

從你們用來觀看**萬有**的有限視角來看，你們看到自己是分離的，有別的；不是不可被移動的存有，而是許多許多的存有，不斷在動。

兩種觀察都是正確的。兩種實相都是「真」相。

當我「死」了，我卻根本沒死，而只是轉入對宏觀宇宙的覺察中，在那裡沒有「時間」或「空間」，沒有現在與那時，也沒有以前及以後。

正是，你說對了。

讓我看看我能不能把你說的再說一遍給你聽，讓我看看我能不能自己來形容一下。

說吧。

從宏觀的視角來看，並沒有分與別，「回到那裡」看，一切事物的一切粒子，看來都像那**全體**。

當你看著腳下的岩石，你看到那岩石，此時此地、全全整整、完完美美的在那裡。然而即使一剎那間，如果你將那岩石放在你的覺察中，你都會發現岩石內有許多事情在進行——岩石的粒子在以不可置信的速度做不可置信的運動。這些粒子在做什麼？在使岩石成其為岩石。

但你在看這岩石時，你看不到這過程。即使你在概念上對它有所覺知，可是對你而言，那一切卻都在「當下」發生。那岩石不是在**變為**岩石；它就**是**岩石，在當下，在此地。

如果你是那岩石中某一粒次分子粒子的意識，則你就會經歷到自己在以瘋狂的速度運動，一時在**這**，一時在**那**。而如果外面有一個聲音對你說：「一切都在同時發生。」則你就會說那是謊言或欺騙。

然而，如果從岩石外的某一視角來看，說岩石的某一部分是同別的部分分開的，甚至在以瘋狂的速度飛繞，則會顯得是謊言。從這個距離能看到近處所不能看到的——一切是一，而所有的運動**什麼都沒有挪動**。

你領會了，你掌握到了。你說的意思就是，生命中的一切都只是視角的問題；而你是對的。如果你能繼續看清這個真相，你將開始領會到神的宏觀真相。你將會解開整個宇宙的奧秘：**一切都是同一回事**。

宇宙是神的身體中的一粒分子！

雖不中，亦不遠矣。

當我們做了所謂「死」這件事，我們在意識上就回到了宏觀實相？

沒錯。然而你們所回歸的宏觀實相，也仍是**更大宏觀實相**的**微觀實相**，而後者又是**更大**實相的一小部分——如此如此，永遠永遠，以至於無盡。

我們是神——那**「它即是」**的那個——不斷的在創造**我們自己**，不斷的在「是」我們現在即是的自己……直至不再是死，而成為別的東西。

就連岩石也不永遠是岩石，而僅是「似乎永久是」岩石。在它是岩石之前，它是別的。它以千百年的過程結為岩石。它曾是別的，也將成為別的。

你們也一樣。你們並非一向就是你們現在這樣的「你們」，你們曾是別的。而今天，當你如此莊嚴華美的站在這，你們真的是……「不可同日而語」。

哇，太妙了。我認為這真是太妙了！我從沒有聽過類似這樣的話。你把整個的人生宇宙觀用我的心智可以理解的方式說出來。這真是太妙了。

嗯，謝謝你的誇獎。我很高興。我在盡力而為。

你說的真是他媽的太好了。

這可能不是你在這裡該用的口語吧！

哦！

我開玩笑的，放輕鬆些，逗逗趣罷了。我是不可能被「冒犯」的。可是你的人類同胞卻可能覺得你冒犯了我。

我猜會。不過，回過頭說：我覺得我真的掌握到了一些什麼東西。

掌握了什麼？

當我提出：「為什麼當我們在肉體內的時候『時間』存在，而當靈魂從肉體開釋以後『時間』卻不存在呢？」這個問題時，你好像說「時間」其實是視角的問題；它既不「存在」，又不「不存在」，而只是靈魂改變了視角。所以我們是以不同的方式來體驗終極的實相就是了。

我正是這麼說的！你的確領會到了！

你還進一步說，在**宏觀的宇宙中**，靈魂會**覺察**到**意念**與**創造**間的直接關係；觀念與經驗間的直接關係。

沒錯——在宏觀的層次，就如在看岩石和看岩石內部的運動。在原子的運動和它創造出的岩石外觀之間沒有「時間」。運動雖然在發生，岩石卻「是」岩石；其實，岩石之所以「是」岩石，正因為運動在發生。因與果是立即的。運動在發生，而岩石「在」，都於「同時」。

這就是當靈魂在你們所謂的「死」時，所認識到的情況。它只是改變了一個視角。你們看到的多了些，因此也懂得多了些。

死後，你們的領會就不再受局限。你們看到岩石，也**看入**岩石。你們會看著如今看似至為複雜的人生層面，而說「當然」。你們會覺得一切都那麼清楚。

然後會有新的秘密讓你們沉湎。當你們循著**宇宙之輪**轉動時，會見到越來越大的實相，越來越大的真理。

然而如果你們能夠記得這個真理——你們的視角創造了你們的意念，而你們的意念創造了一切——如果你們**在脫離肉體前記得這個真理**，而不是在脫離之後，則**你們整個的人生都將改變**。

而要控制你的意念之路，就是去改變你的視角。

正是。採取一個不同的視角，你就會對一切事物有不同的意念。以這種方式，你們會學到控制自己的意念，而在創造自己的經驗上，控制意念就是一切。有些人稱為「念念祈禱」。

你曾說過，但我不認為我曾用這種方式看待祈禱。

那何不試試看這樣做會怎麼樣？如果你認為控制和引導意念即是至高的祈禱，則你就會只想好的和正當的事。即使你會沾一點負面與黑暗，卻不會耽溺其中。而在事情看起來黯淡之際——或許尤其是這種時候——你會只看到完美。

這個話你已經一說再說了。

我正在給你們工具啊。你們用這種工具可以改變你們的人生。我在反覆述說其中最重要的。我要一再一再的重複，因為重複會在你們最需要的時候產生認知（re-cognition）——即「再次知道」。

一切發生的事——那曾經發生的、正在發生的，與將要發生的——都是你們關於**你是誰**和**選擇你是誰**最內心的意念、選擇、觀念和決定而產生出的外在表現。因此，不要譴責你所不同意的那些生活面向，而是去改變它們，並去改變促成它們的條件。

清清楚楚看著黑暗，但不要去詛咒它。而寧是成為照亮黑暗的光，以便去改變它。讓你的光在眾人面前如此明亮，以致那站在黑暗中的人，被你生命的光所照耀，讓你們所有的人終於看到**你們真正是誰**。

做荷光者，因為你的光不只可以照亮自己的路，你的光可以是真正照亮世界的光。

哦，那麼，發亮吧！放光吧！絢爛吧！以致你最黑暗的時刻，也能變成你最大的禮物。正如你被賦予了禮物，你也要將禮物給予人，將不可言說的寶藏給予眾人：那寶藏即是**他們自己**。

讓這個成為你的任務，讓這個成為你最大的喜悅：把眾人的自己還給他們，甚至於在他們最黑暗的時刻，尤其是在最黑暗的時刻。

世界在等待你，治療它吧！現在！在你目前所處之地，你能做的還很多。

因為我的羊走失了，現在必須找回。所以，做我的好牧者吧！把他們帶回到我身邊。

4 生命開始於你們的舒適區域之外

謝謝你。謝謝你對我的召喚和給我的挑戰。謝謝你將這目標放在我面前。謝謝你始終引導我走向你知道我真正想要走的方向。這就是我為什麼走向你。這就是為什麼我這麼喜愛和祝福這些對話。因為是在與你的對話中，我發現了我內在的神性，並開始看到所有人的神性。

我至珍至愛的，諸天都因你這樣說而欣歡雀躍了。這正是我走向你的原因；凡是呼喚我的，我都將走向他。正如我現在已走向那些閱讀這書的人，因為這份談話絕不只是為了你一人，是為了全世界百萬千萬的人，是在每個人需要它的時候放在他的手上。有時候竟出以那般奇妙的方式，它帶給他們自己曾經呼求的智慧，並且在他們的一生中正是適合的此刻。

這就是這裡所發生的奇蹟：你們每個人都是因你們自己製造出這個結果。這本書雖然「看起來似乎」是別人給予你們、帶你們來參與這談話，將這對談為你們敞開的，**然而，這其實是你們自己把自己帶到這裡來的**。

現在，就讓我們一同再來探索你心中仍存有的問題吧。

那麼，可否請你再談談死後的生活？你之前說到死後靈魂會遇見的情況，我實在很想能知道多少就知道多少。

那我們就說到你的渴望滿足為止。

我剛剛說過，所發生的事是你想要發生的事，這是真話。你創造你的實相，不僅你跟肉體同在時如此，當你脫離肉體時仍是如此。

一開始你可能不明白這一點，因此你可能不是有意識的創造你的實相。因而你的經驗就會由你未控制的意念所創造，或由集體意識所創造。

你未受控制的意念強於集體意識多少，你就以多少程度實際經驗它們。集體意識被你接受、吸收和內化多少，你就以多少程度實際經驗它。

這和你在現在的生活中創造你稱為現實的情況沒有什麼不同。

在你的人生中，你永遠面臨三種選擇：

1.你可以任許你不加控制的意念來創造當下。

2.你可以任許你創造性的意識來創造當下。

3.你可以任許集體意識來創造當下。

但反諷的是：

在你現世的生活中，你發現要從你個人的覺察去有意識的創造相當難；甚至你往往會假定你個人的領會是錯的——即使你明明看得清楚周圍的種種——因此，你會向集體意識投降，而不論它合不合你用。

在你們稱為「來生」的最初片刻，不管你把周遭看得如何清楚（這些是你可能難以置信的），你卻會發現難以向集體意識投降；你會傾向於堅持你自己的領會，而不管它們合不合你用。

我要告訴你：當你被較低的意識環繞時，堅持自己的領會對你的好處比較多，但當你被較高的意識環繞時，向它投降則會對你的好處比較多。

因此，去尋找更高意識的人為伴是聰明之舉。這樣的伴侶對你的重要性是不會言過其實的。

在你們所謂的來世，關於這方面就無需擔憂，因為你們會立即並自動被高意識存在體——並被高意識本身——所環繞。

不過，你們仍舊可能並不知道這樣被愛所包圍；你們可能並不是馬上就能意會過來。因此，你們會覺得有些事情是「發生」在你們身上；你們是一時的運氣光臨著。事實上，你們死時的意識是什麼，你們就經驗到什麼。

你們有些人對死有所料想，只是並不自知，你們終其一生於死後是什麼樣子都會有想法，而在死時，這些想法就會呈現，你們會突然覺察（realize）你們原來想的是真的，你們使之成真（make real）。正像你們在活著時一樣，你們最強烈的意念、你們最熱烈執著的意念占了優勢。

那麼，人就可能**下地獄了**。如果有人終其一生都相信地獄絕對是存在的，而神會審判「生者與死者」，他會分開「麥子與穀殼」，分開「山羊與綿羊」，相信一生既然做了那麼多冒犯神的事，則他們就一定會下地獄——那他們就**一定會**在地獄的永遠之火中焚燒了！他們要怎麼才能逃得出來？你在這三部曲中曾一再明言地獄不存在，然而你又說我們創造我們的實相。那麼，相信地獄之火和永罰的人，就可能而且**真的**會遇到永罰和地獄之火了。

在最**終的實相**中，除了**那本是**的外，什麼都不存在。你說，你可能創造出你所選擇的任何次實相（subreality）來，這是沒錯的——包括你可以經驗到所形容的地獄之火。在這整個三部曲中，我從沒有說過你們不會經歷到地獄；我說的是：地獄不存在。你們所經歷的**大部分事物都是不存在的**，然而你們仍在經歷它們。

真令人難以置信。我的一個朋友，柏奈特．拜恩（**Barnet Bain**）拍攝了一部關於這種論說的電影。我的意思是，**完全跟這種說法相同**。我現在寫這段話的時候是一九九八年八月七日。我把這段話插入兩年前所記錄下來的談話間，這是我以前從沒有做過的。但在我把這本書的最後清樣送到出版社之前，我最後一次重讀稿本，卻發現羅賓．威廉斯剛剛才主演完的一部電影，**內容和我們此處說的完全一樣**。電影名叫《美夢成真》，跟你這裡說的相同得嚇人。

那電影我很清楚。

你清楚？**神也去看電影**？

神拍電影。

哇！

沒錯。你沒看過《哦，神啊！》（Oh, God）這部電影嗎？

當然看過，可是……

怎麼？你認為神只會寫書？

那麼，羅賓．威廉斯的那部電影就是真的了？我是說，真的就是那樣嗎？

不是。沒有任何電影、書或人，對神的任何解釋是真正真的。

連《聖經》也不是？《聖經》不是真正真的？

不是。我想這一點你是知道的。

好吧。那**這本書**又怎麼樣呢？**這本書**總真正是真的了吧！

不是。我很不願意對你這樣說，但我還是要說：這套書是透過你的個人過濾器而出現的。我承認，你的過濾器的網眼是很精緻的。你已成為非常好的過濾器。但你仍只是過濾器。

這我知道。我只是想要在這裡再說明一次；因為有些人會把這樣的書或如《美夢成真》這樣的電影當作是真的。我希望讓他們不要如此。

這部電影的編劇與製片者透過不算完美的過濾器呈現出巨大的真理。他們所要呈現的，是死後你所經歷的正是你預期與選擇你會經歷的。他們把這一點做了很有效的說明。

好了，現在我們可以回到原先的話題了嗎？

可是。我想知道的就是我看這部電影時所想知道的。如果沒有地獄，可是我卻經歷到地獄，**則到底有什麼鬼不同呢**？

只要你還留在你所創造的實相中，就沒有任何不同。然而你不可能永遠創造這樣的實相。你們有些人經歷它的時間不會超過你們所謂的十億分之一秒。因此，即使在你們個人的想像領域中，你們也不可能經歷到悲傷痛苦之地。

假如我終生都相信這麼一個地方，又相信我做過使我應去這種地方的事，則是什麼可以使我不致永遠創造這樣一個地方呢？

你的知識與領會。

在此生，你的下一刻是由你對前一刻的新領會而創造，同樣，在你們所謂的來生中，你們從對早先的一刻之所知與領會中創造新的一刻。

有一件事你們會十分快速知道與領會的是，你們一直都在任意選取你們想去經驗的事情。這是因為在來生中，結果是立即出現的，你們不會看不出意念與其所創造出的經驗之間的關係。

你們會明白，是你們在創造自己的實相。

這可以解釋為什麼某些人的（死後）經驗是快樂的，而某些人的則是嚇人的；為什麼某些人的經驗是深刻的，而另一些人的又幾乎是子虛烏有的；也解釋了為什麼有關死後片刻的故事是那麼不同。

有些人從瀕死經驗中回來，充滿了和平與愛，從此以後就不再恐懼死亡；而有些人則全身發抖的回來，認為自己遇到了黑暗與邪惡的力量。

靈魂會回應並再創造人心最有力的提示或暗示，將它在經驗中製造出來。

有些靈魂會有一段時間留在這經驗中，使這經驗變得非常真實——就像靈魂還在肉體內時的情況一樣，儘管它此時的經驗也同樣不真，不恆久。有些靈魂則調整得很快，看出經驗從何而來，而開始新的意念，立即走入了新的經驗。

你是說，來世的事物並沒有一個特定的樣態？在我們自己的心以外，永恆的實相或真理並不存在？在我們死後，在我們走入另一個實相中時，我們仍舊是在繼續製造神話、傳說和假裝的經驗？我們什麼時候才可以從這束縛中解脫？我們什麼時候才得以認知真理？

當你們選擇它的時候，這就是羅賓・威廉斯那部電影的重點，這也是這裡所說的重點。當一個人的唯一渴望就是認知「一切萬有」之永恆真理，就是領會那最偉大的奧秘，就是要經驗最壯麗的實相，他就能得到他所要的。

沒錯，有一個**大真理**在；有一個**終極的實相**在。但不管實相是什麼，你總是得到你所選擇的——正是因為實相就是「你是一個神聖的造物」，神奇的創造你的實相，並去經驗它。

然而，如果你選擇不再創造你自己個體的實相，而開始領會和經歷更大的、合一的實相，則你立刻就有機會這樣做。

那些「死」的時候做此選擇、有此渴望、有此意願與認知的人，就立刻進入**合一**的體驗中。其他的人則只有在他們自己有此渴望時才有此體驗。

當靈魂仍跟肉體一同時，情況也正是如此。

這全然在你的渴望、你的選擇、你的創造，在你對**那**不可創造之事的創造；也就是，在於你對**那業已創造出來的事物之體驗**。

這就是**創造的創造者**、**不動的推動者**，是始是終，是前是後，是事物的現在——過去——一向的面貌，你們稱之為的神。

我不會遺棄你們，然而我也不會將**我的本我**強加在你們身上。我從未這樣做過，也永不會這樣做。任何時候你們想要，都可回歸於我。現在，當你們與肉體同在時如此，將來離開肉體時也一樣。任何時候當你們願意，你們都可回歸於我，並體驗失去個體**本我**的經驗。你們也可以在任何你們選擇的時候，重新創造你們個體**本我**的經驗。

你們可以如自己的意願體驗**「一切萬有」**的任何層次，至小的，或至大的。你們可以體驗小宇宙，也可以體驗大宇宙。

我可以體驗粒子或岩石。

沒錯。說得好。你了解了。

當你跟人體同住，你所經驗的是較小的一部分，而不是整體；也就是說，小宇宙的一部分（但不是小宇宙的最小部分）。當你離開肉體（即某些人所稱為的「精神世界」「靈界」），你的視角便躍進般的擴大。你會突然似乎知道了樣樣東西，能夠成為樣樣東西。你對事物會有一種宏觀，允許你懂得你目前不能懂得的事物。

那時你能懂得的事物之一，是仍有更大的宏觀宇宙。也就是說，你會突然明白，「一切萬有」比你那時所經驗的還要更大。這使你立刻充滿了敬畏與期待，驚奇與興奮，喜悅與歡躍，因為那時你就知道並了解我所知道和了解的：遊戲永遠不會結束。

我能到達真正智慧的地步嗎？

在你「死」後，你可以選擇讓你所曾提出的任何問題都得到答案——並接受你從未夢想過的問題。你可以選擇跟**「一切萬有」**合**一**。你會有機會去決定你下一步要的**是**什麼和做什麼。

你會選擇回到你最近的一個肉體嗎？你會選擇再以人的形象——但另一種不同的人——來體驗生命嗎？

你會選擇留在「靈界」——在你那時正經驗著的境界？你會選擇在認知與經驗方面更進一步？你會選擇完全「失去你的身分」而成為**一體**的一部分？

你選擇什麼？你會選擇什麼？你要**選擇**什麼？

這是我一直在問你的問題，也是宇宙始終在問你的問題。因為宇宙不知道別的，只知道去滿足你最殷切的渴望，最大的願望。事實上，它時時都在這樣做，天天都在這樣做。你與我之間的不同，就是你並未有意識的覺察到這一點。

我卻覺察到。

告訴我……在我死後，我會遇到我的親人和我所愛的人嗎？他們會像有些人所說的那樣，幫助我了解發生了什麼事嗎？我會和那些「比我們早逝的人」再重聚嗎？我們會永遠在一起嗎？

看你選擇了什麼。你選擇要讓這些事情發生嗎？那麼，它們就會發生。

好吧，我承認我有點糊塗了。你是說我們每一個人都有自由意志，而這自由意志會延伸到我們死後？

是的，這就是我說的。

如果這是真的，那麼我所愛的人的自由意志就必須和我的一樣——當我有某一個想法和渴望時，他們必須要和我有相同的想法和渴望——不然我死後，他們就不一定會跟我在一起。還有，如果我想跟他們共度永恆的餘生，而他們如果有一個或兩個卻想繼續前進的話，那怎麼辦？也許他們中有一個想要走得更高更高，像你說的，想要跟那**一體**結合為

—，那又怎麼辦？

在宇宙中是沒有矛盾的。有些事情看起來矛盾，但事實上並不。如果事情像你所說的那樣（順便告訴你，這是個非常好的問題），那麼你們雙方都會得到你們所要的。

雙方？

雙方。

我可以再問是怎樣的嗎？

可以。

好。那麼……怎麼……

你對神的想法是怎麼樣的？你認為我只能在一個地方嗎？

不，我認為你同時處處都在，我相信神是無所不在的。

嗯，這一點你的想法正確。沒有一處是**我不在的**。你了解了嗎？

我想是的。

好。那麼為什麼你會認為你是不一樣的？

因為你是神，而我卻只是凡人。

我明白了。我們還卡在這「只是凡人」上……

好吧，好吧……假設，只是為了討論方便起見，我假定我也是神——或者，至少是由與神相同的材料造成的。那麼，你是說我也可以在同一時間在所有的地方？

這只是意識要在它的實相中選擇什麼的問題。在你們所謂的「靈界」，你能想像什麼，就能經驗什麼。如果你想要體驗自己為一個靈魂，在一個時間，於一個處所，你就可以做到。然而，如果你想要體驗你的靈魂更大一些，在同一個「時間」不只在一個處所，**則你也可以這樣做**。事實上，你可以在任何「時間」在**你所希望的任何處所**體驗你的靈魂。這是因為，事實上只有一個「時間」，只有一個「處所」，而你永遠都在它的所有裡面。因此，你可以依你的願望，在你所選擇的任何時候，體驗它的任何一部分或**數個部分**。

可是如果我想要我的親人們跟我在一起，而**其中有人**卻希望到「這一切」的另外某一部分去，那又怎麼辦？

你跟你的親人們不可能不想要相同的東西。你和我，你的親人和我——**我們**所有的——都是同一個。

你對某事的渴望，這本身就是我對此事的渴望，因為你根本就是我，把稱為**渴望**的經驗表達了出來。因此，你所渴望的，就是我所渴望的。

你的親人和我也同樣是同一個，因此，我所渴望的，他們也就渴望。

在地球上，你們也都渴望著相同的東西，你們渴望和平，你們渴望繁榮，你們渴望歡樂，你們渴望滿足，你們渴望在工作中能夠展現自己，在生活中有愛，身體健康。你們統統都渴望著相同的東西。

你們認為這是巧合？不是的，這是**生命的運作之道**。我現在正在為你們解釋此道。

在地球上的事情之所以不同於你們所謂的靈界，是因為在地球上，你們雖然渴望著同樣事情，但對如何得到它卻各有不同的想法，因為你們各自循著不同的方向，卻想尋求相同的東西！

是由於這些不同的觀念，你們才製造出不同的後果。我曾說過這些觀念可稱為**發起思維**（Sponsoring Thoughts）。

是的，在第一部。

你們許多人共有的這種意念之一，就是你們的**不夠**的想法。你們許多人私心裡總以為就是**不夠**，什麼都不夠。

愛不夠，錢不夠，食物不夠，衣服不夠，住處不夠，時間不夠，可供分配的好念頭不夠，當然可供分配的**自己**也是不夠。

這種**發起思維**使得你們竭盡一切所能去求取你們認為「不夠」的東西：如果你們認清了人人所渴望的**任何東西**都是足夠的，則你們將立即放棄這一切作為。

在你們所稱為的「天國」，你們「不夠」的意念會消失，因為你們會覺察到，在你們與你們所渴望的任何東西之間並沒有分離。

你們會覺察到比足夠還有餘。你們會覺察到你們可以在任何「時間」存在不只一個地方，因此你沒有理由不要你的兄弟所想要的，不選擇你的姊妹所選擇的。如果他們在死的時候想要你在他們身邊，則僅就他們對你的思念，就足以把你召向他們，你沒有理由不奔赴他們，因為這完全不會從你現在正在做的事情中取走任何什麼。

這種沒有理由說不的狀態，就是我在一切時間中所處的狀態。

你以前也曾聽說過：神從來不說不。這是沒錯的。

我會給你們所渴望的一切，永遠如是。從時間之始即是如此。

你真的永遠**都給每個人他們所渴望的**？

是的，我親愛的，我真的如此。

你的一生反映著你所渴望的和你相信你可以得到什麼。我不會給你你不相信你可以得到的——不管你是多麼渴望。因為我不會違背你自己對它的想法。我做不到。這是法則。

相信自己不能得到某一事物，就等於不渴望此事物，因為這兩者的結果都是一樣的。

但在地球上，我們不可能得到一切我們所渴望的。比如，我們不可能同時在兩個地方。還有許多其他的事物，也是只能渴望卻不能得到，因為在地球上，我們人人都是如此受到局限。

我知道你會這麼想，因此事情對你也就會是這樣，因為給予你的永遠是你相信會給予你的——這永遠是真的。

因此，當你說你不能同時在兩個地方，那你就不能。但如果你說，你能以意念的速度去你想要去的任何地方，甚至以你肉體的形態於任何時間存在於不只一個地方，那你就可以如此。

你看，這就是這些對話讓我覺得脫節的地方。我真的想要相信這些訊息是直接來自神——但是當你這麼說的時候，我的內心真會瘋掉，因為我就是無法相信。我的意思是，我就是不信你剛說的話是真的。在人類的經驗中，沒有可以證明這話的事情。

不對。據說所有宗教中的聖人都做過這種事。這需要很深的信仰才能相信？特別高層次的信仰？一千年才有一人？沒錯。但這表示它不可能？不對的。

我怎麼去創造這種信仰？我怎麼能去達到這樣的信仰層次？

你不可能**達到**那裡（get there），你只能**在**那裡（be there）。我不是在玩弄文字，我是真的這樣說。這一種信仰——我願稱它為完全的認知——不是你可以**試圖**得到的。事實上，如果你試圖得到它，你就不可能得到它。你只能**就是**那樣，你只能**就是**那**認知**，你**就是**那種存在體。

這樣一種存在狀態出自一種**完全的覺察**狀態，它**唯有**從這種狀態中產生。如果你想要**變得**如此覺察，則你就無法如此。

這就如同如果你是四呎九，卻想「變為」六呎一樣。你不可能六呎高。你只能「是」你是的高度——四呎九。當你**長到**六呎的時候，你就會「是」六呎了。當你**是**六呎高的時候，你就可以做六呎高的人所能做的一切事了。當你**處在**完全覺察的狀態，你就可以做一切處於此種完全覺察狀態的人所能做的事。

因此，不要去「試圖相信」你可以做這樣的事情，而應試圖走向完全覺察的狀態。那時，就不需要相信，**完全的認知**會自現神蹟。

有一次，當我靜坐冥想時，曾經有一段完全合一、完全覺察的經驗。那太奇妙了，令人欣喜不已。但那次以後，我曾一再試圖再有這種經驗。我不斷的靜坐，想要再次達到這完全的覺知，可是我從未能再成功過。這就是你所說的原因嗎？你是說，只要我仍在尋求某種事物，我就不可能得到，因為這尋求就表示我現在沒有得到它。這種智慧你在這整個三部曲中都一再的向我透露著。

沒錯，沒錯。現在你懂了吧，你更清楚了吧！這就是為什麼我們要一再反覆、一再重述的原因。反正你在第三次、第四次，或許第五次，總會領會到的。

嗯，我很高興我問了這個問題，因為這個「你可以同時在兩個地方」或「你可以做任何你想做的事」可能會變成很危險的玩意兒。這就是那種讓人從帝國大廈往下跳，一邊還會大喊「我是神！看哪！我可以飛！」的把戲。

在做這種事情之前，你最好處在完全的覺知狀態。如果你必須以向別人表明來證明你是神，則你就還不知道你是，而這「不知道」會以你的實況表明出來。簡言之，你會摔個正著。

神不求對任何人證明**它自己**，因為神沒有這個需求。神是，而這即是如此。那些知道自己與神為一的人，或在自己之內體驗到神的人，不需向任何人證明，更不需向自己證明，因而也不會去尋求如此做。

因此，當他們揶揄他，對他說「如果你是神的兒子，你就從十字架上下來吧！」時，那位名叫耶穌基督的人什麼也沒做。

但是三天以後，當沒有見證人、沒有群眾、沒有證明任何事物的人在場時，他靜靜的做了一件更驚人的事——而世人一直到現在還在議論不休。

你們的救贖就在這奇蹟中，因為這奇蹟不只向你們顯示了耶穌的真相，也顯示了**你們是誰**的真相，因此使你們免於被謊言所誤——這謊言是別人告訴你們的，而你們把它當作真相來接受。

神永遠邀請你們對自己存以最高的想法。

就在此時，你們的星球上就有人正在表現著這些最高的想法：包括使物體出現又消失，甚至在肉體中「永遠活下去」，或重返肉身，再度生活——而所有這些，所有的這些，都因他們的信念而得以成為可能。那是因為他們的認知，那是因為他們對事物如何成其為事物，其用意如何，有不可改變的清明。

在過去，當有人以凡人形象做出這類事情，你們就認為是奇蹟，稱這些人為聖人和救世者，然則他們並不比你們更是聖人與救世者。因為你們所有的人都是聖人與救世者，**而這正是他們為你們帶來的訊息**。

我要怎麼才能相信這些？我是全心全意想要相信的，只是實在無法相信，就是無法。

不，你不能用相信（believe）的，你只能知曉（know）它。

我怎麼能知曉？我怎麼樣才能知曉？

凡是你為自己選擇的，就給予別人。如果你做不到，則幫助別人做到。**告訴**別人，他們已經擁有。為此**稱讚**他們；並為此**推崇**他們。

這就是「宗師」（guru）的價值，這是全部的重點所在。但在西方，「宗師」一詞已經帶有太多的負面能量，它幾乎已經帶有輕蔑之意，「宗師」幾乎就是騙子。效忠於某一宗師，就幾乎是放棄了你自己的力量。

可是推崇你的宗師並**不是**放棄你的權力，而是**得到**力量。因為當你讚美你的宗師，當你推崇他，你所說的就是「我見到你」。而你在他人身上所見到的，你就開始在自己身上見到。那是你內在實相的外在證據，那是你內在真理的外在證明，證明你的生命真相。

這就是透過你寫這三部曲所帶來的真理。

我並不認為是我在寫這套書。而是你——神——才是作者，我只是個抄寫員。

神是作者……而**你也是**。這套書是我寫的或是你寫的，其實並沒有什麼不同。

如果你認為有所不同，你就失去了寫這套書的意義了。你們大部分人都已偏失了這教誨的重點，因此我派了新的老師，更多的老師，都帶著與往日的老師相同的訊息來。

我了解你不願意將這教誨認為是你個人的教誨。因為如果你到處嚷嚷說，你與**神**為**一**——或甚至只是神的一部分，你說這些話，寫這些話，就不知道世人會怎麼看待你了。

世人怎麼看我倒沒關係。但有一點我十分清楚：就是我沒有資格做這些訊息——這三部書中所有的訊息——的唯一接受者。我不覺得自己有資格做這項真理的使者。沒錯，我現在是在為這三部書工作，然而即使在出書之前我就知道，比任何人都知道，以我所曾犯過的錯誤，以我所曾做過的自私的事，我根本就沒有資格帶來這奇妙的真理。

然而，這又可能是這三部曲中最大的訊息：神不對任何人隱藏，他對每個人說話——即使那最沒有資格的。因為如果神對我說話，則神將對每個尋求真理的男人、女人與小孩的心直接說話。

因此，我們每個人都有希望。我們沒有一個人爛到神會遺棄我們，不可原諒到神會轉頭不顧我們。

這些都是你所相信的嗎？——剛剛你寫的所有這些話？

是的。

那麼它就是這樣；在你就是這樣。

不過我還是要告訴你，你是有資格的，就像每個人一樣。沒有資格，是對人類最壞的指控。你們以往日來鑑定你們的價值，我卻以來日。

來日，來日，永遠都是來日！你們生命的所在，不是在往日，是在來日。你們真相的所在，是在來日，而不是在往日。

跟你們將要做的事相比，你們已經做的便不重要。跟你們將要創造的相比，你們所已犯的錯誤便微不足道。

我原諒你的錯誤，全部的錯誤；我原諒你誤置的熱情，所有全部的；我原諒你錯誤的觀念，你被誤導的領會，你令人受傷的行為，你自私的決定；這所有的全部。

別人可能不原諒你，但我原諒你；別人可能不放過你的錯誤，但我放；別人可能不讓你忘記，不讓你走向新的事物，但我讓。因為我知道你不是過去的你，卻是並將永遠是現在的你。

在一分鐘之間，在一秒鐘之間，一呼一吸之間，一個罪人可以轉變為聖人。

事實上，沒有「罪人」這麼一種東西，因為沒有一個人會被罪「犯」到——尤其是我。這就是何以我說我「原諒」你。我用這個字眼，因為這似乎是你們所了解的。

事實上，我不是原諒你，而且也不會為了任何事原諒你。我沒有必要，沒有什麼要原諒的，但我可以釋放你。正像我此時此處所做的，再度如此。正如我過去經常做的——以那麼多其他老師的教誨所做的。

那為什麼我們不肯聽那些老師的？為什麼我們不相信你這最大的允諾？

因為你們不相信神的善。那麼，就把要相信我的善忘記吧！只去相信這簡單的邏輯：

我所以無需原諒你們，是你們不可能冒犯我，我也不會被傷害與毀滅的。然而你們卻以為可以冒犯，甚至傷害我。這是多麼大的幻象！多麼大的心結啊！

你們不可能傷害到我，因為我是不可能被傷害的。而凡是不能被傷害的，也不可能、不會去傷害別人。

現在你可以明白這真相背後的邏輯了：我不會譴責，不會懲罰，也不需報應。我沒有此種需求，因為我不可能以任何方式受到傷害或冒犯。

而你也是一樣，所有其他的人也是一樣——儘管你們以為自己可以被傷害或毀滅，曾經受到傷害或毀滅。

因為你們以為受到傷害，所以便要求報復。由於你們經歷了痛苦，所以要別人也經歷痛苦，以為報應。但是，你們究竟有什麼正當的藉口來造成他人痛苦呢？因為（你們以為）有人造成了你們的痛苦，就覺得以痛苦回報是對的？你們本來認為人與人不應那般對待，然而一旦你們自以為有藉口可以那樣待人，就於心無愧了？

這是瘋狂。而你們未能看出的是在這種瘋狂中，所有造成他人痛苦的人都自以為正當。每個人的每件行為都**被他自己認為是對的**，因為這是他的所欲所求。

照你們的定義，別人的所欲所求就是錯的，照別人的定義則正好相反。你們可能不同意他們的世界觀，他們的道德架構，他們的神學觀，他們的決定、選擇與行為……但是他們，以他們的價值觀為基礎，卻同意他們自己的。

你認為他們的價值觀是「錯」的。但又有誰說你們的價值觀是「對」的呢？只有你們言行合一，才會使這價值觀有些意義，可是你們的「對」與「錯」，卻經常在變。個人如此，整個社會也一樣。

只不過數十年前，你們社會認為「對」的，於今卻認為「錯」了。不久以前你們認為「錯」的，於今又稱它為「對」。然而誰能說誰是或誰非呢？沒有評分卡，你怎麼分辨比賽的結果呢？

然而我們卻敢於互相審判，我們敢於譴責，只因為有人不合於我們一直在變的是非標準。哦，我們還真了不起呢。我們連什麼是「對」，什麼是「不對」都無法一致。

但問題不在這裡。關於什麼是「對」，什麼是「錯」的改變主意並不是問題所在。這一點你們必須清楚，不然你們就無法成長，改變乃是演化的成果。不，問題不在你們改變，或你們的價值觀改變。問題在你們有那麼多人堅持以為你們現在的價值觀是對的，是完美的，人人必須遵從，你們有些人變得自是自大。

如果你們的信念對你們有幫助，則堅守它，牢牢的守住它，不要動搖。因為你們的「對」「錯」觀念，是你們對你是誰的定義，然而不要要求別人也以你們的對錯來定義他們自己，也不要那麼牢牢的「栓在」你們現在的信念與習俗中，免得阻礙了你們的演化。

事實上，你們不可能阻礙演化；即使你們想要做也做不到，因為不管有你們，還是沒有你們，生命都一直在前進。沒有任何事物是停留在同一個狀態的，也沒有任何東西是不變的。不變就是不動，而不動就是死。

生命的一切都是動，每一塊石頭都充滿了運動。一切都在動，**一切**，沒有一種事物不是在動中。因而沒有一個事物不是時時刻刻在動的，沒有一物。

保持原樣，或意圖保持原樣，是違背生命法則的。這是愚蠢，因為在這種爭執中，勝利的一方永遠是生命。

所以，變吧！是的，變吧！改變你們關於「對」與「錯」的想法。改變你們關於這個和那個的想法。改變你的構想，你們的結構，你們的模型，你們的理論。

允諾你們最深的真理改變。看在老天份上，為了你們好，由你們自己主動去改變吧！我這話是真的。**為了你們好**，由你們自己去改變吧！因為關於**你們是誰**，你們的新觀念就是成長所在。你們關於**這是什麼**的新觀念，就是演化加速之處。你們關於**誰**、**什麼**、**何處**、**何時**、**如何**和**為什麼**的新觀念，就是使神秘得以解開之處，故事得以結束之處。然後你們可以開始新的故事，一個更精采的故事。

你們關於「**一切萬有**」的新觀念就是興奮之所在，就是創造之所在，就是你內在的神得以顯現、得以充分實現之所在。

不論你們認為事物已經「多好」，它們仍舊可以更好。不論你們認為你們的神學、你們的意識形態、你們的宇宙觀已經多麼奇妙，都還可以更奇妙，因為「天上地下要比你們的哲學所夢想的事物還要多得多」。

因此，打開吧！**打開**！不要因為你們已經適應舊有的真理，而把新真理的可能性關閉。生命開始於你們的舒適圈之外。

然而，不要急於審判他人。寧可避免審判，因為別人今日的「錯」，可能是你昨日的「對」；別人今日做錯的事，可能是你昨日未經改正的行為；別人今日「有害的」「傷人的」「不可原諒的」和「自私的」選擇與決定，正是你曾做過多次的。

你也許「無法想像」，別人怎麼可能「做出那樣的事」，然而你忘了，這正是你所來自之處，是你和他將要去向之處。

而對那些你們自以為邪惡、自以為不值、不可救藥的人，我要這樣告訴你們：你們沒有一個是永遠迷失的，永遠不會。因為你們是一切，是變的歷程中的一切。你們是一切，是通過演化而移動的一切。

而這就是我所要的。

藉由你們。

5 宇宙間沒有意外

我記得小時候學過這樣一段禱告詞：「主啊，我不值得讓你進入我的屋子。但只要你說一句話，我的靈魂就得以治癒。」現在你已說了這些話，我覺得治癒了，我不再覺得自己不值得，你有辦法讓我覺得值得。如果說我有可以給予所有人類的禮物，那就是這個。

你已經給了他們這份禮物——就是這套書。

在這些對話結束之後，我希望還能繼續給下去。

這對話**永遠不會**結束。

好吧，我是說，在這三部曲寫完之後。

你有很多辦法可以那樣做。

如果是這樣，那我太高興了。因為這是我的靈魂所渴望給予的禮物。我們人人都有禮物要給予，我很高興這是我能給的。

那麼，就去給吧！讓每個你接觸的人都感到有價值。讓每個人都感到他們生為人的價值，感到他們之為自己真是奇妙。給予這禮物，你將治癒全世界。

我很謙卑的請求你的幫助。

你永遠都會得此幫助，**我們**是朋友。

我很喜歡這對話，現在我想要問一件你以前說過的事。

好。

當你說到這一生和下一生之間的生活時——姑且這麼說——你曾說：「你可以在任何你選擇的時候，重新創造你的個我經驗。」——這是什麼意思？

這意思是，在任何你想要的時候，你都可以從那**一切**中以一個新的「我」出現，或以你以前的我出現。

你是說，我可以恢復和回到我的個我意識，我對「我」的覺察中？

對。不論什麼時間，你都可以得到你想得到的任何經驗。

因此我可以回到這個生命——回到這個地球——成為「死」去以前的那個人？

對。

同樣的肉體？

你聽過耶穌的事嗎？

聽過，但我不是耶穌，我也不敢認為我會像他。

他不是說過：「這些事情，以及更多的事，你們也都可以做？」

是說過，但是他並不是在指這一類的奇蹟，我不認為是如此。

我很遺憾你不認為如此，因為耶穌不是唯一從死裡復活的人。

他不是？還有別人？

對。

天哪，這是冒瀆神！

除了耶穌以外還有人從死裡復活是冒瀆神？

嗯，有些人會這樣說。

那這些人就是從沒有讀過《聖經》。

《聖經》？《聖經》裡說過除了耶穌還有其他人從死裡復活？

沒聽過「拿撒勒」（Lazarus，《新約聖經》〈約翰〉十一章及〈路加〉十六章）嗎？

哎，這不對！他從死裡復活是靠基督的力量。

一點也沒錯。那你以為你所謂的「基督力量」是只保留給拿撒勒的？在世界史上只為他一人嗎？

我沒有這樣想過。

我告訴你，曾經有許多人從「死」裡復活，曾經有許多人「復生」，當今你們的醫院裡天天都在發生。

哦，算了吧，又來了！這是醫學，不是神學。

哦，我懂了。神跟今天的神蹟沒有關係，只跟昨日的有關。

嗯……好吧，從技術面來看，我承認你說的有理。但是，沒有一個人曾經**像耶穌那樣靠自己的力量從死裡復活的**，沒有一個人是**這樣**從「死」裡回來的。

你確定？

呃……滿確定的……

你有沒有聽說過摩訶孚陀・巴巴吉（Mahavatar Babaji）？

我不認為我們在這裡應該把東方神秘主義者扯進來，很多人不會吃這一套。

我明白。嗯，當然，他們一定會這樣的。

現在讓我來弄清楚。你是說，靈魂如果願意，就可以從所謂的「死」裡，以精神形象回來，或以肉體形象回來？

你現在開始了解了。

好吧。那為什麼並沒有多少人這麼做呢？為什麼我們沒有天天聽說？這種事應該會造成國際新聞才是。

事實上的確是有不少人這樣做——以精神的形象。但我承認，選擇返回肉體的並不多。

哈！你看！我說了吧！為什麼不呢？如果那麼容易，為什麼沒有更多的靈魂這樣做？

那不是容不容易的問題，而是想不想要的問題。

什麼意思？

意思是，很少有靈魂願意再以以前的肉體形象回來。如果靈魂選擇要重回肉身，則幾乎總是會選擇另一個肉身；一個不同的肉身。以這種方式，它才能開始一個新的歷程，體驗新的記憶，做新的冒險。一般說來，靈魂之所以離開肉體，是因為它們跟這肉體的關係已經結束。它們已經做完了跟此肉體結合所需完成的事。它們已經經歷了想要經歷的事。

那麼因為意外事故而死的人又怎麼說？他們也是經歷完了？或是被「切斷」？

你還是認為人會意外的死亡？

你是說他們不是意外的？

宇宙間沒有意外發生的事。沒有事是「意外」的，也沒有事是「巧合」的。

如果我能說服自己相信這一點，我就再也不會為那些死去的人悲傷了。

他們最不願意的，也是你們為他們悲傷。如果你知道他們在哪裡，而那又是由於他們更高的選擇，你就會為他們的離去**歡慶**。如果你曾有片刻經歷到你所謂的死後，以你對你自己和神最恢宏的意念觸及到死後，則在他們的葬禮中，你將笑得合不攏嘴，你心中會充滿歡喜。

在葬禮中，我們為自己失去所愛而哭泣。因為我們認為再也見不到我們所愛的，再也不能握、不能碰、不能抱我們所愛的人。

應當哭的。這是尊崇你們的愛，尊崇你們所愛的人。然而，如果你們知道，那更恢宏的真相，知道有何等奇妙的經驗在等著脫離肉體的靈魂時，你們的悲傷就可縮短。

到底死後是什麼樣子？真的什麼樣子，請告訴我。

有些事情是無法向你們啓示的，不是因為我不想，而是因為在你們目前的狀況，在你們目前的領會層次，你們無法想像所告訴你們的事。不過，可說的仍然不少。

我們原先討論過，在你們所謂的死後，有三種事情可做，正像你們現在活著所經歷的情況一樣。你們可以由不加控制的意念來創造，你們也可以體驗**「一切萬有」**的集體意識。最後，這一種體驗稱為**再結合**，或**重歸於一**。

假如採取的是第一個途徑，則你們大部分人是不會持續很久的（這與你們在地球上不一樣）。這是因為一旦你不喜歡你所經驗的情況，就會選擇去創造新的、更為愉快的經驗，而這一切，你只要停止去負面思考就好。

由於如此，你們根本就不會經歷到你們恐懼的「地獄」——除非你們選擇如此。但即使你們選擇了「地獄」，你們仍是「快樂」的，因為那是你們所要的。（有許多人在「不快樂」中「快樂」，人數超過你們所能想像。）所以，你們會繼續這種體驗，直至你們不再選擇它。

不過對大部分人來說，你們常剛剛開始經驗到它，然後就走開了，而去創造新的情況。

在地球上，你們也可以如此完全一樣的消除生活中的地獄。

如果你們採取第二條路，有意識的創造你們的經驗，你們無疑會體驗到「直升天國」，因為凡是能自由選擇的，都會做此選擇，而凡是相信有天國的，就會創造天國。如果你不相信有天國，則你會經歷到任何你想經歷的境況。而在你領會此點的一刻，你的願望就會越來越美好。於是，你**就會**相信有天國了！

如果你採取的是第三條途徑，委身於集體意識的創造，你就會迅速進入全然接受、全然和平、全然喜悅、全然覺察和全然的愛中，因為這就是集體的意識。你將跟那一合而為一，而除了**那你所是**的之外，別無其他。**那你所是**的即是**亙古萬有**——直至你決定必須有別的什麼東西為止。這就是涅槃，那「與一合一」的經驗，是你們許多人曾在靜心冥想中短暫體驗過的境況，是一種不可描述的喜悅。

在你體驗了「無限時間——無時間」（infinite time-no time）的合一之後，你會停止這種體驗，因為除非**那非一**（The Which Is Not One）也存在，除非等到**那非一**已存在，否則你就不能體驗那**一**之為**一**。領會及此，你又再次會創造那分別與非一的觀念與意念。

於是你會在**宇宙之輪**上繼續行，繼續轉，繼續存，繼續在，永遠永遠，比永遠更永遠。

你將許多次回歸於**一**——無限次，而每一次都無限時間——你將會知曉在**宇宙之輪**上的任何一點你都有工具可以讓你重歸於**一**。

現在，即使在你讀這些句子時，你都可以這樣做。

明天，在你靜心冥想時，你可以這樣做。

任何時候，你都可以這樣做。

你曾說過我們並不一定需要停留在死時的那個意識層次？

對，你們可以想多快就多快進入另一意識層次，也可以想停留多少「時間」就留多少時間。如果你「死」的時候處於有限的視角、不加控制的意念，你就會經歷到這樣的狀態所帶給你的各式各樣經驗，直到你不再想要為止。於是，你會「醒來」——變得有意識——開始創造自己的實相。

你會回頭看第一個階段，稱它為煉獄；看第二個階段——以你思想的速度得到你想要的東西——你稱它為天堂；第三個階段，當你體驗到**合一**的至福，你稱它為**涅槃**。

沿著這些線，我還有一件事想要知道，不是關於「死後」的，而是出體的經驗。你可以解釋一下嗎？那究竟是怎麼回事？

那只是**你是誰**的本質離開了肉體而已。一般作夢時會如此，冥想時往往會如此，沉睡時則常常會以昇華的形式如此。

在這樣的「郊遊」中，你的靈魂可以到它想去的任何地方。有過這種經驗的人，往往不記得他們曾做過有意的選擇，他們認為那些經歷是「發生在他們身上的」。然而，凡跟靈魂的行為有關的事，沒有一件跟意願無關。

當我們在經歷這種經驗時，如果一直都是自己在創造，那怎麼可能有些事物是「顯示」給我們的呢？我覺得，除非那事物是跟我們分開的，不是我們創造的，才可能是顯示給我們。這一點，我想我需要你的幫忙才能了解。

沒有任何東西是與你分離的，一切都是你自己的創造。即使你表面上看來的缺乏領會，也是你自己的創造；事實上，那是你的想像所虛構的東西。你想像你不知道這問題的答案，因此你就不知道。然而只要你想像你知道，你就知道。是你任許自己做這種想像，以便那**歷程**得以進行。

什麼**歷程**？

生命，那永恆的**歷程**。

在你自己對自己「顯示」的時刻──不論是你們所謂的出體經驗，或是作夢，或是醒著卻感到水晶般的清澈──你都只是溜進了「記憶」中。你記起了你已經創造的事物。而這些記憶很有力量，它們可以產生個人的「顯靈」（epiphany）。

一旦你經歷過這神奇的經驗，就很難再回到「現實的生活」中，跟一般人所說的「現實」相混無間。這是因為**你的**「現實」已經變了，它已變成了另外一種東西，它擴充了，長大了，它不可能再縮小。這就像要那精靈再重回到神燈裡去一樣，是不可能的。

那些有過出體經驗或所謂「瀕死」經驗的人，有時候看起來似乎就是不一樣，就是因為這個原因？

正是，他們是**真的**不一樣了。因為現在他們所知道的比較多。然而，當他們離這個經驗越遠，時間過去得越久，往往就越會重歸舊路，因為他們又忘記了他們所知道的。

那有沒有什麼「保持記憶」的方法？

有。隨時隨地、一言一行都出自你的認知。以你的認知來言行，而不以幻象世界向你顯示的來言行。堅持以你的認知為依據，不管表象多麼欺人。所有的大師都曾這樣做，現在也在這樣做。他們不以表象判斷，而以他們的所知來言行。

還有另一種方式也可以保持住記憶。

哪一種？

就是讓別人記得。凡你所願的，給予他人。

這三部曲似乎就是在這樣做。

這正是你在做的。你做的時間越久，就越不必非做不可。你越是把這訊息給人，你就越不必給自己。

這是因為我的**自己**和他人是**一體**，我給他人的，也給了我自己。

你看，現在是你在**給**我答案了。當然，運作本來就是如此。

哇，我給了神一個答案，這可真酷，真是酷斃了。

是你在告訴我。（You're telling me. 譯注：意爲「還用你說，我早就知道了」。所以在此是句雙關語。）

這就是酷的地方——是**我在告訴你**。

而我要**告訴你**：有一天，我們將會**一體**說話。有一天，我們將會所有的人**一體**說話。

好吧，如果有一天這種事會發生在我身上，那我現在就得弄清楚自己確實明白了你所講的話。所以我要再一次——就這一次——回過頭來談一件事。我知道你已說過了不只一次，但我真的想弄清楚我是確實已經明白了才行。

當我們達到許多人會稱之為涅槃的**一體**狀態，我們不會留在那裡嗎？我之所以要再問，是因為這種說法跟我所了解的許多東方秘教不太一樣。

留在莊嚴的無有中，或與**一切**的**一體**中，會使留在那裡成為不可能。正如我剛剛解釋過的，**那是者**（That Which Is）若非在**那不是者**（That Which Is Not）處，就不能是（存在）。即使那**一體**的完全至福，若沒有某種比完全至福不完全的狀態存在，則就不可能被體驗為「完全至福」。因此，某種比完全**一體**的完全至福狀態不完全的東西，就必須被創造出來，而且必須不斷被創造出來。

但是當我們處在完全至福中，我們再度與那**一體**融合為一，當我們變為**萬有或烏有**時，我們又怎麼可能還**知道**我們存在呢？已沒有什麼別的東西讓我們經驗了呀……我不懂，這裡我似乎不太了解，這是我無法掌握的一點。

你所形容的就是我所謂的**神聖困境**（the Divine Dilemma），這就是神常有的困境，而神解決此困境的方式，就是創造那不是神（或以為其不是）者。

神時時刻刻將其自己的一部分給與那**較差的經驗**，此經驗的特質是不知其**自身**為誰，以便其自身的**其餘部分**得以知其**自身真正是誰**、**是什麼**。

是以「神將他的獨子給與（你們），以便你們可以得救」，現在你們可以看出這則神話從何而出了。

我認為我們都是神——我們每一個都不斷的從**知**去向**不知**，再走向知；從**存在**走向

不存在，再走向**存在**；從**一體**走向**分別**，再走向**一體**，永無止境的循環。這就是生命之環——你所稱為的**宇宙之輪**。

完全正確。一點都沒錯，說得真好。

但我們每一個人都必須重歸於零嗎？我們必須永遠都得重新來過，徹徹底底？回到最始？回到起點？就不能過關，不能手上有點存餘？

你**無需做**任何事情。這一生不需，任何一生都不需。你可以選擇你想要去的任何地方，想要做的任何事，你永遠都有自由選擇權，去再創造你為神的經驗。你可以前往**宇宙之輪**的任何地方。你可以「重回」你想要的任何處所，或你選擇的任何次元、實相、太陽系或文明。有些達到與**神性**完全合一境地的人，甚至會選擇以開悟大師的身分「回來」。是的，有些是以開悟大師的身分離開，然後選擇以**他們自己**的身分「回來」。

你一定看過這一類的報告：許多世紀以來，大師們和宗師們一而再、再而三的重返地球，以相同的面貌顯現。

有一個宗教就是以這樣的一份報告為基礎建立起來的，稱作**耶穌基督後期聖徒教會**（the Church of Jesus Christ of Latter Day Saints，譯注：指美國基督教新教摩門教教會）。該報告是說，約瑟夫．史密斯稱自己為耶穌，重返地球——在耶穌「最後」離開地球後的許多世紀重返，而這次是在美國。

是以你可以回到**宇宙之輪**上你喜歡的任何一點。

不過，即使是這樣，仍舊會讓人喪氣。我們就永不得休息嗎？我們就永不得留在涅槃中嗎？我們就注定永遠這樣「來來去去」，永遠在踩這種一時「你見到了」、一時「你沒見到」的踏步機嗎？我們是在一個永遠什麼地方也沒去的旅程上嗎？

沒錯，這就是最大的真理。無處需去，無事需做，除了做現在的自己以外，你無需去做任何別人。

真相是：並沒有什麼旅程。你現在正是你想要做的人，你現在正處在你想要去的地方。

大師們懂得這一點，因此不再掙扎。大師要做的是幫助你終止這掙扎，正如你在達到這階段以後，想要去幫助別人終止這掙扎。

不過，這歷程——這**宇宙之輪**——卻並非令人喪氣。它是對神的、對一切生命的根本莊嚴華美的肯定，不斷的肯定，而這其中根本沒有令人喪氣之處。

我似乎是覺得喪氣。

讓我看看能不能幫你改變一下想法。你喜歡性嗎？

愛得很。

大部分人都是這樣，除非是那些對性有怪念頭的人。那麼，如果我告訴你，從明天起，你覺得什麼人有吸引力，什麼人你愛，你就可以和她有性——這會不會讓你快樂？

這會違背她們的意願嗎？

不會。我會安排，凡是你想跟她們以這種方式歡慶性愛之經驗的，她們就也想要與你這樣。她們會覺得你有很大的吸引力，會覺得很愛你。

哇！這——太棒了！

但有一個條件，就是你在她們之間一定要停一停，你不能毫無間斷的從一個走向另一個。

那還用你說。

那麼，為了享受這種肉體結合的狂歡，你必須也經歷不做性結合的經驗——哪怕只是一刻。

我想我知道你要說什麼了。

沒錯。如果不是有一段時間沒有性狂歡，則即使連性狂歡也不是性狂歡了。精神的狂歡其實和肉體的狂歡是一樣的。

生命的循環並沒有令人喪氣處，只有喜悅，只有喜悅與更多的喜悅。

真正的大師從來不無喜悅。這種留駐於大師的狀態，可能是你現在想要的。你可以入狂歡出狂歡，卻始終喜悅。你並不必須狂歡，就可喜悅。只因你知道狂歡在，你就喜悅了。

6 人生就像電腦遊戲

如果可以，現在我想換換話題了，我們來談談地球的災變吧。不過，我想先說一下我的一個觀察，我們的談話似乎有不少部分是說了不只一次的，我有時覺得同樣的話我聽過好幾遍了。

這很好啊！你沒錯！就如我原先說過的，這是照計畫進行的。

這份訊息就像彈簧，當它捲起來的時候，它盤繞在自己上面，一圈疊在一圈上，看起來就像「圍著圈子打轉」。只有在把彈簧鬆開的時候，你才能看出它是以螺旋形上升，遠超出你原先的想像。

對，沒錯。許多話都已說過好幾次，只是方式不同。有時甚至**連方式也相同**。你的觀察沒有錯。

當你讀完了這些訊息後，你應當可以逐字逐句的複述重點。可能有一天，你會希望那樣做。

好啊，這很公平。現在讓我們繼續前進吧！

有一夥人似乎認為我跟神有「無線」電話；他們想要知道我們的地球是否要毀滅了？我知道我曾問過這個問題，但現在我真的想得到直截了當的回答。地球真的像許多人所預言的，要發生災變了嗎？如果不是，那這些通靈者看到的又是什麼？捏造的假象？我們該禱告嗎？改變嗎？有沒有什麼我們可以做的，還是只能束手待斃？

我很高興談談這些問題，但是我們並非「前進」。

不是嗎？

不是。因為答案都早已給過你們了——在我原先解釋時間的時候。

你是指「凡是將要發生的事，都已經發生」？

對。

但那「已經發生的事」是什麼呢？它們怎麼發生的？又**發生了什麼**？

一切都已發生。

一切可能發生的事，都已經以事實存在，以完成的事件存在。

那怎麼可能？我到現在還是不明白，那怎麼可能？

我要用你們比較容易想像的方式來解釋，看是不是較有益。你看過孩子用光碟機玩電腦遊戲嗎？

看過。

你有沒有想過，電腦是如何回應孩子對搖捍的操縱。

嗯，我其實是一直很好奇的。

這全靠那光碟片。電腦之所以知道回應孩子的每一個動作，是因為每一個可能的操縱都已經被設計在光碟片上，**適當的回應也設計在上面了**。

什麼？你是說每一個結果，和每一個造成結果的動作，都已經設計好在光碟片上？這滿詭異的，簡直是超現實。

這沒有什麼好「詭異」，這是科技。而假如你認為電腦遊戲的科技很夠瞧，那你再瞧瞧宇宙科技吧！

試把**宇宙之輪**想像為光碟機。所有的結局都已存在。宇宙只是等著看你們**這一次**選擇什麼。而當遊戲結束，不管你是輸、是贏、是平手，宇宙都會問你：「要再玩一次嗎？」

電腦磁片不會在乎你是輸是贏，你無法「傷它的感情」，它只會提供你再玩的機會。所有的結局都已存在，而你會經驗哪一種結局，則是以你的選擇而定。

所以，神不過是一具光碟機？

我不會這樣說。真的不會。但在這整個的談話中，我一直試圖用每個人所能領會的比喻來說明。而我認為光碟機是一個很好的比喻。生活在許多方面就像光碟機。所有的可能性都存在，並且已經發生。現在你得去選擇你要的經驗。

這跟你的地球災變問題直接有關。許多通靈者所說關於地球災變的話是真的。他們打開了通向「未來」的一扇窗子，他們看到了未來。問題是，他們看到的是**哪一種**「未來」？就如光碟機上的結局，**版本並不只一種**。版本之一，是地球大亂；另一種版本，並不一定是。事實上，**所有的**版本都**業已發生**。記住，時間——

——我知道，我知道。「時間並不存在」——

——**對呀**。然後呢？

所以一切都同時發生。

對。一切曾經發生的，目前正在發生；而所有將要發生的，現在即已存在。正如電腦遊戲中所有的動態，現在都正存在光碟片中。所以，如果你認為通靈者所預言的世界末日好玩，你就集中你所有的注意力，你可以把它拉向你。而如果你想要經驗的是一個不同的實相，那你就將注意力集中在那上面，你就可以把那結果拉向你。

所以，你不會告訴我，地球災變到底會不會發生，是嗎？

我在等著你們告訴我。你們會自己決定它——以你們的所思、所言、所行。

千禧年的電腦問題又怎麼樣呢？有些人說，我們現在所謂的千禧蟲危機會讓我們的社會與經濟體系大亂。會嗎？

那你怎麼說呢？你怎麼選擇呢？你認為你與所有這些都一無關係嗎？我告訴

你，這樣想是不正確的。

你可以告訴我們，會有什麼狀況出現嗎？

我不要預言你們的未來，這種事我不做。但我可以告訴你們——**任何人**都可以告訴你們：如果你們不小心，你們就會走到你們走向的地方。因此，如果你們不喜歡你們現在的走向，那就**改變方向**。

怎麼做？我怎麼能改變那麼巨大的後果？面對通靈人士或精神「權威」人士所有的這些災難預言，我們**應當**怎麼做？

走向內心，尋求內在的智慧，看看內在智慧呼喚你們怎麼做，就照著去做。

如果這意謂要你寫信給工商業者及政治家，請他們對環境的維護採取行動，以免造成地球災變，就去做。如果這意謂聚集社區領袖共同克服西元兩千年難題，就去做。如果這意謂走你自己的路，每天發出正面的能量，使你周圍的人免於落入恐慌，不致因而招致問題產生，就去做。

最重要的是，不要害怕。不論發生什麼事，你們都不可能「死」，因此沒有什麼好怕的。要對**那歷程**的展開有所覺知，心中默默明白你們一切都不會有問題。要跟「所有一切皆完美」之意保持接觸，要明白你會去必須去的地方，以便在**創造你真正是誰**的過程中選擇你需要的經驗。

這就是平安之路。在一切事物中，看出它的完美。

最後要注意的是，不要試圖「擺脫」任何東西。凡你抗拒的（resist），就會堅持（persist）。在第一部曲中我已告訴過你，那是真的。

凡是因「看到」未來或「聽到」他人所說的未來而憂傷的，都是因為未能「留在完美中」。

還有其他的忠告嗎？

歡慶！歡慶生命！歡慶本我！歡慶預言！歡慶神！

歡慶！要玩這個遊戲。

不論發生何事，都把喜悅帶到那時刻，因為**喜悅就是你**，你就是喜悅，**永遠是**。

神不可能創造任何不完美的東西。如果你認為神可能創造不完美的東西，你就是對神還一無所知。

所以，歡慶吧！歡慶那完美！只看到完美，只為完美而笑、而歡慶；別人所稱的不完美，將永遠不會以不完美的形態觸及你。

你是說，我可以避免掉地軸的轉位，或被隕石擊中，或被地震壓扁，或承受千禧年的混亂與歇斯底里的後果？

你可以確定不會受到任何這類事情的負面影響。

這不是我問你的意思。

但這卻是我的回答。無懼的面對未來，領會**那歷程**，並看出它整個的完美。

平和、安詳與沉靜將會帶領你避免大部分所謂的「負面」經歷與後果。

如果關於這一切你都錯了，又怎麼辦？如果你根本不是「神」，而只是我豐富想像力

的產品怎麼辦？

啊，又回到老問題了，呃？

好啊，那又怎麼樣？難道你還能想出更好的生活方式嗎？

我所說的只是，在面對所有這些全球大災難的悲慘預言時，你應該保持沉靜、平和、安詳，這樣你得到的結果將是最好的。

即使我不是神，而只是「你」，難道你還能得到比這更好的忠告嗎？

我想是不能。

所以，還是一樣，我是不是「神」並沒有什麼不同。

關於前面的忠告，正像這三部書中所有其他的訊息，你們所要做的，只是在生活中去實現它的智慧。不然，如果你們可以想出更好的辦法，那就照著去做。

注意，即使這些書中所說的話全都是出自尼爾．唐納．沃許，但你們從書中所涵蓋的這些議題上，也幾乎找不出比這更好的忠告了。所以，請這樣看待這件事：這套書或許是出自神的言談，也或許只是出自一個聰明傢伙尼爾的言談。

這又有什麼不同？

不同在於，如果我被說服，相信這些話是神說的，我就更能把它當真。

哦，別掰了！我已經用過上百種的方式，給你們帶來過上千次的訊息，你們卻大部分都當作耳邊風。

是啦！我猜我真的沒聽。

你猜？

哦。好吧，我沒聽。

所以，這一次別不聽了。你認為是誰把你帶來談這本書？是你自己吧！所以，如果你不肯聽神說話，那就聽你自己說話吧。

或聽我好心的通靈者說話。

或聽你好心的通靈者說話！

你現在是在逗我。不過這倒讓我想到另一個我想要討論的主題。

我知道。

你知道？

當然。你想討論通靈者（psychic，譯註：指對超自然力量敏感的人或通靈者）。

你怎麼知道？

我是通靈者。

嘿，我打賭你是。你是所有的通靈者之母。你是**首腦**、**台柱**、**最有影響力的人**。你是**老闆**，是頂尖人物，是**主席**。

好小子，你……說……對了。

好，擊個掌吧！

酷，兄弟。你對了。

那麼我要知道的是，「通靈能力」是什麼？

你們每個人都有你所稱的「通靈能力」。實際上，它是第六感。而你們每個人對任何事都有「第六感」。

通靈能力只是從你們受限制的經驗中走出來，走入更廣闊的視野。退一步看，是比你們自以為有限的個體所當感覺的去感覺更多；比你們自以為所當知道的知道更多；是去接觸你周圍**更大實況**的能力；是去感知不同能量的能力。

那該怎麼去發展這種能力？

「發展」是很好的用詞。這就像肌肉一樣，你們人人都有肌肉，可是有些人選擇去發展它，有些人則不，很少去用它。

要發展你的通靈「肌肉」，你就必須運用它。用它，每天用，時時用。

現在那肌肉是存在的，只是很小、很弱，未被加以利用。所以你偶爾會有點直覺，只是沒有依此行動。你對某些事會有「預感」，但卻忽視它。你會作了什麼夢，或有什麼「靈感」，可是你任由它過去，很少理會它。

感謝老天，幸好你對這套書的直覺沒被你忽略，不然你現在就不會在此談這一段話了。

你以為你在此談這些話是意外，是巧合？

所以，發展通靈「能力」的第一步，就是認知你有這能力，並且要用它。要注意你的每一個預感，每一個感覺，每一個直覺。**要注意！**

然後，依你的「所知」來行動。不要讓心智把它拖延到不了了之，不要讓恐懼把你拉開。

你越是無懼的依直覺而行，直覺越是為你服務。直覺一直都在那裡，只是現在你才留意到它。

但我說的並不是那種「總讓你找到停車位」之類的預感能力。我說的是那種真正的通靈能力。那種可以看到未來的能力。那種你知道用別的方法無法知道事情的能力。

這也正是我在說的呀！

那這種通靈能力是怎麼在作用的？我應該聽有這種能力的人的話嗎？如果一個有通靈能力的人預言了某件事，我能改變它嗎？還是我的未來已經鐵定了？為什麼有些有通靈能力的人在你一走進屋子時，就能說出一些關於你的事？為什麼——

現在已有四個問題。讓我們放慢點，一次只談一個。

好吧。通靈能力如何運作？

通靈現象有三個章法，可以讓你了解通靈能力如何運作。讓我們來看看這三個章法：

一、所有的意念（思想）都是能量。

二、所有的東西都在動。

三、所有的時間都是現在。

通靈者是那種把自己向這些現象所造成的經驗打開的人：這經驗就是振動。有時在心中形成圖象，有時則以語言或文字出現。

通靈者會對這些能量變得熟稔。一開始，這可能並不容易，因為這些能量非常輕微飄忽，非常細緻。就像夏夜的柔風，你以為它吹動了你的髮絲——但也可能沒有。就像遠處一點輕音，你以為你聽到了，但又無法確定。就像眼角餘光所看到的一點微火，你發誓看到了，但不能轉頭去看，因為一轉頭它已不見，你不由得要問：真的有嗎？

這是初通靈者常會問的問題，老練的通靈者從不這樣問。因為這樣問會把那答案揮開，問這樣的問題是訴諸於心智，而這是通靈者最不去做的。直覺不在心智裡。要做通靈者，你必須「失」心。因為直覺所在之處是精神，是靈魂。

直覺是靈魂的耳朵。

靈魂是唯一夠敏感的器官，可以「撿起」生命最微渺的振動，可以「感受」這些能量，感覺場中的這些波，並解釋它們。

你們有六種感官，而不是五種。你們有嗅覺、味覺、觸覺、視覺、聽覺和……

知覺（Knowing）。

以下就是「通靈能力」的運作方式。

每當你有意念，就發出能量，它**就是**能量。通靈者的靈魂撿起這能量，真正的通靈者不會停下腳步來解釋它，而可能脫口說出這能量是什麼樣子。這就是何以通靈者會告訴你你在想什麼。

你曾經有過的一切感覺，都留在你的靈魂中。你的靈魂是你一切感受的總集，它是貯藏所。即使已貯藏了多年，那真正打開了的通靈者仍能在此時此地「感受到」你的那些感覺。這是因為——一言以蔽之——

沒有時間這個東西——

這就是通靈者為什麼可以告訴你關於你的「過去」。

「明天」，也一樣並不存在。一切都發生在現在當下。一切發生的事都送出能量的波，在宇宙的照相版上印下洗刷不掉的影像。通靈者看到或感覺到「明天」的影像，就如它是現在發生的——**其實正是**。這就是為什麼有些通靈者會說出「未來」的事。

在生理上這又是怎麼進行的呢？通靈者也許並不真正知道自己在做什麼，他只是藉由強烈的集中，把他自己的一個次分子成分送出去。他的「意念」——如果你願意這樣說——離開了他的身體，咻咻咻的進入太空，跑得夠快夠遠，足以轉回來，從遠處「看」你現在還沒有經歷到的「現在」。

次分子的時光旅行！

你可以這麼說。

次分子的時光旅行！

好啦，好啦。我們要把這個變成雜耍表演了？

不，不。我不鬧了。真的……請說下去，我真的想聽。

好吧。通靈者的次分子成分由這種集中吸收了那影像的能量後，帶著那能量咻咻咻的又返回通靈者體內。由此那通靈者「得到了一個圖像」——有時他會打一個寒顫——或「感受到一個感覺」，他會盡可能的不去對這資料做任何「加工處理」，只是立刻描述它。通靈者知道不要去追問他在「想」什麼，或突然「看到」「感覺到」什麼，而只是任它盡可能原封未動的「通過」。

幾個星期以後，如果那「感受到」的或「見到」的事情真的發生了，這通靈者就會被人稱為天眼通——當然，也確實是如此！

如果是這樣，那有些「預言」為什麼是「錯」的呢？——就是，沒發生呢？

因為通靈者並不是「預言未來」，而只是對他在永恆此刻上觀察到的「可能的各種可能性」之一提供了一瞥之見。做選擇的永遠都是那通靈者。他很可以做別種選擇——跟預言不符的選擇。

永恆時刻包含所有「可能的各種可能性」。我已做過好幾次解釋，一切都以百萬種不同的方式發生過了。留給你們的，只是做某些覺知（perception）的選擇。

那只是一個覺知的問題。當你改變覺知，你就改變意念（思想），而你的意念則創造你的實相。凡是在任何處境下你所能料想的任何後果都業已存在。所有你必須去做的，只是去感受，去覺知。

這也就是「在你求以前，我即已答應」的意義。事實上，在你祈禱前，你所祈求的就已被答應了。

那我們又為什麼沒能得到所有我們祈求的呢？

這在第一部曲中都已說過了。你們並沒有總是得到你們所要求的，但總是得到你們所創造的。創造隨著意念而來；意念則隨覺知而來。

這真是驚人。雖然我們已經討論過了，還是覺得驚人！

不是本來就應該如此嗎？這就是為什麼要一說再說的緣故。一再諦聽，可以讓你的心圍著它轉。然後你就不覺「驚人」了。

如果一切都是現在發生，則在我的「當下」此刻，是什麼東西在指示我經歷何種部分呢？

你的選擇——你對你的選擇的信念。這信念由你對某一事情的想法所創造，而這些想法又是由你的覺知——也就是，「你怎麼看它」。

是以，通靈者看到你現在對「明天」所做的選擇，並看到這選擇的成真。但真正的通靈者永遠都會告訴你那並不是必然會如此。你可以「再選」，並改變結果。

這等於是說，我可以把我已經經歷過的事再改變！

完全正確！現在你懂了吧。現在你懂得如何生活在弔詭中了吧！

但是如果「已經發生了」，則是對「誰」發生了呢？如果我改變它，則誰是那經歷這改變的「我」呢？

沿著時間線移動的「你」不只一個。這一點在第二部曲中已有過詳細的討論。我建議你好好再去讀一讀。然後把這裡所講的，和那裡所講的結合起來，你就可以得到更佳的了解。

好吧，這很合理。但是我還要再談談這通靈的話題。不少人自稱通靈，我怎麼去分辨真假呢？

人人**都是**「通靈者」，所以，他們**都是**「真」的。你要小心的，只是他們的目的。他們是為了幫助你，還是為了斂財？

那些斂財的通靈者——所謂「職業通靈者」——往往會答應你們以他們的通靈能力做某某事——比如「使已失去的戀人回心轉意」「帶給你財富與名望」，甚至幫你減肥等！

他們言之鑿鑿的說，這些事他們都做得到，只要你拿錢來！他們甚至可以「閱讀」某人的心——你老闆、你戀人、你朋友的——然後告訴你。他們會說：「拿他的某件東西來。圍巾、相片、筆跡……什麼都可以……」

然後他們就可以藉此**告訴**你那人的一些什麼。而且往往能說的還不少。因為每個人都會留下一些痕跡，一些「通靈指紋」，一些能量殘跡。真正敏感的人就會感覺到。

但真正的直覺者絕不會要去促使某個人回到你身邊，使某個人改變心意，或**用他的通靈「能力」創造任何結果**。真正的通靈者——就是把一生用來發展與應用這一秉賦的人——知道，別人的自由意志是絕不可以竄改的，別人的意念是絕不可以干擾的，別人的精神空間是絕不可以侵犯的。

我以為你說過沒有所謂的「對」或「錯」的。那現在哪來的那麼多「絕不」呢？

每次我說「總是」或「絕不」的時候，都是以你們想要完成什麼、想要做什麼為準。

我知道你們都想要演化，在精神上成長，回歸於**一**。你們是在想體驗關於**自己**的最偉大意象之最恢宏版本。你們個人是如此，整個人類也是如此。

在我的世界中，沒有「對」，沒有「錯」，沒有「可做」，也沒有「不可做」——我已說過很多次——如果你們做了「壞」的選擇，也不會在地獄的永火中焚燒，因為「壞」不存在，「地獄」也不存在——除非你們認為它存在。

不過，在物理宇宙中，仍舊建構了自然律——其中之一就是因果律。

因果律中最為重要的一則是：

一切後果最後都要自己嘗受。

這是什麼意思？

就是不論你讓他人嘗受什麼經驗，有一天你也會自己嘗受。

你們的新時代社團成員對此事有更為生動的說法……

「怎麼去，怎麼來」（What goes around, comes around.）。

沒錯。另外有一些人則明白，這就是耶穌的律令：**你想要別人怎麼對你，你就怎麼對別人**。

耶穌在教導的就是因果律，這可以稱之為**基本法**。就像給寇克、皮卡德與金威（Kirk，Picard and Janeway，譯注：美國科幻劇《星際爭霸戰》中的主角）的**基本指令**一樣。

嘿，原來神還是個《星際爭霸戰》的迷呢！

你在開玩笑嗎？那些故事有一半是我寫的。

你最好不要讓吉尼（譯注：《星際爭霸戰》原編劇）聽到你說這句話。

好啦……是吉尼**要我**這樣說的。

你跟吉尼也有接觸？

還有卡爾·沙根（Carl Sagan，譯注：美國天文學家、作家，研究地球生命起源等）、波布·韓林（Bob Heinlein）和整個那一大夥呢！

你知道，我們不應該這麼亂說的，這會讓這整部對談變得不可信。

我明白，跟神的談話必須是嚴肅的。

至少要可信。

吉尼、卡爾和波布都在我身邊，這不可信？我應當跟他們講才對。好吧，言歸正傳。你怎麼分辨真「假」通靈者？真通靈者知曉**基本指令**，並且身體力行。這就是當你請通靈者讓你的戀人回心轉意，或請通靈者解讀你帶來的手帕或信件的主人的「靈光」時，真正的通靈者會說：

「抱歉，我不能做。我絕不能干擾、涉入或窺視他人所走的路。」

「我絕不企圖以任何方式影響、指導或衝擊他人的選擇。」

「我絕不會告訴你任何人的私人資料。」

如果有人向你提供任何這一類的「服務」，這個人就是你所說的神棍，在利用你們人性的弱點來向你斂財！

那些幫助人確定所愛者在何處的通靈者，又怎麼說呢？比如，孩子被誘拐了，或青少年離家出走，雖然極想回家又自尊心太強不肯打電話回家。還有，比如為警方確定某一個人——不論死人還是活人——在何處。這些又怎麼說呢？

當然，這些事情的本身就為自己做了說明。通靈者一向要避免的，就是把自己的意志加於他人。你所說的這些，卻只是為了服務。

請通靈者跟死者接觸是對的嗎？我們應當試圖跟「早已死去的人」接觸嗎？

你們為什麼想要這樣做呢？

因為想要知道他們是否有話要告訴我們。

如果有人在「另一邊」有話想要告訴你們，他們會想辦法讓你們知道的，不用擔心。

那「早已故去」的叔伯、姑嬸、兄弟、姊妹、父母、新娘或戀人，仍在繼續他們的旅程，體驗著完全的喜悅，走向完全的領會。

如果他們想要做的事情之一，是回到你們這裡——來看看你們，來讓你們知道他們一切都好，或任何什麼別的事——你放心吧，他們自有辦法去做的。

只要留心「徵兆」就是了。不要以為那純是你們的想像，是「一廂情願的想法」或巧合，而把它打發掉。要留心訊息，接收它。

我認識一位女士，在照顧她臨終的丈夫時求他：如果他不得不走，請他一定要回來，讓她知道他一切都好。他答應了，兩天以後去世。不到一個星期，有一晚，那位女士因感覺到有人坐在床邊而醒來。當她睜開眼睛，她發誓看到了她丈夫坐在床尾，在對她微笑。可是當她眨眨眼再看時，他卻已不見。後來她告訴我這個故事，卻說那一定是她的幻覺。

這種事很常見。你們接收到訊息——明顯而不可否認的訊息——可是你們卻忽視它們。或者把它們當作腦筋跟你們玩的把戲，而把它們打發掉。

現在，就這部書而言，你們也面臨著相同的選擇。

為什麼我們會這樣呢？為什麼我們要求某某東西——比如這三部書中的智慧——而當我們接收到的時候，又拒絕相信呢？

因為你們對神更華美的榮光抱著懷疑態度。就像多馬（Thomas，譯注：查《新約》〈約翰福音〉第二十章：耶穌復活後，有些人見到耶穌，但門徒之一的多馬並未見到，他說，他必須看到、摸到才能相信。）一樣，你們必須看到、感覺到、摸到，才肯相信。然而你們想要知道的，卻不能看到、感覺到或摸到，那是另一個領域。而你們還沒有向這領域打開；你們還沒有準備好。不過不用發愁，當學生準備好時，老師就會出現。

那麼，你是說——讓我們回到原來的問題上——我不應當去找通靈者或參加降神會來跟另一邊的人接觸？

我不是說你們應當或不應當做什麼事，我只是不確定你們的重點何在。

好吧，假設你有話要說給另一邊的人聽呢？而不是你想要聽他們說什麼？

你真的以為你能說而他們不能聽？對於你們所謂「另一邊」的人，你們任何對他們最輕微的思念，都會使他們的意識飛向你們。

你們對所謂「逝者」的任何意念，都會使他們的精氣（Essence）完全覺知。你們的溝通無需中介，**愛就是溝通的最佳「中介」**。

啊——但是，**雙向**溝通又怎麼樣呢？這樣的情況下，中介有幫助嗎？或說，雙向溝通究竟有沒有可能？或者全是空話？這種事危險嗎？

你現在所說的是與亡靈的溝通。是的，這種溝通是可能的。危險嗎？其實，如果你害怕，樣樣事情都是「危險」的。你所恐懼的，你就創造。然而實際上是沒有什麼好恐懼的。

所愛的人從來就與你們不遠，不會遠於一念之遙。只要你們需要他們，他們就永遠在準備給你們建議、安慰或忠告。如果你這邊因為想知道所愛者是否「無恙」而深為憂心，他們就會給你一個小小「訊息」，讓你們知道他們一切都好。

你們甚至不需要召喚他們：因為在這一世愛你們的人，一旦感覺到你們的靈光場（auric field）有些微的不安或困擾，他們立刻會被你們拉過來，吸引過來，飛向你們。

在他們習知了新的生存之種種可能性後，他們最先想要做的事，便是對所愛者提供幫助與安慰。如果你們真的向他們開放，你們就會感覺到他們的存在。

那麼，有人「發誓」說有一個死去的所愛者在屋子裡，就可能是真的囉？

再真也不過。你可能聞到所愛者的香水味，或他們所抽的雪茄味，或隱約聽到他們慣哼的歌曲。或者，完全意想不到的，他們的某件物品會突然出現。手帕、皮夾、袖釦或首飾，「毫無來由」的「出現」——被你在椅墊上或雜誌下「發現」，那就是了。正當你思念著某人或為他的死去而感到哀傷時，你就看到了他某一時刻的畫像或照片，這些事情並非「正巧發生」。這種東西並不是偶然「正好」在「那個時候」出現的，**宇宙中沒有事情是巧合的**。

這是非常常見的，非常常見。

現在，回到你原來的問題：為了與脫離肉體之後的人溝通，需要所謂的「靈媒」或「通路」嗎？不用。有時候有幫助嗎？有時候有。這仍要依通靈者或靈媒是什麼樣的人而定——依他們的動機而定。

如果有人拒絕用這種方式跟你合作——或拒絕任何「通路」或「居間」的事——非要你給他很高級的報酬不可，你就最好立刻「跑」開，而不只是走開。那人可能只是為了錢，這種人會「釣」住你，叫你好幾個星期、好幾個月，甚至好幾年一來再來，玩弄著你想跟「靈界」接觸的渴望。

如果那人純是為了幫助你——就如那想要跟你接觸的亡靈——則他什麼也不為自己求，唯一要的只是讓他能繼續這種工作。

如果通靈者或靈媒在答應幫助你時，是出於這個立場，則你應盡可能的回報他。不要占這種慷慨之心的便宜，能給多，就不要給少，或者不給。

要注意誰才是真正在服務世人的，真正想要與人分享智慧與知識的，分享洞察與領悟的，分享關懷與慈悲的。盡可能供養這些人，慷慷慨慨的供養。向他們致最高的敬意，給他們最多的供養，因為這些人就是**荷光者**。

7 我們都是一體

我們談論了不少東西！嘿，真的說了不少東西。我們可以再換個話題了嗎？你準備好可以繼續了嗎？

你呢？

我可以。我現在是欲罷不能。我終於是洶湧不已了。我現在想要把我這三年累積的問題一古腦兒問完。

我也沒問題。那麼上路吧！

酷。那我就要問另一件神秘的事。你可以談談轉世的事嗎？

當然可以。

許多宗教都說轉世是假教義，我們只有此世一生，一次機會。

我知道，但那並不正確。

在這麼重要的事情上，他們怎麼會錯得這麼嚴重？關於這麼基本的事情，他們怎麼會不知道真相？

你必須了解，人類的宗教有許多是建立在恐懼上的，這些宗教的教誨是以對神的崇拜和恐懼為中心。

你們整個地球上的社會，是由於恐懼而從母系社會轉向父系社會的。早期的教士是藉由恐懼而要教友「改邪歸正」「遵從主的話」。教會是藉由恐懼獲得教友，並控制教友。

有一個教會甚至堅決認定：如果你不是每個星期天進教堂，神就會懲罰你。不進教堂就會被宣布有罪。

而且不是進任何教堂都可以。你必須進某一個特定教派的教堂。如果你進了不同教派的教堂，那也是罪。這純純粹粹是藉恐懼來控制。但令人吃驚的是，很有效！憑地獄（Hell，譯注：一般口語用法有罵髒話「他媽的」之意，此處是作者又在玩文字遊戲。）到現在仍然有效！

嘿！你是神。不可以罵髒話。

誰罵髒話了？我只是在陳述事實。「憑地獄——到現在仍然有效！」

只要人類仍然相信神和人一樣——殘忍、自私、不饒恕，並復仇心重——那麼他就永遠會相信有地獄的存在，相信有一個會把他罰下地獄的神。

在過去，大部分人都無法想像神可以超乎這些之上。因此他們接受許多教會所持的教訓：「要懼怕主可怖的報復。」

看起來人類似乎是無法僅憑自己、僅憑天生的秉賦可以為善，可以行為得當。因此就必須創立一種宗教，傳播教誨，說有一個憤怒、報復心重的神，如此才能讓人守分。

而「轉世」這個觀念，卻把這些宗教的教誨全盤打爛。

怎麼會這樣的？這個觀念怎麼會有那麼大的威力？

教會的宣稱是：你最好乖乖的，**不然**就……而這時卻出現了「轉世」論者，他們說：「你們這輩子之後還有下一次機會，下次機會以後，還有下下次機會。下下次機會以後還有更多更多的機會。所以，不必擔心，盡量做好就是了。不要因為害怕寸步難移而癱瘓。告訴自己，你可以做得更好，然後照著前進。」

早期的教會當然聽不下這種說法。因此它採取了兩個步驟：第一、宣布「轉世」之說為異端；第二、創立懺悔（告解）聖禮。懺悔可以讓進教堂的人得到轉世之說所應允的東西，即是**給予另一次機會**。

因此我們就設立了一種制度：神會因你的罪而懲罰你——除非你**懺悔**。只要懺悔，你就安全，因為神聽到了你的懺悔，會原諒你。

對的，但是這裡面有一個圈套，就是罪的赦免絕**不能直接由神而來**，而必須透過教會，由教士宣布「補贖」，然後懺悔者去實行。這通常包括了要祈禱。這樣，你就有兩個原因必須當教友了。

教會發現懺悔很叫座，於是不久就宣布**不懺悔**就是罪了。每個人一年至少必須懺悔一次，如果不這樣做，神就**又有原因**發怒了。

越來越多的規定——而其中許多是既武斷又反覆無常的——開始由教會頒布出來，而每一項規定都有神的永恆懲罰在背後撐腰——除非是你**懺悔**了，並因而取得了神的寬恕，就可避免受懲罰。

但有另一個問題出現了。民眾想，這表示只要他們肯懺悔，則什麼事都可以做了。因此教會又陷入困境，民眾失去了恐懼，教友和進教堂的人減少了。民眾每年來「懺悔」一次，唸了補贖，赦了罪，回去依然故我。

這不行，必須想個辦法讓人重新恐懼起來。

於是，就發明了煉獄。

煉獄？

煉獄。這個地方被形容為類似地獄，但不是永遠的。這項新的教義宣稱：**即使你懺悔了**，神還是要讓你為你的罪受苦。

這項教義宣稱，每個不完美的靈魂，依其所犯的罪之多寡和種類，而由神頒布受苦的分量。有不可饒恕的大罪（mortal sins）和可以用祈禱等補贖的小罪（venial sins）。大罪如果死前未做懺悔，則死後直下地獄。

進教堂的人又多起來了。奉獻多起來了，尤其是捐款——因為煉獄的教義中有一條是可以「買路脫苦」的。

什麼——？

依照教會的說法，你可以獲得特別的寬赦——當然也不是真正由神而來，而只能透過教會人士。這種特別的寬赦，可以使人免於受因有罪所「應得」的痛苦——至少是可以部分免受。

類似於「表現良好而假釋」？

是的。不過，當然，這種寬赦只能給為數甚少的人。通常是那些對教會捐獻鉅款的人。

那捐獻真正大筆鉅款的人可以得到**大赦**，這意謂**完全不用留在煉獄**，那是一張前往天國的直達車票。

這種來自神的特殊恩典當然限於更少的人，或許只限於貴族，還有超級富翁，為了換取這種大赦，所要捐獻的金錢、寶物與土地是極多的。但是大眾由於被排除在外，而產生了極大的挫折和憤怒——而教會也無法說服。

最窮的農人們無望得到主教的赦免——於是老百姓對這個體制又失去了信仰，會眾又要直線下降了。

那這次他們怎麼辦？

他們發明了「九日連禱」（novena candles）。

民眾可以到教堂來，為那「在煉獄中可憐的靈魂」點上一根九日連禱的蠟燭，唸九日連禱經文（譯注：一系列特別安排的禱文，要花相當的時間才能唸完）；這樣，就可以為那心愛的逝者敲掉幾年的「刑期」，將神要他們在煉獄中待的歲月減少一些。

民眾不能為自己做任何祈求，但至少他們可以為死去的人懇求垂憐。當然每點一根蠟燭，如果在奉獻箱的窄孔中投下一兩枚硬幣，就更有效。

在許許多多的紅玻璃後面，有許許多多的小蠟燭被點了起來，許許多多的匹索和便士被投入了許許多多的鐵皮罐中，為的是我們可以「減輕」那些身處煉獄的靈魂們的痛苦。

哇！這簡直是**無法置信**。你是說，民眾沒辦法看透這一切？民眾沒辦法看出這是走投無路的教會所想的走投無路的辦法，好維持教友到走投無路的教堂，而讓他們竭盡所能保護自己，免受那**走投無路**的神所懲罰？你認為民眾真吃這一套？

一點沒錯。

難怪教會要宣稱轉世是假的了。

沒錯。不過，當我創造你們的時候，我並不是要把你們創造得只能過一生——

以宇宙的年齡而言，真是無限短暫的一瞬——讓你們在這一生犯不可避免的錯誤，而又希望在最後達到最好的階段。我曾設想過如此，可是想不出我這樣做的目的究竟為何。

你們也想像不出的。這就是你們為什麼老是說：「主用神秘的方式做事，他行奇事。」但是我並不以神秘的方式做事。凡是我所做的，一定有理由，而且是完全明白的。在這三部曲中，我已經一再向你們解釋我為什麼創造你們、你們的生命與生活。

轉世完全符合這種目的，這目的就是我創造和體驗**我是誰**——藉由你們生生世世，並藉由億萬種我置於宇宙裡的其他有意識的造物。

那麼，真的有生命在其他的……

當然有。難道你們真的以為在這巨大的宇宙中只有你們嗎？這是稍後我們會再談的話題。

你確定……

確定。

所以，你身為靈魂的目的，就是體驗自己之為**一切**。**我們**在演化，**我們**在……成為（becoming）。

成為什麼？**我們**不知道！除非**我們**到了那裡，否則**我們**就不知道！但對**我們**而言，旅途便是喜悅。而當**我們**「到了那裡」，當**我們**創造了**我們是誰**的下一個最高理念，我們就將創造一個更恢宏的意念、更高的理念，**永遠繼續喜悅**。

你還跟得上嗎？

跟得上，現在我幾乎可以琅琅上口了。

很好。

所以……你生活的目的是在決定，並去做**你真正是誰**。

你天天都在這樣做。你以你的每一個舉動、每一個意念、每一句言詞在這樣做。這正是你正在做的。

你對現在的自己滿意到什麼程度，你就以什麼程度繼續你這方面的創造，只在這裡、那裡做一點小小的修改，以使它更接近完美。

尤伽南達（Paramahansa Yogananda）是一個例子，他幾乎接近「完美」的將他所認為的自己表露出來。對於他自己，他有非常清楚的觀念，對於他與我的關係也是如此。而他用他的一生來「表露」。他要以他自己的實際生活來體驗他關於自己的觀念；他要以實際經驗來認知自己對自己的想法。

貝比．魯斯（George Herman Ruth，譯注：美國棒球聯盟有名的全壘打王，綽號「貝比」〔Babe，嬰兒〕）的所行相同。他對自己有非常清楚的概念，對他與我的關係亦然，而他用他的一生來「表露」；以他自己的經驗來認識自己。

許多人都生活在這一層次。沒錯，**大師**與**魯斯**對於他們自己，各自觀念十分不同。然而他們兩個都各自表現得十分精采。

他們兩個對於我也有不同的觀念，這沒錯；對於**我是誰**，也來自不同的意識層次，對於他們與我的真正關係也一樣。而這不同的意識層次，則反映在他們的意念、言詞和行為上。

前者一生大部分時間處於平靜安寧，並將深深的平靜安寧帶給他人。後者則處於焦慮、騷亂和間歇的暴怒中（尤其是當他不能按照自己的意思行事時），並為周遭的人帶來騷亂。

但是兩人都心地善良——沒有一個人比**魯斯**更心軟的，而兩者的不同，在於前者幾乎沒有任何物資的獲取，除了已有的之外，也從不要求更多。而後者則「什麼都有」，卻從沒有得到過他真正想要的。

如果這就是魯斯的結局，我想我們免不了為此感到一些些悲哀，但那投身為**貝比·魯斯**的靈魂，在所謂的演化歷程中，絕非以此為終結。它有機會回顧它為自己所製造的經驗，為別人所製造的經驗。現在它正在決定下一步喜歡什麼樣的經驗，以便創造、再創造它更恢宏、更更恢宏的版本。

這兩個靈魂目前都已對它們下一次所要體驗的事做了選擇，並已在實際體驗了，所以我們現在就放下有關這兩個靈魂的敘述。

你是說他們兩個都已進入了其他的肉身？

如果認為重回其他的肉身是他們唯一的可能性，你就錯了。

那還有什麼其他的可能性？

事實上，他們想要什麼，就是什麼。

我已解釋過在你們所謂的死後會發生的事。有些靈魂覺得有太多的事情是它們想要知道的，因此就去「上學」，而有些靈魂——就是你們所謂的「老靈魂」——則會教它們。教它們什麼呢？就是**他們沒有東西可學**。它們**從來就沒有**任何東西可學。它們所要做的只是記得。記得它們**真正是誰，真正是什麼**。

老師「教」他們：**「他們是誰」**的體驗是要由「做」來獲得，由**「是」**而體驗。老師們會溫柔的指示給他們看，以此來提醒他們。

其他靈魂則在到達「另一邊」（我現在是在運用你們熟悉的語言，用你們的方言，而盡可能不要礙事）時——或到達不久後——就已記得**自己是誰**。這些靈魂會立刻去經歷「想是什麼」就是什麼的喜悅。它們可以從我的百萬種、億萬種面向選擇它們想要的，並立時立地可以經驗。有些則可能選擇以重返肉身的方式這樣做。

任何肉身的形態嗎？

任何肉身的形態。

那麼，靈魂投身為動物就是真的可能了——神會變成乳牛？牛真的是神聖的？聖牛嗯！（譯注：Holy cow是英國人喜用一種驚歎語。）

嗯哼。（清嗓子的聲音。）

怎麼了？

你說了一輩子的脫口秀了。其實回頭看看，這工作你還真做得不錯呢！

恰——砰！真是一針見血。如果現在有鐃鈸，我就用鐃鈸給你喝采。

多謝，多謝。

但是，說真的，小伙子……你問的那個問題——靈魂可能投胎為動物嗎？——答案當然是可能。不過，真正的重點在，它想嗎？答案是，很可能不想。

動物有靈魂嗎？

凡注視過動物眼睛的人，都知道這答案是什麼。

那我怎麼知道我的貓咪不是我祖母投胎的？

我們在這裡所討論的是演化**歷程**：**自我**創造與演化，而演化是單向的，向上，永遠向上。

靈魂最大的渴望就是一再一再的體驗自身的更高層次，因此會在演化的階層上向上移動，而非向下，直至體驗到所謂的涅槃——跟**一切**——也就是**我**——的**全然合一**。

但如果靈魂渴望的是一再一再體驗自身的更高層次，那它何必又以人類的形態回來呢？顯然這不可能是「向上」的步子。

如果靈魂以人的形態回來，那總是由於要更進一步體驗，更進一步演化。人類本身就有許多演化層次，這是可以觀察與證明的。一個靈魂可以回來千百次，而仍繼續向上演化。然而這向上的運動，這靈魂最大的渴望，是不能由回到較低的生命層次而達成的。因此，這樣的回返是不會發生的。在靈魂和**「一切萬有」**達成最終的重新結合之前，這是不會發生的。

這必然意謂天天都有「新的靈魂」進入這體系中，投身為較低的生命形態。

不是。凡是被創造的靈魂，都是一次同時被創造的。**此時**此處我們全在這裡。但是，就如我曾解釋的，當一個靈魂（我的一部分）達到最終的實現，它就有機會「重新開始」，名副其實的「忘記一切」，以便可以把一切重新記起，把自己重新創造。神以此繼續重新體驗**自己**。

靈魂也可以選擇某一特定的生命形態在一特定層次「再循環」，想要多少次就多少次。

如果沒有轉世——如果沒有返回肉身形態的能力——則靈魂在僅有的一生中，將無法去完成想要完成的事；因為在宇宙的時鐘上，一生連一眨眼的十億分之一都不到。

所以沒錯，轉世是事實。那是真的；那是有目的的；那是完美的。

好得很。但有一件事我不清楚。你說過，沒有時間這樣東西；一切事情都發生在現在。是不是？

是。

而你在第二部曲中曾深入的探討過在**時空連續體**（the Space-Time Continuum）中，我們「所有的時間」都存在於不同的層次上，或不同的點上。

沒錯。

好吧——可是，這就是讓人想不通的地方：如果在**時空連續體**上的一個「我」「死掉了」，然後**返回來變成另一個人**……則……那麼，哪個是我？我必須**同時是兩個人**。而如果從無始以來，我就一直在這樣做——而這又是你說我確實在做的——則我就必須同時是一百個、一千個、**一百萬個人**。在**時空連續體**的一百萬個點上同時是一百萬個人的一百萬個版本。

沒錯。

這我無法領會。我的腦袋想不通。

事實上，你領會得不錯了。這是一個非常先進的概念，你對它的領會其實非常不錯了。

可是……可是……如果這是真的，則「我」——就是我不朽的那部分——就必然在永恆的現在，於**宇宙之輪**的億萬個不同的點上，以億萬個不同的形態、億萬種不同的方式在演化了。

沒錯。這正是我在做的。

不，不，我是說，這必然是「我」正在做的。

沒錯，這正是我剛剛說的。

不，不，我是說——

我知道你在說什麼。你說的就是我剛剛說的你說的。這裡唯一沒搞清楚的地方是你仍舊在認為**我們**不只一個。

只一個？

我們從來就沒有多於一個。從來就沒有過。你現在才發現嗎？

你是說，我現在是跟**我自己**在講話？

有點像。

你是說你**不是神**？

我沒這樣說。

你是說你是神？

這是我說的。

但是，如果你是神，而你是我，而我是你——那麼……那麼……我**就是**神！

沒錯，你是神。正是如此，你完全領會了。

但我不只是神——我還是每一個**別人**。

沒錯。

但是——這不是意謂除了我以外，沒有任何別人，沒有任何別的東西了？

我不是說過嗎——我與**父**是**一體**？

是說過，可是……

我不是說過嗎——**我們都是一體**？

沒錯。但是我不知道你是在照實講；我以為你是在比喻。我以為那不過是一種哲學的陳述，而不是**事實**陳述。

那是事實陳述。**我們都是一體**。「你們對這些人中最小的一個所做的任何事……就是對我所做。」意義就是如此。

現在你明白了嗎？

明白了。

啊，終於！我等很久了！

可是——請原諒我還是要說，可是……當我跟另一個人——比如，我的妻，我的兒——在一起時，我覺得我跟他們是有**分別的**；他們是「我」之外的**另一個人**。

意識是奇妙的，它可以分為千百份，分為百萬份，百萬乘以百萬份。

我將**自己**分為無盡「份」——以便每一「份」的我得以回顧**自己**，並看到**我是誰**，**我是什麼**的奇妙。

但是我又為什麼非得經歷這麼久的遺忘呢？經歷這麼久的不信呢？到現在我仍然不能全信！到現在我**仍然**在遺忘中遊蕩。

不要對**自己**這麼嚴苛，這是**歷程**的一部分，以這方式發生，並沒什麼不對。

那你又為什麼現在告訴我這一切？

因為你開始覺得不好玩了，你開始覺得人生不再喜悅了，你開始這麼糾纏在這**歷程**中，以致你忘了它只是**歷程**。

於是，你呼喚我。你求我到你身邊，幫助你領會，向你顯示神聖真理；向你揭示最大的秘密——那你把它推開的秘密，那**你是誰**的秘密。

現在我已做了。現在，我已讓你記得了。但這有用嗎？它會改變你明天的行為嗎？它會改變你今晚對事物的看法嗎？

現在你會治癒傷者的痛嗎？解除恐懼者的焦慮嗎？給貧困者所需嗎？為成功者歡慶嗎？處處看到我嗎？

這對真理實相的最新記憶會改變你的生活嗎？會使你改變別人的生活嗎？

還是你又會重歸遺忘？重回自私？重返你在這醒悟前你自以為自己是的小格局，留在那裡不肯出來？

你會是哪一種？

8 有時候真理就寓含在矛盾中

生命真的永遠永遠繼續嗎？

很確定是。

沒有完的時候？

沒有。

轉世是事實？

是事實。你可以在任何你想要的時候，以任何你想要的形態重返凡身——也就是，還會「死」去的肉身。

是我們在決定什麼時候回來嗎？

沒錯，「要不要」和「什麼時候」。

什麼時候離開，也是我們在決定？是我們決定自己什麼時候要死嗎？

沒有任何事情是違背著靈魂的意願而發生在它身上的。也就是說，那**根本**不可能；因為是靈魂在創造每一個經驗。

靈魂什麼都不缺。靈魂具有一切。一切智慧，一切知識，一切能力，一切榮耀。靈魂就是你那永不睡眠、永不遺忘的部分。

靈魂會想要肉體死亡嗎？不。靈魂想要你永遠不死。然而，當靈魂看出留在肉體中已無意義時，就立刻會離開——改變它的肉體形象，把物質體的大部分留下。

如果靈魂想要我們永遠不死，那為什麼我們會死？

你們不會，你們只是改變形象。

如果靈魂想要我們**永不**改變形象，為什麼我們還會那樣？

那並非靈魂的願望！

你是個「改變形象者」！

當留在某一特定形象中已經沒有用了，靈魂就改變形象——心甘情願的、歡歡喜喜的——繼續在**宇宙之輪**上移轉。

歡歡喜喜的？

帶著大歡喜。

沒有靈魂是死於悔恨的？

沒有靈魂會死——永遠沒有過。

我是說，當目前的肉體形象要變遷時，要「死」時，沒有靈魂會悔恨？

身體從沒有「死」過，只是隨著靈魂改變形象。但是我知道你的意思，所以我現在在用你們的詞彙。

如果你清楚了解在你們稱為的「來世」中你們想要創造的是什麼，如果你們清楚的相信死後跟神會重新合而為一，就沒有任何靈魂對你們所稱為的「死」曾感到悔恨。

在這種情況下，死是光輝的時刻；是奇妙的經驗。靈魂於是可以回到它的本然狀態，它的正常狀態，會有一種不可言喻的輕靈感，一種全然的自由感，沒有限制的感覺，既至福又莊嚴的**一體感**。

靈魂對這樣的變遷是不可能悔恨的。

那麼，你是說，死是一種快樂的經驗？

對於那想要它是快樂經驗的靈魂而言，沒錯，永遠是。

好吧，如果靈魂那麼想要脫離肉體，為什麼不脫離就算了呢？為什麼靈魂還纏繞不去？

我沒有說靈魂「想要脫離肉體」，我說靈魂在脫離肉體時是歡喜的。這是兩碼子事。

你可以做一件事時高興，做另一件也高興。可是你做第二件時高興，並不意謂你做第一件時不高興。

靈魂與肉體同在時並非不快樂。正好相反，靈魂很喜歡以你現在的形象做你。但這不排除靈魂在跟肉體分離時不是同樣喜悅。

關於死，很顯然我有許多是不懂的。

沒錯，而這是因為你不喜歡去想關於死的事。然而，在你對生命的任何片刻做覺察的時候，若不對死亡有所沉思，則你將不能覺察生命的全部，只能覺察到一半。

每一刻都結束於它的開始之際。如果你不能明白這一點，你就不能明白它內涵的奧妙，你會稱它為平凡無奇。

每種相互作用都在它「開始開始」之際「開始結束」，只有在對此做過真正沉思及獲得真正領會後，每一時刻——以及整個生命——之寶藏才會向你敞開。

如果你不了解死，生命是不會將自己給你的。你不僅必須了解死，**你還必須愛它，甚至像你愛生命一樣**。

如果你把跟任何人相處都視為**最後**一次，則你跟他的相處都將有光輝。任何一刻如果你視為最後一刻，你對這一刻的體驗都將豐沛。你拒絕沉思自己的死亡，會導致你拒絕沉思自己的生命。

你沒有照死的樣子來看死。你錯失了那**時刻**，以及死為你所含藏的一切。你是錯看**過**了死，而不是看**透**了死。

當你深深的看，你是看透。當你深深沉思，你是看透。這樣，幻象就不再存在。那時你所看到的就是事物的真正樣子。只有這樣，你才能真的享受（enjoy）它——也就是，**把喜悅置於它之內**。（譯注：en-joy就是把joy〔喜悅〕放進去〔en-〕，**也就是使某件事物變得令人喜悅。**）

這樣，即使是幻象，你都可以享受。因為那時你將知道那是幻象，而這本身又叫你覺得享受！你的一切痛苦都是因為你把它當作真的。

任何事物，當你了解它不是真的時，它就不致讓你痛苦。讓我再說一遍：任何事物，當你了解它不是真的時，它就不致讓你痛苦。

就像是一部電影，一場戲，在你的心靈舞台上上演。際遇是你創造的，角色是你創造的。劇本是你寫的。

當你了解沒有東西是真的時，就沒有東西讓你痛苦。

生是如此，死也是如此。

當你了解了死也是幻象，則你**就可以說：「哦，死啊，你的刺在何處？」**

你甚至可以**享受**死！你甚至可以享受別人的死。

聽起來奇怪嗎？說這種話奇怪嗎？

只有在你不了解死——與生——時，才覺得奇怪。

死，從來就不是結束，卻永遠都是開始。死，是打開門，而不是關起來。

當你了解生命是永恆的，你就了解死是你的幻象，是為了讓你非常關切你的肉體，因而幫助你相信你**是**你的肉體。然而你不是你的肉體，因此，肉體的毀滅對你沒有關係。

死應該教你的是，生命才是真的；而生命應當教你的是，不可避免的不是死，而是無常（impermanence）。

無常，是唯一的真理。

沒有東西是恆常的。一切都在變動中，每一刻，每一分，每一秒。

如果有東西是恆常的，則它將不能**存在**（be）。因為即使是「恆常」這「概念」，也要依無常才能具有意義。因此，**就連恆常也是無常**，要深深的看入這一點，沉思這一真理，領會它，你就能領會神。

這是**法**，這是**佛**，這是**佛法**；這是教誨，是老師；這是課程，是師父；這是對象，是觀察者，捲起合而為一了。

它們從來就**不異於一**。是你們把它們展開了，以便生活可以在你們面前展開。

然而，當你們看到自己的生活在面前展開時，不要讓自己散開來。要讓**自己**凝聚！看出那幻象來！享受它！但**不要變成它**！

你**不是**那幻象，而是它的**創造者**。

你身在此世，但不屬此世。

所以，運用你對死亡的幻象吧！**運用它**！用它來做為你開向更多生命之鑰。

看花而認為花將死，你會悲哀的看花。然而如果你把花視為正在改變的樹的一部分，即將結果，你就會看到花真正的美。當你看花而知道花開花謝正是樹將結果的訊息，你就真正了解了生命。

細心的這樣看，你將看出生命本身就是它自己的隱喻。要永遠記得，你不是花，甚至也不是果。你是樹，你的根很深，深深的扎在我裡面。我是你生長的土地，你的花、你的果，都將回歸於我，創造更肥沃的土地。如此，生命產生生命，生生不息，而從不知有死亡的事。

這真是美，如此、如此的美，謝謝你。現在你可以跟我談談那困擾了我許久的事嗎？我想談的是自殺。對於結束自己的生命，為什麼會有這麼多禁忌？

是嗎，為什麼？

你是說，自殺沒什麼錯？

這問題我無法給你滿意的回答，因為這問題本身含有兩個虛假的概念；它是以兩個虛假的假定為基礎；它含有兩點謬誤。

第一個虛假的假定是它認為有「對」與「錯」這麼一回事。第二個虛假的假定是認為「殺死」是可能的。因此，當你的問題一旦被分解，它就瓦解了。

「對」與「錯」是人類價值體系中的哲學對立點，在最終的實相中，它們卻是不存在的——這一點，在這套對話中已經一說再說。更且，就是在你們自己的體系中，它們也不是恆常的，而總是時時在變動。

你們一直在做改變，一直對價值觀改變主意，以適合你們（這本就應該，因為你們是在演化中的生物），然而卻又在每一步改變中堅持認為你們沒有改變，堅持認為是**未曾改變的價值**構成你們社會的核心。因此你們就將你們的社會建立在一個弔詭上：你們一直在改變你們的價值體系，卻又一直宣稱你們重視的是……嗯，**不變的價值**。

這種弔詭所呈現出的問題，並不能以在沙灘上潑冷水想使它凝結成水泥來回答，而應歡慶沙灘的變動。當沙灘維持著你們城堡的形象時，歡慶它的美；但當潮水沖來，改變了它的形象時，也應同樣歡慶。

當沙灘變為一座新的山岳，讓你們可以攀爬在其頂上，建立新的城堡時，要為它歡慶。但要明白，這些山岳與城堡就是紀念變遷的紀念碑，而非紀念恆常的。

為你們今天的樣子而歡呼雀躍，但不要譴責你們昨日的樣子，也不要妨礙你

們明天將可能會變成的樣子。

要明白，「對」與「錯」是你想像的產品，而「好」與「不好」也僅僅表明你們最近的喜好與看法而已。

比如，以結束自己的生命而言，目前在你們星球上大部分的流行看法是「不好」。

同樣，你們仍有許多人堅決認為幫那想結束生命的人結束生命是不當的。這兩種情況你們都說是會「違背法律」。你們之所以達成這種結論，應當是因為這樣做很快就會結束生命。如果要花更長的時間才結束生命，雖然結果相同，你們卻不認為是違法的。

比如，在你們社會中，如果有人舉槍自盡，他的家人就會領不到保險金。但如果他是用香菸自殺，就可以領到。

如果醫生幫助人自殺，就稱為殺人，而菸草公司這樣做，則稱為「生意」。

在你們看來，那似乎只是時間的問題。自我毀滅的「合法性」——也就是「對」與「錯」——似乎只跟它的快與慢有關，也只跟是誰在做有關。死得越快，似乎越「錯」。死得越慢，就越為「得當」。

有趣的是，這跟真正人道的社會所下的結論正好相反。不論你們給「人道」下的定義是什麼，都可以據此定義來說死得越快越好。然而你們的社會卻懲罰那些做人道之事的人，報償那些行瘋狂之事的人。

以為神要求無盡的痛苦，以為快速而人道的結束痛苦是「錯的」，這是瘋狂。

「懲罰人道，而報償瘋狂。」

這就是領會力十分局限的社會才可能持有的座右銘。

因此你們以吸入致癌物來毒害自己的身體，以吃下經過化學處理的食物來毒害自己的身體，到最後終致將自己殺害；你們吸入持續污染的空氣來毒害自己的身體。你們在千萬個時刻以千百種方式毒害你們的身體，並**明知這些東西對你們不好**。但由於這些東西要用比較長的時間才能殺害你們，**你們便這樣自殺，但卻無罪**。

如果你們是用效用比較快的方式來自殺，你們就被認為是違法。

現在，我告訴你們：**快一點殺害自己並不比慢一點殺害自己更為不道德**。

那麼，一個結束自己生命的人並不會被神懲罰？

我不懲罰，我愛。

常聽人說，那以自殺來「逃避」困境或結束困境的人，死後卻會發現正面對著同樣的困境，因此什麼也未能逃避或結束——這又怎麼說呢？

在進入你們所謂的死後時，你們所經歷的是當時意識之反映。不過，你們一向是意志自由的存在體，任何時候只要你們選擇改變你們的經歷，就可以改變。

所以我們所愛的人在結束自己的肉體生命後是很好的？

對。他們很好。

關於這個題材，安妮·波意爾（Anne Puryear）寫了一本書，名叫《史蒂芬仍活著》（Stephen Lives）。是關於她兒子的，後者在十幾歲的時候結束了自己的生命。這是一本好書，許多人可從中得到幫助。

安妮·波意爾是一個很好的使者，她的兒子也是。

那麼你推薦這本書？

這是一本重要的書。關於我們剛才所談的事，它談得比我們在此談得更多，而那些因所愛的人結束自己生命而深感傷痛的人，或為此事而夢寐難安的人，可以藉由這本書找到治癒的途徑。

讓我們這般傷痛或夢寐難安已經是令人哀傷了，可是我認為這大部分是社會「加諸」自殺的想法所造成的結果。

在你們的社會中，你們往往並沒看出自己道德結構的矛盾。有些事你們明明十分清楚會縮短你們的生命，但只因為過程比較慢，你們就認為可以做；至於那比較快縮短生命的，你們卻認為不可；這種矛盾無疑是人類經驗裡最為明顯的。

聽你這樣說，確實至為明顯。可是我們自己為什麼卻沒有看出真相來呢？

因為如果你們看出真相來，你們就必須**採取措施**，這是你們所不願意的。因此，你們除了視而不見以外，別無選擇。

但假設我們看到真相，又為什麼不願採取措施呢？

因為你們認為採取措施就會終止樂趣。而終止樂趣，卻是你們所不願的。

大部分使你們慢慢致死的事是帶給你們樂趣的事，或由此而導致樂趣的事。而大部分帶給你們樂趣的事是滿足你們肉體的事。**你們的生活主要是以尋求和體驗肉體的樂趣而建構的**。

當然，一切處所、一切生物都想要體驗樂趣。這並無原始之處。事實上，那是生物的天性。社會與社會之所以不同，社會中生命與生命之所以不同，**在於什麼是他們的樂趣**。一個以肉體的樂趣為主而建構的社會，和以靈魂的樂趣為主而建構的社會，是在不同的層次運作的。

但必須了解，這並不表示你們的清教徒是對的，而肉體的一切樂趣都須被否定。它意謂著，在一個高度演化的社會，肉體的樂趣並非他們所享受的樂趣中為數最多的樂趣。肉體的樂趣不是主要的焦點。

一個社會或一個生命，越是高層的，其樂趣也就越是高層。

等一等！這聽起來好像是價值判斷。我以為你——神——是不做價值判斷的。

說埃弗勒斯峰（Mt. Everest，譯注：世界最高峰）比麥金利山（Mt. McKinley，譯注：北美洲最高山）高，是價值判斷嗎？

說張婆婆比她的姪兒年紀大，是價值判斷嗎？

這些是價值判斷還是觀察？

我並沒有說一個人的意識層次比較高是「比較好」的。事實上，並不比較好。正如小學四年級並不比一年級好。

我只是在觀察四年級是什麼樣子。

而我們在這地球上還不是四年級。我們是一年級。對嗎？

我的孩子，你們甚至連幼稚園都還沒上。你們是在托兒所。

這種話我聽來怎麼會不覺得受辱？為什麼我覺得你好像在貶低人類？

因為你們深為自負是某種生物，而實際上你們卻不是。

僅僅是一項觀察，許多人聽了會覺得受辱，這是因為被觀察到的事物是他們不想承認的。

然而，只有在你持有過一件東西後，你才能放它去。凡是你從未有過的東西，你便不能放棄你跟它的關係。

凡是你未曾接受的，你就不能改變。

正是。開悟始於接受，面對它「所是」（「What is」）的樣子，不做審判。這即是走入那「所是」（the Isness）中，在那**所是**中才能找到自由。

你所抗拒的，就會堅持。你所注視的，就會消失。也就是說，它失去了它的幻象。你看到它**所是**的樣子。而**所是**的樣子卻一直在改變。只有那**不是**（What Is Not），才不能被改變。因為，要改變那**所是**，就得走入其內。不要抗拒它。不要否認它。

凡你否認的，你就在宣布。凡你宣布的，你就在創造。

對某件事物做否認，就是將它再創造，因為否認的行為本身就把那事物放在位置上了。

接受某件事物，使你得以控制它。凡你否認的，你就不能控制，因為你在說它不在那裡。因此，凡你否認的，就控制了你。

你們大部分人類都不想接受「你們還未演化到幼稚園的階段」。你們大部分人都不想接受「人類仍在托兒所階段」。然則這不接受，正是你們留在那裡的原因。

你們是那麼的自負，以為自己是你們所不是的（高度演化生物），以致你們就不能是自己所是的（在演化中的生物）。因此你們是在自己跟自己作對；自己跟自己作戰。因此，演化得非常慢。

演化的捷徑始於承認並接受自己所是的樣子，而非自己所不是的樣子。

當我聽說自己「所是」的樣子而不覺受辱，我就知道我接受我所是的樣子了。

正是。如果我說你的眼睛是藍的，你會覺得受辱嗎？

所以，我現在要告訴你：一個社會或生命越是提升，其樂趣就越提升。

你們所謂的「樂趣」，宣布了你們的演化層次。

請解釋一下「提升」（elevated）。你用這個字是指什麼？

你們的生命是具體而微的宇宙。你，和你整個的肉體，都是由「原能」（rawenergy，譯注：是未加工的，沒有「對水」的能量，也就是精純的能量。）構成，這能量圍著七個中心或脈輪（chakras）而聚集。要去研究這些脈輪及其意義，這方面的書不下千百本，這就是我以前所給與人類的智慧。

讓你們較低的脈輪感到樂趣或受到刺激的，和讓你們較高的脈輪感到樂趣的東西並不相同。

你們生命的能量越是藉由你們的肉體生命向上升，你們的意識就越向上提升。

好吧。又轉回來了，這似乎在提倡獨身，這似乎百分之百為反對性熱情在辯護。那些意識「提升」了的人，在跟別人的交互作用中，並非「出自」他們的「根輪」——也就是他們的第一個、最低的一個脈輪。

沒錯。

但是我以為你在這整個對話中都在說：人類的性應該是被**歡慶**的，而非被壓抑的。

沒錯啊！

那麼，請解除我的迷惑吧；因為這似乎是矛盾的。

我的孩子，世界是充滿了矛盾的。「缺乏矛盾」並非真理的必要因素。有時候更大的真理正**寓含在**矛盾中。

這就是**神聖二分法**。

請幫助我了解這二分法。我這一輩子都在聽說，從根輪喚醒「拙火（kundalini）能量」是多麼了不得的事。這一直是那些神秘主義者過著無性的狂喜生活之主要原因。

我知道我們已經偏離了死亡話題；我很抱歉把話題拖到這不相關的主題上。

有什麼好抱歉的？話談到哪裡，就談到哪裡。在這整個對話中，我們的「話題」是：充充分分的做人是什麼意思；在這宇宙中，生命與生活又究竟是什麼樣子。這是唯一的話題，而現在這話題包括在這範圍內。

想要知道死就是想要知道生——這一點我已經說過，而如果我們的交談將我們的探索擴充至創造生命的行為，並歡慶它的華美，就讓它這樣吧！

現在，讓我們把一件事說清楚。「高度演化」並不需使所有的性表現都消聲匿跡，不需要把所有的性能量都提升。因為如果如此，則任何地方就都不再可能有「高度演化」的生物存在，因為一切演化都將終止。

這一點再顯然不過了。

對。因此，如果有人說，至聖的人絕不要性，說這是他們的神聖徵記，那這個人就是不了解生命是如何運作的。

讓我用最清楚的話來說明這一點。如果你們要找一根標尺來衡量某件事對人類是好是壞，只問自己一個問題就夠：

如果人人都這樣做，會怎樣？

這是一種非常容易的測量辦法，但非常準確。如果人人都做某一件事，而其結果對人類產生最終的益處，那就是「進化的」。如果人人都做某一件事，而帶給人類災難，則此事就不是應該推薦的、不是令人「提升」的事。你同意嗎？

當然。

那麼你就同意這樣的事實了：沒有任何真正的大師會說禁欲是通往精深之路（the path to mastery）。然而，卻是這種「禁欲是高等途徑」「性表現是低等欲望」的觀念羞辱了性經驗，造成了關於性的種種罪惡感，以及種種的性功能失調。

然而，假如只是為了生殖才反對禁欲，則一旦生殖的目的達成，不就沒有必要了嗎？

人從事性，並不是因為生殖的責任。人從事性，是因為它是**自然會去做**的事。那是構築在基因之內的。你們是在遵從生物的指令。

正是！正是**基因訊號**在驅使物種生存。但是物種的生存一旦得以確保，則「忽視那訊號」是否比較「提升」？

你誤解了那訊號。生物的指令不是要確保物種的生存，而是去**體驗合一**，而這才是你生命的真正本性。新的生命是在達成**合一**時被創造出來，但這卻不是人尋求**合一**的原因。

如果生殖是性的唯一理由，如果性只是一種「繁殖系統」，則你們就無需共同投身去做此事。你們已可由結合化學元素做到。

然則這不能滿足靈魂最基本的渴求——這渴求比生殖大得多，而跟再創造**你真正是誰**、**是什麼**有關。

生物的指令不是**創造**更多的生命，而是**體驗**更豐富的生命——去以生命真正的樣子去體驗它——即是將**合一**展現出來。

這就是何以在人即使停止生育以後，你仍從未要他們不再有性生活。

當然。

然而有人說，有了孩子以後就**應當**終止性生活，而那些繼續的，是在向低等的肉體需求沉淪。

是有人這樣說。

他們說這不是「提升」，而只是禽獸行為，是人類的高貴天性所不齒的。

這又回到脈輪的話題上了，也就是能量中心。

我說過，「你們的生命能量越是藉由肉體提升，你們的意識就越為提升」。

沒錯，這似乎是說「不要有性」。

不是。當你弄懂了以後，就知道不是。

讓我再回到你原先的說法，把事情說清楚：關於性，並沒有任何不高貴或不神聖之處。你們之所以認為它不高貴、不神聖，是出自你們的念頭，出自你們的文化。

在熱情的、充滿欲望的性經驗中，沒有任何低下，或粗鄙，或「不夠尊嚴」

（更不用說不夠**神聖**了）的成分。肉體的渴望並非「禽獸行為」的表現。這些肉體渴望，是由我構築在身體之內的。

不然，你以為是誰把身體創造成這樣？

然而，在你們相互的複雜反應中，肉體的渴望卻只是其中的**構成成分**之一。要記得，你們是三合一的生命，有七個脈輪中心。當你們從所有的三個部分、七個中心共同產生反應的時候，你們就會體會到高峰經驗（peak experience）——而你們被創造出來，本就是為了體會這種經驗！

關於這些能量，本無任何不神聖（unholy）之處——然而你們卻只選擇其中之一，因此就不是全部（unwhole-y）了。

當你們不是「全部」（whole）時，你們就比你們自己要少。這才是「不神聖」（unholy）之意。

哦！我懂了，我懂了！

選擇「提升」的人務當禁欲——這種告誡絕非由我而來。那是邀請，而邀請不是告誡；然而你們卻把它變成了告誡。

那邀請並非要終止性，而是終止「不全部」。

不論你們做什麼——性行為、吃早飯、工作，或到海邊漫步、跳繩，或讀一本好書——不論你們做什麼，都要以整個人去做；因為你們是**整個的人**。

如果你們只從較低的脈輪去行性行為，則你們就是只由根輪在做，你們就會失去這經驗中最燦爛的部分。但是如果你在愛著另一個人，在行性行為時從全部七個能量中心發出，則你就會體驗到高峰經驗。這樣，怎麼可能會是不神聖的呢？

當然不可能，我無法想像這樣的經驗會是不神聖的。

因此，邀請你們將生命的能量藉由肉體生命提升到頂輪，絕不意味或要求你們**與底部切斷**。

如果你們把能量提升到心輪，或甚至提升到頂輪，這並不意謂能量不能也在根輪。

事實上，如果不這樣，你們就切斷了。

當你們把生命能量提升到較高的中心時，你們可以選跟另一個人有性經驗或無性經驗。但假如無，則並不是有性經驗就是違背了宇宙的某種神聖法則。也並非無性經驗會使你們「提升」得更高。如果你們選擇跟他人有性經驗，則它也不會將你們「降低」到只在根輪層次——除非你們把自己與頂部切斷。

所以，邀請是這樣的——不是告誡，而是邀請：

把你的能量，就是你的生命力，時時刻刻提升到最高可能的層面，這樣，你就會提升了。這跟有性經驗或無性經驗無關。這跟提升你的意識有關——不論**你在做什麼**，都要提升意識。

我懂了！我明白了！不過，我不知道要如何提升我的意識。我也不認為我知道如何透過我的脈輪中心將生命能量提升。我想大部分人說不定也不知道這些中心是什麼。

凡是渴望認知這種「精神生理學」的人，都可以很容易找到資料。我曾把這些資料用很清楚的言詞傳遞出來。

你是指由其他的作者寫的書。

沒錯。讀讀狄巴克．喬布拉（Deepak Chopra）的著作。他是你們星球上當今最明晰的闡釋者。他了解精神的神秘，了解精神的**科學**。

另外還有一些奇妙的使者。他們的著作不但描述了如何透過你們的身體把你們的生命力提升，而且也描述如何脫離你們的肉體。

閱讀這些書，你們可以回憶起讓身體離去可以是何等喜悅的事。那時你們便了解，何以可能從此不再懼怕死亡。你們將會明白這二分法：與身體同在，是喜悅；脫離身體，也是喜悅。

9 靈魂之歌可以多種方式演唱

人生有點像上學。我記得以前每年秋天的第一天開學日，我都多麼興奮——而年底學期結束時，我又多麼高興。

正是！完全對！你說中了。正是這樣。只不過，人生不是上學。

是啊，我記得你在第一部中全都做過解釋。在那以前，我一直以為人生是「上學」，我們來此世是為了「學習課程」。你在第一部中大大的幫助了我，讓我明白那種說法的錯誤。

我也很高興。我們在這三部曲中所想要做的就是這個——讓你們清楚明白。現在你們已經清楚明白了何以靈魂在「死」後可以很高興，而並不必然是懊悔曾經活過。

但你前面曾經問過一個更大一點的問題，現在我們再回頭來看看。

對不起。你指的是什麼？

你問：「如果靈魂在肉體裡這麼不快樂，那靈魂為什麼不乾脆離開？」

哦，對呀。

沒錯，靈魂**離開了**。我並不是說只有在「死」的時候靈魂才離開，但離開並不是因為不快樂，反而是為了想要恢復活力，為了回春。

靈魂常常這樣做嗎？

天天。

靈魂天天脫離肉體？什麼時候？

當靈魂渴望體會更大的經驗時，靈魂覺得那種經驗會讓它回春。

靈魂說離開就離開？

沒錯。靈魂時時離開你們的肉體，不斷的。終你們一生。這就是為什麼**我們**發明了睡眠。

靈魂在肉體睡眠時離開？

當然，這**就是**睡眠。

你們整個一生，靈魂時時都要回春、加油——假如你願意這樣說——以便在你們所謂的肉體這笨重的載具中繼續挪動下去。

你以為對靈魂而言，棲息在你的肉體中是件容易的事嗎？不！可能**簡單**，卻不**容易**！那是一種喜悅，卻並不**容易**。那是你們的靈魂所做過最困難的事！

那深曉你們所無法想像的輕盈與自由的靈魂，渴望著重新嘗味這種狀態，正如一個喜歡上學的孩子之渴望暑假。正如那渴望有伴的大人，在有伴之際渴望獨處。靈魂尋求真正的存在狀態，靈魂就是輕盈與自由，靈魂也是和平與喜悅，靈魂也是無限制與無痛楚；是完美的智慧與完美的愛。

這些靈魂全是；而且不只於此。然而當靈魂與身體共處的時候，極少體驗到這些。因此，靈魂跟自己訂下協議。靈魂對自己說，為了創造和體驗它現在所選擇的自己，需要靈魂留在身體裡多久就留多久，唯一的條件是：任何時候靈魂想要離開身體，就可離開！

藉著你們所稱的睡眠，靈魂天天都這樣做。

「睡眠」是靈魂離開身體？

是。

我還以為是由於身體需要休息才會入睡。

你錯了。正好相反，是**靈魂**想要休息，因此，才使身體「入睡」。

當靈魂已經倦了，跟肉體在一起覺得受限制、沉重與缺乏自由時，靈魂就會名副其實的將肉體丟下不管（有時甚至是在肉體站著的時候）。

當靈魂想要「加油」的時候，當靈魂倦煩了所有這些非真之理、不實之相和想像出來的危險時；當靈魂想要為心智尋求再連接、再肯定、休息與覺醒時，靈魂就會離開肉體。

當靈魂初次擁抱肉體時，靈魂發現這個經驗很難以承受。那非常累，尤其是對一個新到達的靈魂而言，更是如此。嬰兒之所以需要睡那麼多覺，就是由於這個原因。

當靈魂度過了重新與肉體相處的初度震撼以後，就增加了對此事的容忍。靈魂與身體共處的時間多了。

同時，你們稱為「心」的這部分，則步入遺忘——正如它本來被設計成的樣子。即使靈魂飛離肉體——現已不那麼頻繁，但仍天天發生——也並不能總是把心帶回回憶。

真的，在這種時刻，靈魂固然自由，心卻可能混亂。因此，整個人就可能會問：「我是在哪裡？我在這裡創造什麼？」這種尋索可能會導致忽明忽滅的旅程，有時甚至是嚇人的。這種旅程，你們稱為「夢魘」。

有時則相反。靈魂會到達偉大的回憶之境。這時，心就會覺醒。這會讓它充滿和平與喜悅——當你重返肉體後，你會在體內感覺到這和平與喜悅。

你整個的生命越是體驗到這種回春，越是記得它藉由身體在做什麼，想要做什麼，你的靈魂選擇離開肉體的時間就越少；因為現在靈魂已經知道，它進入這個肉體**是有原因的，有目的的**。它渴望與肉體共處，將跟肉體共處的時光做最好的運用。

大智慧的人只需少量的睡眠。

你是在說，從一個人需要多少睡眠，你可以看出他的演化程度？

幾乎可以。你幾乎可以這麼說。不過，有時候靈魂之所以離開肉體，卻只是為了喜悅。它可能不是為了讓心覺醒或讓身體回春。它可能只是去再創造那因**合一**而來的狂喜。因此，並不能總是由睡眠多來判斷那人的演化較低。

不過，這樣的情況仍非巧合：當生命越來越覺察到它與肉體共處是為了什麼——並覺察到它並**不是**它的肉體，而只是與肉體**共處**——它就變得願意，並且能夠花越來越多的時間與肉體共處；因此，就**顯得「需要的睡眠少」**。

有些人甚至一邊與肉體共處，一邊又與靈魂合一，體驗因知曉**自己真正是誰**而來的喜悅，卻不失去自己身為人身的知覺。

他們是怎麼做到的？我可以怎麼做到？

我曾說過，那是個覺察的問題，是個達到完全覺察的問題。你無法去**做到**完全覺察，你只能**是**完全覺察。

怎麼是？怎麼是呢？你一定可以給我一些工具？

日行的靜心是創造這種經驗的最佳工具之一。以此，你可以將你的生命能量提升到最高脈輪……甚至在你仍然「醒」著時離開你的肉體。

在靜心中，你使自己處於一種就緒狀態，即使身體仍然醒著，你都可以體驗完全的覺察。這種就緒狀態稱為**真正的覺察**。你並不必非得靜坐觀想才成。靜心只是一種設置，如你說的，是一種「工具」。但為了體驗這個，你並不一定非得靜坐觀想不可。

你也應當知道，靜坐觀想只是靜心的方式之一。另外還有「暫停靜心」「行走靜心」「做事靜心」和「性行為靜心」。

這是**真正覺醒**（覺察）的狀態。

當你在這種狀態下停止，就單單只是在路上停止，停止在你正在走的路上，停止在你正在做的事情中，就只是停止一刻，就只「在」（be）你在的那個地方，就對了。正是在你所在的那個地方，正是你**所是**的那人。停下來，哪怕只是片刻，都可以是至福的。你環顧四周，緩緩的，注意到你原先走過而未曾注意到的東西：雨後泥土的氣息、你所愛的人左耳上覆蓋的捲髮、看到小孩在玩耍，這是多麼的美好啊！

你不需脫離肉體就可以體驗到這些，這是真正的覺醒狀態。

當你在這種狀態中行走，你會聞到每一種花的芬芳，你會跟每一隻鳥兒同飛，你會感覺到腳下所踩出的每一個嘎扎聲。你找到了美與智慧，而美處處在形成，由生命的一切材質在形成。你不需尋找，它會自動向你走來。

你不需脫離你的肉體就可體驗到這些，這是真正的覺醒狀態。

當你在這種狀態中「做」事，你會把所做的任何事都變為靜心，因而變為禮物，由你送給你的靈魂，由你的靈魂送給**「一切萬有」**。洗碗時，你會享受著溫水撫慰你手的感覺，因水而驚歎，因溫暖而驚歎。用電腦的時候，你會看到由於手指的指令而螢幕出現了反應，歡樂於心與身的能力，在你的指揮下配合得如此完美無缺。做飯的時候，你會因宇宙提供你這些營養而感到宇宙的愛，你則將整個生命的愛傾入這飯菜中，以為回報。這跟飯菜的繁簡無關，一碗清湯也可以因愛而變得美味。

你不需離開肉體才能體會這種經驗，這是真正的覺醒狀態。

當你以這種狀態體驗性能量的交換時，你就懂得你是誰的最高真理。你戀人的心成為你的家鄉。戀人的身體變成了你自己的身體，你的靈魂不再以為它跟任何東西是分離的。

你不需為體會這種經驗而離開你的身體。這是真正的覺醒狀態。

當你從容就緒，你就處於覺醒。一個微笑就可以把你帶到這個地方，只是一個微笑，只是把什麼都停下片刻來微笑，不是為任何東西微笑，只是覺得好，只是因為你的心知曉了一個秘密，也是因為你的靈魂知道這秘密是什麼。為此微笑，常常微笑，這會治癒你的一切病恙。

你要求我給你工具，現在我已經給你了。

呼吸，這是另一件工具。慢慢的呼吸，溫和的呼吸，吸入那溫柔的、甜美的

「生命之空無」（nothingness of life）——它那麼充滿能量，那麼充滿愛。你呼吸的是神的愛，深深的呼吸，這樣你就可以感覺到愛。很深很深的呼吸，愛就能讓你哭。

因喜悅而哭。

因為你遇見了你的神，而你的神將你引介給你的靈魂。

一旦你有了這種體驗，人生將永不再一樣。有人會說這是升到了「山之巔」，有人會說是落入了莊嚴之喜。他們的生命（存在狀態）永遠改變了。

謝謝，我明白了。你所說的就是那些單純的事，單純的物，單純的行為。

沒錯。但你也要知道，有些人打坐經年，卻從沒有過這種經驗。這跟人「敞開」的程度與願望的程度有關，也跟他如何能夠遠離預期之心有關。

我應該天天靜心嗎？

像所有的事情一樣，這裡也沒有「應該」或「不應該」的問題。這裡的問題不是你應不應該做什麼，而是你選擇做什麼。

有些靈魂選擇走在覺醒中。有些靈魂承認大部分人的一生在夢遊，是沒有意識的，他們走過一生卻沒有意識。然而那走在覺醒中的靈魂，選擇的卻是不同的路。走在覺醒中的靈魂想體驗**一體**感帶給它們的和平與喜悅、無限與自由、智慧與愛。它們不只是在把身體放下（入睡）時如此，而且起身時也如此。

創造這經驗的靈魂，我們就說它「復活」了。

以所謂「新時代」的用詞來說，則是「意識提升」。

但不論用詞如何（言詞是最不可靠的溝通方式），都是指活在覺醒中。這樣，就變得完全覺醒。

到最後，你們是對什麼變得完全覺醒呢？你們最後是完全覺醒到**你是誰**。

日日靜心是途徑之一。然而這需要投身於決心尋求內在經驗，而不是外在的報酬。

並且要記得，秘密是在沉默中，最甜蜜的聲音是沉默之音，這是靈魂之歌。

如果你信守的是世間的喧鬧之聲，而非你靈魂的靜默，你將迷失。

那麼，日日靜心**確實是**個好主意。

好主意？沒錯。不過對我剛剛說的話還要再加領會，靈魂之歌可以多種方式演唱，沉默的甜美之音可以在許多時間聽聞。

有些人在祈禱中聽見沉默，有些人在工作中唱靈魂之歌，有些人在靜思中尋求秘密，另有些人在不那麼沉靜的環境中尋求。

當一個人到達——或甚至只是間歇的體驗——精純的程度，則世間的喧鬧之聲才得以消退，即使身在其間，也不會受干擾。生活中的一切都變成了靜心。

生活中的一切**都是**靜心，你在其中靜觀**神性**。這稱之為真正的覺醒，或「用心」。

以這種方式來體驗，生活中的一切都是至福，不再有掙扎、痛苦與憂慮。唯有的是體驗，這又可以你想用的任何名稱來稱呼，你可以選擇稱這一切都是完美。

所以，將你的**生命**或生活及其中的一切事件都**用作**靜心。走在覺醒中，而不是如在睡眠中。一舉一動，心都隨之，而不是心不在焉。不要在懷疑與恐懼中逗留，也不要在罪過與自責中徘徊不去，而要確信自己是住在非常被愛的永恆光輝中，你永遠**與我為一**。你永遠受到歡迎，歡迎你回家。

因為你的家在我心中，而我的家在你心中，我邀請你在此生看出這一點，正如死後必然會看出的。這樣，你將知道沒有死亡，而你們所稱的生與死，都是同一個無盡經驗的一部分。

我們是**一切萬有**——現在、過去與將來的一切，直至永遠。

阿門。

10 我愛你，你知道嗎？

我愛你，你知道嗎？

知道。我也愛你。**你知道嗎**？

我開始知道，我真的開始知道了。

真好。

11 靈魂是身體的容器

可不可以請你告訴我一些關於靈魂的事？

當然可以。我將試著在你能領會的範圍內解釋給你聽。但如果你有些地方覺得「說不通」的，不要受挫。請記得，這些訊息是透過一個特殊的過濾器傳遞來的，而這個過濾器的設計，本來就是要你們不要記得太多東西。

請再告訴我，為什麼我要那樣做。

如果你樣樣都記得，遊戲就結束了。你到這裡來，有一個特別的理由；如果你了解了所有的東西是如何拼在一起的，你來此的**神聖目的**就會受挫。在你們現在的意識層次，有些東西是永遠神秘的，而且本當如是。

所以，不要試圖去解開所有的神秘。至少不要一次解開全部。給宇宙一個機會。它會以適當的程序展現自己。

享受那漸變的經驗。

戒急用忍。

正是。

我父親常常這樣說。

你父親是個聰明而奇妙的人。

這樣形容他的人並不多。

是懂得他的人不多。

我母親懂。

是的，她懂。

她愛他。

是的，她愛他。

而且她原諒他。

是的，她原諒他。

儘管他做過那麼多令人痛苦的事。

是的。她懂，她愛，她原諒；在這方面，她始終是一個奇妙的榜樣，一個受祝福的老師。

是的。那麼……你可以告訴我關於靈魂的事了？

可以。你想知道什麼？

讓我們從最初的、最明顯的問題開始；雖然這問題的答案我已經知道了，但它可以讓我們有一個起點。有「人的靈魂」這種東西嗎？

有。這是你生命的第三個層次。你是三部分的生命體，由身、心、靈組成。

我知道我的身體在哪裡；我可以看到。我想我也知道我的心在哪裡——在我身體的頭部。但我不確定——

等一等，你有點錯誤，你的心不在你的頭部。

不在？

不在。你的**腦子**是在你的腦殼裡，但你的心不在。

那麼，它在哪裡？

在你身體的每個細胞裡。

哇——。

你所稱為的心，其實是一種能量。它是……意念（思想）。而意念是能量，並非物體。

你的腦子是一個物體。它是人的身體的一個物理的、生化的結構體——是最大、最複雜的，但不是唯一的這類結構體。你的身體以它來把你的意念能量轉化為物理脈衝（physical impulses，譯注：也譯為「肉體衝動」），你的腦子是個變頻器，你的整個身體都是。在你的每個細胞中都有個變頻器。生化學家常說每個細胞——比如，血液細胞——好像有它自己的智力。事實上，是真的有。

不僅細胞如此，身體裡比較大的部分也是。這個地球上的每個人都知道，身體的某個部分往往似乎有它自己的心眼……

沒錯，每個女人都知道，當男人任憑自己的身體部位影響他們的選擇和決定時，他們會變得多麼不可理喻。

有些女人就用這個來控制男人。

沒錯。有些男人也用女人的這個部位來控制女人。

沒錯。

想把這循環打斷嗎？

太想了！

這是我們原先說的：把生命的能量提升，使它將七個脈輪中心都包括在內。

當你的選擇與決定不是出自你剛才提到的那個部位，而是出自更大的部分，女人就不可能控制你，而你也絕不會想要去控制女人。

女人之所以想要借助這種操縱與控制方法，是因為她們沒有其他辦法可想——至少沒那麼有效，而如果沒有辦法可以控制男人，男人就往往——嗯——變得不可控制。

然則，如果男人願意把更高的本性展現得多一些，如果女人願意訴諸男人更多的部位，則所謂的「兩性戰爭」將可息止。你們地球上大部分的其他戰爭，也可以息止。

就如稍早我說過的，這並不意謂男人與女人應該放棄性，也不意謂性是人類較低的天性。它意謂，如果只是性能量，既不提升到更高的脈輪，又不與其他能量結合，則產生的選擇與後果就不能**反映**整個人，這些選擇與後果往往就不夠莊嚴華美，因為你們整個人是由所有的能量和脈輪構成的。

整個你，本身就是莊嚴華美的。然則凡是比**整個你**更少的，其莊嚴華美也更少。因此，如果你想做出不那麼莊嚴華美的選擇，造成不那麼莊嚴華美的後果，則只從根輪做決定就可，然後看看會有什麼結果。

結果是完全可以預料的。

嗯——這個我想我是知道的。

你當然知道。但人類所面臨的最大問題，不是何時你知道，而是何時**你依知道而行動**。

所以，心是在每個細胞裡……

沒錯。由於你的腦部比任何其他的地方細胞都多，所以看來彷佛你的心就在那裡。然則那只是主要的加工中心，而非唯一的。

好，我清楚了。那麼，靈魂在哪裡？

你以為靈魂在哪裡？

在**第三眼**的後面？

不是。

在我胸部的中央，心臟的右側，胸骨的正下方？

不是。

好吧，我投降。

在所有的地方。

所有的地方？

所有的地方。

像心一樣。

哦，等等。心並不在所有的地方。

不在？我以為你剛剛說過它在身上的每個細胞裡。

那並不是「所有的地方」。細胞與細胞之間有空隙。事實上，你身體的百分之九十九是空間。

這就是靈魂的所在之處？

靈魂在你的內、外、周圍每個地方，靈魂是那將你容納的東西。

等等！現在稍等一等！我一直以為肉體是靈魂的容器，不是的話，那「你的身體是你生命的聖殿」這句話又怎麼說？

是形容詞而已。

只是想幫助人去了解他們不只是他們的身體；他們比身體更大。確實如此。**靈魂比身體更大**。它不是盛裝在身體裡，而是它把身體盛裝在它裡面。

我聽進去了，但是非常難以想像。

你有沒有聽說過「光暈」（aura）？

聽過，聽過。那是靈魂嗎？

以你們的用語和領會來說，這是最接近的了，可以讓你們對巨大而複雜的實相有一個概念。靈魂是把你聚集在一起的東西——正如**神的靈魂**是把宇宙容納在其中的東西，把宇宙聚集在一起的東西。

哇——這真是跟我一向以為的完全顛倒。

要有耐心，孩子。顛倒才剛開始呢？

但是，如果以某種意義來說，靈魂是「我們裡裡外外的空氣」，而每個人的靈魂又都是如此，則一個靈魂在何處結束，而另一個靈魂又在何處開始？

呃——哦，你別說，別告訴我……

你看！你已經知道答案了！

並沒有一個什麼地方是別人的靈魂「結束」，而我們的靈魂「開始」之處！正像沒有什麼地方是起居間的空氣「停止」，而餐廳的空氣「開始」之處。那統統是**相同的空氣**，統統是**相同的靈魂**！

你發現了宇宙的奧秘。

如果你是那盛裝**宇宙**的容器，而我們是盛裝我們身體的容器，則沒有一個地方是你「結束」，而**我們**「開始」之處！

嗯哼！（清喉嚨的聲音。）

你想怎麼清喉嚨就怎麼清吧，對我來說，這可是了不得的啟示！我是說，我雖然一向就知道它是如此——但是我現在**明白**了！

太棒了，是不是？

你知道，我以往的想法是，由於身體是一個界線分明的容器，所以「這個」身體和「那個」身體便截然有分；而由於我認為靈魂是在身體裡，所以我認為「這個」靈魂與「那個」靈魂也截然有分。

你這麼聯想是自然的。

但是，如果靈魂在身體的**裡裡外外到處都是**——就如你所說的，如身體的「光暈」——則何處是一個光暈的「結束」，而另一個光暈的「開始」處呢？現在，有生以來第一次，我可以看出，真的，**以物理學的用語**來說，一個靈魂並未「結束」，而另一個靈魂即已「開始」，**我們全為一體的物理實相！**

妙！我只能說，妙！

我以前總以為這是「後物理」的（metaphysical，譯注：形而上學的，玄學的）實相。現在，我明白它是物理實相了！聖靈啊，宗教變成了**科學**！

不要說我沒這樣告訴你。

但是，等等。如果沒有一個地方是一個靈魂結束，而另一個靈魂的開始處，則這是否意謂並沒有個體靈魂這麼個東西？

是，又不是。

這種回答真是再適合神不過了。

多謝。

不過，說真的，我還是希望更清楚一點。

讓我喘口氣，我們跑得太快了，你的手已經寫痛了吧！

你是指我寫得飛快。

沒錯。所以，讓我們歇口氣，大家也都輕鬆一下。我會向你們統統解釋清楚。

好了，繼續吧，我已準備好了。

你現在記得我曾多次向你提到的**神聖二分法**？

記得。

這就是其一，而且是最大的一個。

看得出來。

如果你想在我們的宇宙中自在度日，則對這**神聖二分法**做徹底領會是非常必要的。

依**神聖二分法**，兩個顯然矛盾的真理（實相）可以開始存在於同一地方。你們地球上的人卻覺得這難以接受。他們喜歡一板一眼；任何不符合他們想像畫面的，一律排斥。因此，當兩個實相開始確立而又似乎互相矛盾時，你們立即假定其中一個一定是錯的、假的、不真的。要極為成熟的人才能看出和接受，事實上兩者都可能是真的。

然而，在絕對的界域——跟你們生活於其間的相對界域相對——則非常清楚，那唯一的真理（就是那「一切萬有」）有時會造成一種結果，若從相對的詞義來看，是矛盾的。

這稱為**神聖二分法**；在人的經驗中，是非常真實的部分。如我已經說過的，若不接受這個，幾乎無法自在度日。你會到處抱怨，憤憤不平，衝來衝去，到處找尋「正義」而不可得，或急切想要把對立的力量調和，卻永遠辦不到。因為那些力量本來就是不能調和的；因為正由於這些力量之間的張力，才能產生所要產生的結果。

事實上，相對界域就是由這張力才維持住的。舉一個例子來說，就是善與惡之間的張力。在終極實相裡，並沒有善與惡。在絕對界域，一切所有都是愛。然而在相對界域，你們卻創造了你們稱為「惡」的經驗，而你們這樣做，是很有理由的。你們想要體驗愛，而不僅「知道」愛是**一切萬有**，但如果除了這個沒有別的，則你們就無法體驗這個。因此，在你們的處境中，你們創造了善與惡的對立（而且日日在繼續創造），以便借用其一，你們可以體驗其二。

這裡，我們便有了一個**神聖二分法**——兩個似乎矛盾的真理同時存在於同一處。明確的說就是：

有善與惡這麼一種東西。

一切所有都是愛。

謝謝你為我解釋。這一點，你以前曾經說過，但仍舊謝謝你讓我更為了解神聖二分

法。

不客氣。

好，如我已說過的，最大的神聖二分法就是現在我們所談的這個。

只有**一個存在**，因此只有**一個靈魂**。**而**在這**一個存在**中，有許多靈魂。

這二分法是這樣運作的：剛剛我們已經解釋過靈魂與靈魂間沒有分別。靈魂是在一切物質體之內及之外包著它的生命能量（就如光暈）。就某種意義來說，是它把一切物體「保持」在它的位置上的。「神的靈魂」保持住宇宙：人的靈魂保持住每個人的身體。

身體不是靈魂的「容器」或「居所」；靈魂卻是身體的容器。

正是。

靈魂與靈魂間沒有「分界線」——並沒有一處是「一個靈魂」開始，而「另一個靈魂」終止之處。所以，是一個靈魂保持著所有的身體。

對。

然而這一個靈魂卻「像似」一群個別的靈魂。

它確實是這樣——我也確實是這樣——設計本來就是要這樣。

你可以解釋它是如何運作的嗎？

可以。

雖然事實上靈魂與靈魂沒有分別，但那唯一的靈魂（之構成材料）卻確實是以不同的速度製造出不同程度的濃度，呈現為不同的物理實體。

不同的速度？速度什麼時候加進來的？

一切生命都是振動，你們所稱的生命（你們也可稱之為神）是純粹的能。這能一直在不斷的振動，它以波在動。波以不同的速度振動，產生不同程度的濃度，或光。後者又在物理世界產生你們稱為的不同的「效應」——事實上，產生不同的物體。然而，物體雖然各自不同而分離，產生它們的能，卻完全是一樣的。

讓我回頭來用你說的起居室和餐廳中的空氣來做說明。那是你突發奇想的一個好例子，一個靈感。

我知道是從哪裡來的。

沒錯，是我給的。你說過，沒有一個地方是「起居室的空氣」終止，而「餐廳的空氣」開始的之處。正是，然而卻真有這麼個地方是「起居間的空氣」變得**不那麼濃**之處，也就是說，它揮發了，變得「稀薄些」。「餐廳的空氣」也是一樣。你離餐廳越遠，越聞不到飯菜的味道！

可是整個**屋子**裡的空氣卻是**同一個**空氣。餐廳裡的空氣並不是「別的空氣」，而餐廳裡的空氣卻**似乎**像是「別的空氣」。不說別的，它聞起來就是不同！

所以，由於空氣帶有了不同的**特色**，它就似乎是**不同的空氣**了。但實際上它不是。那都是**同一個空氣**，只是似乎不同。在起居室，你聞到壁爐的味道；在餐廳，你聞到菜飯的味道。你甚至會走到某個房間，說：「哇，好悶。讓空氣進來吧！」就好像原來沒有空氣似的。然而，當然，那裡面都是空氣。你想要做的只是換換它的特色。

所以，你讓外面的空氣進來。然而，這仍是**同一個空氣**。進、出、圍繞一切的，都是同一個空氣。

酷。我完全懂了。我喜歡你這種解釋的方法，讓我能夠全懂。

嗯，謝啦。我盡力而為。讓我繼續吧！

請。

就像你房子裡的空氣，生命的能——你們可稱為「神的靈魂」——在圍繞不同物體時會呈現出不同的特色。事實上，它是以某種特定的方式凝聚，以**形成**這些物體。

當能量粒子結合在一起形成物質時，它們變得非常濃縮，擠在一起，堆在一起，它們開始「看來像是」，甚至「覺得像是」各自有分的單元。也就是說，它們開始彷彿與所有其他的能量「不同」，「有分別」了。然而它們卻都是同一個能量，只是**行為有別**。

就是這行為有別，使得**那是一切者**可以展現為**那是眾多**。

如我在第一部中所說的，**那是（那存在）**只有到了發展出這**分別的能力**，才能體驗它自己**是什麼**。因此，**那是一切者**就分離為**那是此，那是彼**。（我現在是盡量簡化來說。）

那在物體中凝聚為分別單元的「能量叢」，就是你們選擇稱它為「靈魂」的東西。我的許多部分變作了許多的**你們**——這就是我們這裡所談的。因此，有這樣的**神聖二分法**：

我們只有**一個**。

我們有**許多個**。

哇——太棒了。

我早就知道。

現在要我繼續嗎？

不，停停吧。我疲累了。

好，請繼續吧！

很好。

如我說過的，那凝聚的能，變得非常濃縮。但越是遠離這濃縮點，能量就變得越稀薄。「空氣變稀了」，光暈淡退，能量卻永不可能完全消失，因為它做不到。它是構成一切的材料，**它是那一切所是**，然而它卻可以變得非常非常稀薄——幾乎「不在」了。

而在另一個地方（也就是**它自己**的另一個部分），它可以又凝聚，再度「叢聚」，形成你們所稱為的物質，並「看起來像」分別的單元。兩個單元可以顯得各自分離，而事實上卻根本沒有分離。

這是對整個物理宇宙以至為簡單的言詞所做的解釋。

哦。但這是真的嗎?我怎麼知道這不是我自己杜撰出來的?

你們的科學家早已發現，一切生命的建材都是相同的。

他們從月亮上取來岩石，發現跟樹木同一質材。他們從樹木上取下一部分，發現跟你們身體上的質材相同。

我告訴你：**我們**每一個都**質材相同**。

我們都是同一能量，以不同的方式凝聚、壓縮為不同的形象與不同的物質。

沒有任何東西是原本就是「物質」的。也就是說，沒有任何東西可以憑自己變為物質。耶穌說：「沒有**父**，我就什麼都不是。」一切東西的**父**就是純粹意念，就是生命的能，就是你們選擇稱為的**絕對愛**，就是**神**與**女神**，是**阿爾法**與**歐米加**，是**始**是**終**，它是**一切的一切**（All-in All），是**不動的推動者**，是**本源**。它是你們從時間之初就想要領會的，它是**大神秘**，是無盡之謎，永恆的真理。

我們只有一個，那就是**你所是者**。

12 每個人都各以各的方式是偉大的人

讀這些話使我心中充滿敬畏。感謝你以這種方式與我同在這裡。感謝你與我們所有的人同在這裡。因為讀過這對話的人已經好幾十萬，還會有好幾百萬將會讀到。你來到我們心中，讓我們有無以言宣的受惠感。

我至為親愛的人們——我一向就在你們心中。只是我很高興你們現在真的**感覺到我在這裡**。

我一向就與你們同在，我從未離開過你們。我是你們，而你們是我。我們從不會分離，因為那**是不可能的**。

然而有些日子我卻覺得孤單得可怕。有些時候，我覺得是在獨自打這場戰爭。

我的孩子，那是因為你離開了我。你放棄了你對我的覺察。然而，只要你覺察我，你就不可能孤單。

我如何才能保持著這種覺察呢？

把你的覺察帶給他人。不是由說教，而是由榜樣。成為所有他人生命中的**愛**——也就是我——的源頭。因為凡是你給予他人的，就是給予自己。因為我們只有**一個**。

謝謝你。是的，你曾經給過我這個線索——要成為源頭。你曾說過，你自己想要經驗什麼，就成為他人生活中的這種經驗的源頭。

是的。這就是那偉大的秘密。這就是那神聖的智慧。**你想要別人怎麼對你，你就怎麼對別人**。

在你們的星球上，一切關於喜悅與和平方面所產生的問題、衝突與困難，都是由於你們未能領會這個單純的教誨，並遵從它。

我明白了。你又再一次的說得這麼清楚，這麼明白，讓我得以領會。我將永不再讓它「失去」了。

凡是你給出去的，你就不可能「失去」。請永遠記住這點。

謝謝你。我可以再問幾個關於靈魂的問題嗎？

關於你過的生活，我還有一個意見想說。

請說。

你剛剛提到，有時候你覺得好像是獨自在打這場戰爭。

是的。

什麼戰爭？

這只是形容詞。

我不認為。我認為那真的表示了你（和許多人）對生活的真正想法。你腦子裡認為它是一場「戰爭」——是在進行某種鬥爭或掙扎。

好吧。有時候我真的是這樣覺得。

它並非天生就這個樣子的，它也從來不是非要這樣不可。

請原諒我。但我很難相信。

這就是為什麼那不能成為你的實相，因為凡你相信是真的，你就會使它成為真。然而我告訴你：你的人生從來就沒有要成為鬥爭，而且也從不非這樣不行，現在如此，永遠如此。

我已給了你工具，讓你可以創造最恢宏的實相，你卻選擇不用它們，或者說得更正確一些，你**誤用了**它們。

我說的是創造用的三種工具。關於這個，在我們的對話中我已說過不少。你知道它們是什麼嗎？

思（意念）、言、行。

很好。你記住了。我曾給米爾德麗德・辛克雷（Mildred Hinckley）——我派遣的精神老師之一——靈魂，讓她說出：「你天生在舌頭上就具有宇宙的創造能力。」

這是一句意涵深刻的話。我派遣的另一位老師也說過類似的真理：「由於你信了，就讓它在你的身上發生吧！」

這兩句話跟思與言有關。我的另一位老師則說到行：「始是神，終是行。行是神在創造，或是被體驗了的神。」

你說過這個——在第一部裡。

我的孩子，第一部是由你帶出來的，正如所有由我給與靈感的偉大教誨，都是由人帶出來的。那些任許這樣的靈感感動他們，並無所畏懼的公開分享的人，就是我所派遣的最偉大老師。

我不能確定我是否可以把自己放在這個類別裡。

你由靈感而說的話，已感動了數百萬人。

數百萬人啊，我的孩子。

這些話也已經被譯成了二十四種語文。它們已經傳布到整個地球。

你以什麼標準來認定偉大的老師呢？

以行為，而不是以言詞。

這是非常聰明的回答。

我這一生的行為都乏善可陳，而且確定不會讓我有資格成為老師。

你這是把歷來一半的教師都勾銷了。

你說什麼？

我說，我曾在《奇蹟課程》中透過海倫．舒曼這樣說：你教你必須學的。

你以為在教如何可以達到完美之前，你必須先展現完美嗎？

而當你已經分沾了一份你所謂的錯誤——

——超過我應有的份——

——你將與我的對話呈現出來也顯示了很大的勇氣。

或說很大的愚勇。

為什麼你總是堅持要貶抑自己？你們**個個**都是如此！每一個！你們否認自己的偉大，正如否認我在你們之內的存在。

我沒有！我從沒有否認這個。

是嗎？

嗯，最近沒有就是了……

我告訴你，在雞啼以前，你要三次否認我。（譯注：引用《聖經》中耶穌在被捕前對彼得所說的話。）

你每次把自己想得比真正的自己更渺小時，都是在否認我。

你每一句貶抑自己的話，都是對我的否認。

你每一個顯示自己「不夠好」、有缺欠、有所不足的行為，其實都是對我的否認。不僅是思，不僅是言，而且是行。

我真的——

除了你對**你是誰**所曾有過的最偉大意象之最恢宏的版本外，不要將你的生命表現為**任何**其他的東西。

那麼，你對**自己**所曾有過的最偉大意象是什麼呢？不是有一天你將成為偉大的老師嗎？

嗯……

是不是？

是。

那就**讓它是**，而**它就是**，除非你再度否認它。

我不會再否認了。

不會？

不會。

證明看看。

證明？

證明。

怎麼證明？

現在就說：「我是偉大的老師。」

呃……

照直說就是。

我是……你明白的，問題是，所有這些對話都是要出版的。我現在知道我在這紙上所寫的一切，之後都會在某個地方被印出來。在比奧里亞（**Peoria**，譯注：美國伊利諾州中部城市）的人也許都會讀到。

比奧里亞！哈，你何不說北京？

好吧，中國人也會。這就是我的難處。自從第一部出版的那個月後，許多人都在問我——問得我頭都大了——第三部什麼時候出來！我已經一再的說為什麼會拖那麼久了。我試圖讓他們了解，當**全世界**的人都眼睜睜的看著你在怎麼寫、都在等著你時是什麼滋味。這跟第一部和第二部完全不同，那兩部等於是在無人處寫的，我從來沒想過它們**會變成書**。

你想過。在你的內心深處，你想過。

好吧，或許我曾希望它們成書。可是現在我卻**知道**，這就使我寫在筆記簿上時也不一樣了。

因為現在你知道人人都會看到你寫的每個字。

對。現在你要我說，我是偉大的老師。當著所有人的面這樣說，是困難的。

你希望我要求你私下宣布？你認為這會強化你自己嗎？

我要求你**當衆**宣布**你是誰**，正因為你現在是當眾的。這整個的觀念就是要你當眾說出。

當眾宣布是最高的呈現方式。

把**你是誰**的最高意象的最恢宏版本**實踐**出來，用公開宣布來做實踐的開始。

公開的宣布。

達成的第一步就是**先說**。

但謙虛又放在什麼位置呢？禮貌又放在什麼位置呢？見到每個人都跟他宣布我們對自己最偉大的意象，難道得體嗎？

每個大師都是這樣做的。

沒錯，卻不是傲慢的。

「我是生命與道路」這句話是何等傲慢？對你來說，這還不夠傲慢嗎？

你說你再也不會否認我，可是這十分鐘你卻一直在想要這樣做。

我不是在否認你，我們在談的是我對自己最偉大的意象。

你對自己最偉大的意象就是我！**那就是我！**

當你否認你最偉大的部分，你就是否認我。我告訴你，在天亮前你會三次否認我。

除非我不。

沒錯，除非你不。只有你可以做決定，只有你可以做選擇。

好，你聽說過任何偉大的老師是**私下**做偉大老師的嗎？佛陀、耶穌、克里希那——都不是公開的嗎？

沒錯，但也有並不出名的偉大老師，我母親就是。你先前說過，做偉大的老師並不必須聲名遠播。

你母親是先驅，是使者，是鋪路的人。她為你鋪路，為你**指路**。而你，也是老師。

你母親這位好老師，從沒有教你否認自己，這也是你**要教**別人的。

哦，我太想了！這就是我想要做的！

不要「想要」（want to）。你可能得不到你所「想要」的。（譯注：英文want有

「缺少」之意）你只是宣布了你「缺」它，於是你就會留在那裡——留在「缺乏」的地方。

好吧！我不是「想要」，我是**選擇**！

這好多了。那你選擇什麼？

我選擇教他人永不否認自己。

好，你還選擇教什麼？

我選擇教他人永不否認你——神。因為否認你就是否認自己，否認自己就是否認你。

好得很。那你選擇時有時無的教一教，幾乎是「偶然的」？還是選擇盡心盡意的？

我選擇盡心盡意的教，像我母親。我母親教我絕不要否認自己，她天天這樣教我，她是我一生最大的鼓舞者，她教我相信自己，相信你。我理當做這樣一個老師。我**選擇**去教我母親教過我的**一切**智慧。她使她**整個一生**都成為教材，而不僅是她的言詞。**偉大的老師之所以偉大，就在這裡**。

你說得對，你母親是偉大的老師。你原先說的話也是對的。偉大的老師**並不一定**非要遠近馳名。

我剛才是在「試」你，我想看看你會往哪裡走。

我走向我「該走向的地方」了嗎？

你走向所有偉大的老師所去的地方，走向你自己的智慧，走向你自己的真理，這是你永遠得走向的地方。因為這是你在教世人的時候所須轉入、所須**從出**的地方。

我知道，這我是知道的。

而關於**你是誰**，你自己**至深的真相**又是什麼？

我是……

……偉大的老師。

永恆真理的偉大老師。

這就對了！安安靜靜的說，溫溫和和的說。這就對了。在你內心深處你知道，你只是把心裡的話說出來。

你不是在吹噓，沒有人會覺得你在吹噓。你沒有在自誇，沒有人會覺得你在自誇。你沒有拍胸；你是把心打開，這有很大的不同。

每個人在內心深處都知道自己是誰。或者是偉大的女芭蕾舞家，或偉大的律師、偉大的演員、偉大的一壘手、偉大的偵探、偉大的推銷員、偉大的父母、偉大的建築師、偉大的詩人、偉大的領袖、偉大的營造業者、偉大的治療者。每個人都各以各的方式是**偉大的人**。

人人在自己心中都知道**自己是誰**。如果他們把心打開，如果他們與他人分享內心的渴望，如果他們去實踐深心的真理，他們將使世界充滿莊嚴華美。

你是偉大的老師。你認為這秉賦從哪裡來？

你。

所以，當你宣布**你是誰**的時候，只不過在宣布我是誰。永遠都宣布我是**源頭**，就沒有人會在意你宣布自己偉大。

可是你又一向敦促我，要我宣布**自己是源頭**。

凡我所是的一切，你都是**源頭**。你這一生最熟悉的偉大老師就說：「我是生命與道路。」

他還說：「來到我身上的一切，都是從父而來。沒有父，我什麼都不是。」

他也說：「**我**和**父**是一個。」

你明瞭嗎？

我們**只**有**一個**。

正是。

這又把我們帶回到靈魂問題。我可以再問幾個關於靈魂的問題嗎？

說吧。

好。靈魂有多少？

一個。

以最大的意義說是**一個**。但這是**一切的一**，「個體化」成了多少呢？

嘿，我喜歡這個用詞。我喜歡你用這個詞的方式，那是「**一切能量**」的「**唯一**」**能量**將其本身**個體化**為許多部分，我喜歡這個。

我很高興。那麼，你創造了多少個體？一共有多少靈魂？

我無法用你可以了解的話來回答你。

讓我試試。是常數？是變數？是無窮數？從「原始那批」以後，你還創造了「新靈魂」嗎？

沒錯，是常數。沒錯，是變數。沒錯，是無窮數。沒錯，我創造了新的靈魂；沒有，我沒有創造新的。

我無法了解。

我知道。

所以，請幫助我。

你真的這樣說。

說什麼？

「所以幫助我，神哪」！（So help me, God.，譯注：是賭咒用語，意爲「我敢斷言」「千眞萬確」。）

真聰明。好吧，如果非得這樣我才能懂，我就說吧：所以幫助我，神哪！

我會的。你既然下定決心，我就會幫助你——不過，我警告你，從有限的角度來試圖了解無限，是十分困難的。但我仍然要做一番嘗試。

酷！

真的酷。好，讓我先提醒你一下，你的問題跟一個叫作「時間」的東西有關。

但事實上，並沒有這樣一個東西。存在的只有一個時刻，那就是**永恆的此刻**。

凡是發生過的，都在現在發生，並永遠發生，在此刻發生。沒有什麼是「以前」發生的，因為沒有「以前」。沒有什麼是「以後」會發生的，因為沒有「以後」。永遠都只是**現在**。

在此**現在**，我不斷在變。因此，我「個體化」（我喜歡這用詞！）的方式是**永遠不同**，又**永遠相同**。由於唯有現在，靈魂的數目永遠是常數；但由於你喜歡以現在與那時的詞意去思考，它就永遠是在變的。當我們談到「轉世」、較低的生命形態和靈魂如何「回歸」時，曾說到這一點。

由於我常變，靈魂的數目就是無窮的，然而在任何「特定時刻」，數目都顯得是有限的。

從這樣一種意義上來說，是有「新靈魂」的：靈魂在達到終極覺醒，與終極實相結合為一後，自願「忘記」一切，「重新開始」；他們決定走向**宇宙之輪**上的新處所，有些則選擇再做「新靈魂」。然則所有的靈魂都是「原始那批」的一部分，因為所有的靈魂都是在那**唯一的現在時刻**正在被創造（已被創造、將被創造）出來的。

所以，靈魂的數目是有限的，又是無限的，是改變的，又是不變的——隨你怎麼看而定。

由於終極實相的這個特質，我常被稱為**不動的推動者**。我是**那永動者，那不動者，永變者，那不變者**。

好吧。我懂了。你沒有任何方面是絕對的。

除了一切都是絕對的以外。

除非它不是。

正是。正是！你「搞懂了」！真棒啊！

嗯——事實是，我認為我一向就明白這碼子事。

沒錯。

除非我不懂的時候。

正是。

除非它不是。

正是。

誰在先。

不對。「什麼」在先，「誰」在其次。

達！達！原來你是阿波特，我是科斯提羅（譯注：Abbott與Costello是美國喜劇演員），而這一切都只是歌舞雜耍的表演。

也可能不是。有些時刻、有些事件是你可能想要認真的。

除非我不要。

除非你不要。

那麼，讓我們再回到靈魂的課題上……

好傢伙！這是個了不起的書名……**靈魂的課題**。

說不定我們可以來寫這本書。

你在說著玩？我們已經在寫了。

除非我們還沒有。

對。

除非它不對。

你沒法確定。

除非我們確定。

你知道了嗎？懂了吧！你現在記得了它真正是什麼樣子，你跟它玩了起來！你現在又可以「輕鬆度日了」。你輕鬆了（**lightening up**，點亮了），開悟（**enlightenment**，點亮）就是指這個。

酷。

非常酷（**cool**，冷）。這表示你熱！

對，這就叫「活在矛盾中」，你說過許多次了。現在，回頭再談靈魂課題；老靈魂和新靈魂有什麼不同？

一個能量體（也就是我的一部分）可以設想它自己是「年輕」或「老」，端賴它在達到終極的覺醒後所做的選擇。

靈魂在返回**宇宙之輪**時，有些選擇為老靈魂，有些則選擇為「年輕」靈魂。

實際上，稱作「年輕」的經驗假設不存在，則稱作「老」的經驗就也不可能存在。有些靈魂「自願」被稱作「年輕」的，有些則自願被稱作「老」的，以便**那一個靈魂**——這也就是「**一切萬有**」——可以完全認識它自己。

同樣理由，有些靈魂選擇被稱為「好」，有些選擇被稱為「壞」。這是何以沒有靈魂會遭到懲罰。因為，**那一個靈魂**的部分為了要成為**全體**的一部分才這樣做，**那全體**怎麼會為此去懲罰**自己的一部分**呢？

這全都在《小靈魂與太陽》中做過美妙的解釋了，孩子都能懂。

你有能耐把話說得讓人口服心服，把複雜的概念說得極為清楚，連孩子也能懂。

謝謝你。

關於靈魂，另外還有一個問題：有「靈魂伴侶」（Soul Partner）這回事嗎？

有；但和你們想像的不一樣。

怎麼不一樣？

你們把「靈魂伴侶」浪漫化了，用來指「你的另一半」。事實上，人的靈魂——我「個體化」的部分——要比你們想像的大得多。

換句話說，我所謂的靈魂比我以為的要大。

大得多。那不是一個房間中的空間。那是整個房子裡的空氣。而房子有許多房間。「靈魂」並不局限於一個身分。它不是餐廳的「空氣」。它也不是「分」為兩個個體，稱為靈魂伴侶。它也不是起居間與餐廳合一的「空氣」。它是**整個大廈**的「空氣」。

在我的國度，有許多大廈。雖然所有大廈裡裡外外的空氣都是同一個，某個大廈中各個房間的空氣卻可能覺得比較「接近」。你進入這些房間時會說：「我在這裡覺得『親近』。」

那麼，你就可以了解，其實只有**一個靈魂**。然而你們所說的個體靈魂卻很大，包含著千百個身體，在它們的裡裡外外。

同時？

沒有時間這麼一個東西。所以我只能回答你說：「是，又不是。」你的靈魂所包著的身體，以你們的了解而言，有些是「現在活著」的，有些則是你們會稱為「死了」的。有些靈魂則包著你們認為活在「未來」的身體。當然，這一切都發生於現在。但你們所設想出來稱為「時間」的這個工具，可以允許你們對實際的經驗有更多的感覺。

所以，我的靈魂所「包含」——你用的這兩個字很有趣——的千百個身體，都是我的「靈魂伴侶」？

沒錯；這比你以前用這兩個字的意義要更精確些。

我的靈魂伴侶有些是以前活過的？

是的。按照你所說的方式，是的。

哇，等等！我想我突然想通了一件事。我那些「以前」活過的部分，是不是就是現在我所說的「前生」？

說得妙！你想通了！沒錯，有些是你「以前」曾經活過的「他世」。有些不是。你靈魂的另一些部分則包著一些身體，是你所稱為的「將來」要活的。還有一些是現在生活在你這星球上的其他人。

當你跟這些人相遇，你可能立刻會有一種親切感。有時候你甚至會說：「我們『前世』一定在一起過。」你是對的。你們真的曾**一起**度過「前世」。可能是**同一個**軀體，也可能是在相同的**時空連續體**中的兩個軀體。

妙不可言！這把什麼東西都解釋了！

是的。

只除了一件。

什麼？

為什麼當我明明知道我跟某人曾經共度一個「前世」——我就是**知道**：我在**骨子裡**感覺到——但在我向他們提的時候，他們卻完全沒有感覺呢？這是**怎麼回事**？

這是因為你把「過去」跟「未來」搞混了。

呃？

你曾經跟他們共度一世——不過不是前世。

是「來世」？

正是。那統統發生在永恆此刻；就某種意義來說，你對那**還未發生**的事有了覺察。

那為什麼他們不「記得」未來的事？

這是非常微妙的振動，你們有些人對它比較敏感，有些則否。再者，人與人也各有不同。你可能對你跟某一個人的「過去」或「未來」的經驗比跟另一個人的「敏感」。通常，這意味著，你（身為這非常巨大的靈魂的）那一部分跟另一個部分共同「包著」在**同一個軀體**，共度那段時間；如果你有「以前見過」的感覺，卻不那麼強，則你們可能共度相同的「時間」，卻未包含相同的軀體。或許你們曾是（或將是）夫妻、兄妹、親子或愛人。

這些都是很強的連繫；當你們「這一生」「初次」「重逢」，你們自然會感覺到。

如果你這些話都是真的，就可以解釋一些我從來沒法解釋的現象——「這一生」不只一人聲稱記得曾經做過聖女貞德，或莫札特，或「過去」其他有名的人。我一向以為這正證明了轉世之說是欺人之談，因為怎麼可能會不只一個人說他曾是以前的同一個人呢？但現在我明白那為什麼有可能了！現在被一個靈魂所包含的好幾個有情生命「記得」了（**remember**——「重新為其一分子」**re-member**）他們同一個靈魂的某一部分——而那部分曾經是（現在是）聖女貞德。

我的老天啊！這把一切的局限都打開了，什麼事情都可能了。將來，當我發現自己在說「那是不可能的」時，我就知道，那只證明有一大堆事情是我不知道的。

這很值得記住，非常值得記住。

是的。假如我們的「靈魂伴侶」可以不只一個，則就可解釋人的一生為什麼會跟不只一個人有強烈的「靈魂伴侶」感——甚至在**同一個時間跟不只一個人！**

確實。

那麼，在同一個時間愛不只一個人就是可能的了。

當然。

不，不，我說的是，我們通常為某一個人所保留的那種強烈的個人的愛——至少，在**某一段時間**只保留給一人的！

為什麼你會想要把愛「保留」？為什麼你會想要把它「留著」？

因為用「那樣的愛」去愛不只一個人是不對的。

誰告訴你的？

人人，人人都這樣告訴我。我的父母，我的宗教，我的社會，人人都這樣告訴我！

這就是「父親的罪傳給兒子」。

你自己的經驗卻告訴你，**盡情**的愛每個人是你最歡悅的事。然而你的父母、老師、師傅卻告訴你另一件——你不可以同時「那樣」去愛不只一個。我們這裡所說的還不只是性。如果你覺得某個人和另一個人一樣特殊——不論怎樣的特殊——則就往往讓你覺得你背叛了那另一個人。

完全對！完全對！這就是我們弄成的樣子！

於是你們表達的不是真正的愛，而是一些冒牌貨。

在我們的人性經驗中，表達真正的愛究竟有多大的許可程度？在這方面的表達上，我們究竟應該——有些人會說必須——加什麼限制？如果社交的和性的能量都無所約束的釋放，會有什麼結果？社交和性的完全自由就是拋卻責任嗎？或者正是責任的絕對頂點！

對於愛的自然表達做任何局限，都是對自由的否定，而這又是對靈魂的否定。因為靈魂**正是**自由的化身。由定義來說，**神就是**自由——因為神是無限的，不受**任何**限制。靈魂是具體而微的神。因此，靈魂反叛任何局限；它每接受一次外加的局限，就死一次。

就這種意義而言，誕生就是死，死就是誕生。因為在誕生之際，靈魂發現自己被約束在一個局限得可怕的身體中，而在死的時候，則再次逃脫了這些局限，睡眠時也是如此。

靈魂重返自由，欣歡飛舞，又能表達和體驗它真正的本性了。

然而，**跟身體同在時**，它能否表達和體驗它真正的本性？

這是你問的問題——也直逼生命的理由與目的。因為如果跟身體一同生活只不過是局限與囚禁，則有什麼好？有什麼用？更不必說有什麼存在的理由了。

沒錯，我想這就是我問的問題。我代表所有感到人生經驗之可怕局限的人問這個問題。我所指的還不只是肉體上的局限——

我知道——

——還有情感上和心理上的。

是的，我知道。我懂，不過，你所關懷的這一切，仍然跟那同一個比較大的問題相關。

沒錯。不過，還是請讓我說完。我這一生都感到深深受挫，因為世人不讓我用我想要的方式去愛每個人。

小時候，不可以同陌生人講話；不可以說不得體的話。我記得，有一次跟我父親走在街上，遇到一個窮人，在討錢。我立刻為他難過，想要從我口袋裡掏幾個小錢給他，我父親卻制止我，把我拽開。「垃圾，」他說，「根本是垃圾。」凡我父親認為不符合他的人生價值的人，他一律指為垃圾。

後來，有一個耶誕夜，我父親不允許我哥哥進到屋裡來。哥哥是我母親跟前夫所生的，那時他已不跟我們住在一起。他因為曾跟父親有過爭論，父親那晚就把他擋在走廊上，不讓他進來。我愛哥哥，我想要他進來跟我們一同過耶誕夜。我母親幾近崩潰，我則根本無法了解。我們怎麼會只因為一場爭論而不愛哥哥，不讓他一同跟我們過耶誕夜？

究竟什麼樣的不同意見可以壞到毀了耶誕夜？因為連戰爭都因耶誕而停火二十四小時，這是我當時七歲的小心靈想要知道的。

等我長大一些，我知道阻礙了我們的愛的，不只是憤怒，還有恐懼。這就是何以我們不應該跟陌生人講話，而不只是由於我們是沒有自衛能力的孩子。等我長大成人後，我知道了你不可以敞開胸懷熱切的去迎接陌生人，對於剛經介紹的人，你必須有一套禮貌遵循——然而其中沒有一項是我覺得有什麼道理的。我想要知道那新認識的人的**一切**，也想讓那新認識的人知道我的一切！但是，**不行**！那規矩說要等。

然後，在我成人後，性生活加進來了，我知道了這方面的規範更嚴格更局限。可是我**仍舊搞不懂**。

我覺得我就是想去愛，想被愛——用一切我覺得自然的方式，用一切我覺得好的方式去愛每個人。然而，對於這一切，社會都有它的限制與規矩，而且如此刻板嚴謹，以致即使**當事人**同意，**社會**卻不同意，使得兩個戀人被稱為「犯錯」，要受懲處。

這是怎麼回事？究竟是怎麼來的？

嗯，你自己已經說了，恐懼。

全都是因為恐懼。

沒錯，但這些恐懼有道理嗎？就人類的行為而言，這些規矩與限制真的得當嗎？我只舉一個例子。一個老男人遇見一個年輕女人，愛起她來（或「貪」起她來），離開了太太。你看，他那太太獨自帶著孩子，沒有工作專長，年在三十九或四十三——或者更糟，年在六十四，被一個年在六十九的老頭子拋下；這老頭子卻耽戀著比他女兒還小的一個女人。

你是認為這男人已經不愛他那六十四歲的太太了？

從所作所為，看起來像。

不是。他不愛的、想逃避的不是他太太，而是他覺得那加在他身上的限制。

算了，胡扯。根本就是貪欲，純粹是。根本是老牛吃嫩草，想抓住青春，貪戀女色，無法克制幼稚的欲望，無法遵守諾言，而他那老妻曾跟他艱苦走了一輩子。

當然，你形容得很生動。不過，並不能改變我說過的事實。幾乎每個這類的例子中，那男人都沒有不再愛他的太太。使他背叛的是加在他身上的限制：他的太太加在他身上的，或那年輕女人加在他身上的——她說，如果他還留在太太身邊，她就不要跟他有任何關係。

我所要指出的是：靈魂**永遠**都會背叛加在它身上的任何局限，**任何局限**。人類史上所發生的一切革命，都是因此點燃；使男人離開他的太太的革命，也是如此點燃；太太突然離開丈夫（這也常常發生），也是由此點燃。

當然，你不是在為清除一切行為限制在辯護吧！因為這會變成行為的無政府狀態。社會大亂，你一定不是在倡導「婚外情」——或開放式婚姻，天哪！

我既不鼓勵，也不不鼓勵**任何事**。我不「贊成」或「反對」任何事情。人類一直想要把我弄成是「贊成」或「反對」什麼的神，可是我不是。

我只想觀察什麼是什麼。我只是看著**你們創造自己的**對與錯系統，贊成與反對系統。看看你們現在的觀念符不符合你們對自己的物種，對自己個人所想要、所選擇的目標。

至於「開放婚姻」，我既不贊成，也不反對。你們自己的態度則依你們想由婚姻得到什麼而定。這又決定於你們想在「婚姻」中創造**什麼樣的自己**。因為我已說過，每一個行為都在定義你自己。

凡做決定，一定要先確定自己是否問對了問題。比如，關於所謂「開放婚姻」，該問的問題不是「我們兩方是否都可跟婚外者有性接觸？」而是「在婚姻的體驗中，**我是誰，我們是誰**？」

這個問題的答案可以在人生最大的答案中找到：在跟任何事物，一切事物的關係中，**我是誰，我選擇自己是誰**？

在這三部曲中，我已一說再說，這是對**一切**問題的答案。

神哪，你真使我受挫。因為這個答案太寬太大了，等於根本沒有回答任何問題。

哦，真的？那麼，你對這問題的答案是什麼呢？

照這幾本書的說法——照你在這幾本書中所似乎說的——我是「愛」。這就是**我真正是誰**。

好得很！你學到了！對，你是愛，愛是一切所有。所以你是愛，我是愛，沒有任何東西**不是**愛。

那恐懼又怎麼說？

恐懼是你所**不是**的，恐懼是**那看起來如真的假象**。恐懼是愛的反面，是你在實相中創造出來的，好讓你去體驗**你是什麼**。

在你存在的相對世界中，情況就是如此：如果沒有你所不是的，則你所是的……也就不是（不存在）。

是了，是了，這已經在我們的對話中說過好多次。但你似乎忽視了我的抱怨。我是說，對於**我們是誰**這個問題的答案（是愛）是如此的迂闊，以致幾乎沒有回答任何問題。你說它是**所有**問題的答案，我卻說它**一個都沒有回答**——更不用說「婚姻應當是開放的嗎」這個特殊的問題了。

如果你真的認為如此，那是因為你還不知道愛是什麼。

那有人知道嗎？人類自從時間之始，就在想把愛搞清楚。

時間並不存在。

我知道，我知道。那只是一個說法。

讓我想想看，能不能用你們的「說法」來解釋愛是什麼。

太棒了！

我第一個想到的形容詞是「沒有限制的」。一個東西如果是愛，它就不是有限制的。

這跟我們剛剛開始討論這個問題時說的一樣。我們在團團轉。

團團轉是好的，不要貶抑它，繼續轉，繼續圍著問題轉。轉，沒什麼不好；反覆是好的；再說、再看，是好的。

我有時候會變得不耐煩。

有時候？真好玩！

好吧，好吧，請繼續說。

愛，是那沒有限制的；愛沒有始，也沒有終；沒有前，也沒有後。愛永遠是（存在）：現在是，過去是，未來是。

所以愛也是永遠，它是永遠的真相。

現在回到前面用過的另一個詞：自由。如果愛是沒有限制，是永遠，則它就是……自由。愛，是那完全自由的。

在人類的實相中，你們會發現你們一直在尋求去愛，尋求被愛。你們會發現你們總是渴望著愛是不受限制的，你們會發現你們總是希望能夠自由的表達愛。

在每次愛的經驗中，你們都尋求自由、不受限制的永恆。你可能未能總是獲得，但卻一直尋求。你們尋求它，因為這**就是**愛，在你們內心深處你們知道；因為你們**就是**愛；藉著愛的表達，你們在尋求去認識和體驗**你們是什麼，是誰**。

你們是生命在表達生命，愛在表達愛，神在表達神。

所以，這些字眼都是同義詞。它們都是同一個東西：

神

生命

愛

沒有限制

永恆

自由

凡不是其中任何一個的，就不是其他任何一個。

你們是所有這些東西，你們會尋求去體驗自己是**所有**這些東西；只是早晚而已。

什麼意思——「早晚而已」？

看你們何時擺脫恐懼而已。我已說過，恐懼是**顯得真實的假象**，它是你們所不是的。

當你們透過了你們所不是的體驗後，你們將尋求體驗**你們所是的**。

誰想要體驗恐懼呢？

沒有人想要；但你們被教導要恐懼。

小孩不知道恐懼，他以為自己什麼都可以做；小孩也不會覺得缺乏自由，她以為她可以愛每個人；小孩也不認為自己缺乏生命，孩子們以為自己可以永遠活下去——而那像孩子一樣行動的人，以為沒有什麼可以傷害他；小孩也不知道什麼是邪惡的——一直到他被大人教導什麼是邪惡的以後。

所以，小孩可以光著屁股跑來跑去，見到人就抱，完全沒有想到這有什麼不對。如果大人們能夠如此，多好！

不過，這是孩子，他們這樣做有天真的美。大人不可能再回到這種天真狀態，因為「光著屁股」總是跟性有關。

是啊。當然了，神禁止天真而自由的去體驗那「跟性有關」的事。

確實，神禁止這樣。亞當、夏娃光著身子在伊甸園中快快樂樂的跑來跑去，一直到有一天，夏娃吃了樹上的果子——善惡知識之樹的果子。於是你就懲罰我們走入我們現在的狀態，因為我們都帶有那原罪。

我沒做這種事。

我知道，但是我必須在這裡挖苦一下建制化的宗教。

能避免就避免。

好，我會。建制化的宗教人士滿缺乏幽默感的。

你又來了。

抱歉。

我是說……你們想要體驗愛的沒有限制、愛的永恆與自由。婚姻制度是你們想尋求永恆的方式。藉著婚姻，你們協議成為終身伴侶，卻很少能造成那「沒有限制」和「自由」的愛。

為什麼？如果婚姻是自由選擇的，那不是自由的表現嗎？不跟你的妻子以外的人有性，以此來表明愛，這不是限制，而是選擇。選擇不是限制，而是**自由的展開**。

當那**仍舊是選擇時**——沒錯。

哼，**必須是**，因為那是**承諾**。

這就是麻煩開始之處。

請說明。

你看，有時候你會想在跟人的關係中體驗很高的特殊性。對你來說，並非**某人**比別人更特殊，而是你選擇此特殊的方式表達對某個人的愛——你的愛原是對一切人、對生命的深沉的愛。

你對某個人將此愛表達出來的方式是不一樣的。

你不可能對兩個人用完全相同的方式表示愛。因為你是原創性的造物，也是原創性的創造者。你所創造的一切，都是原創性的。任何的意念、言詞和行為，都不可能是重複的。你**無法**重複，**你只能原創**。

你知道**為什麼**沒有兩片雪花相同嗎？因為**不可能**。「創造」不是「重複」，創造者只能創造。

這是何以沒有兩片雪花相同，沒有兩個人相同，沒有兩個意念相同，沒有兩個關係相同，沒有**任何兩個東西相同了**。

這宇宙——以及其中的任何東西——是以獨特的樣子存在；**無物**與之真正相像。

這又是**神聖二分法**了。樣樣東西都是獨特的，而樣樣東西又都是**一個**。

正是。你每根手指頭都不一樣，卻都是同一隻手。你屋子裡的空氣就是任何地方都一樣的空氣，但每個房間的又都**不一樣**，感覺到明顯的不同。

人也如此。所有的人都是**一個**，沒有兩個相同。因此即使你想要，也無法以相同的方式愛兩個人；而且你也不會想要，因為**愛是對獨特之物的獨特回應**。

因此，當你對某人表示愛，你是以不可能對他人相同的方式表示。你的一思、一言、一行——你的回應——實際上是不可能重複的。每次都不一樣……正如你對之產生這些感受的人，個個都不一樣。

如果你想要獨獨對某人表示這特殊的感受，那麼，就如你說的，選擇它就是了。去表達，去承認，去宣示。但你的宣示要**時時刻刻**都是**自由**的，而非**義務**。因為真正的愛永遠是自由的，在愛的領域中，沒有**義務**存在的餘地。

如果你將你以特殊方式對唯一對象的愛視為神聖**承諾**，永不可毀，則將有一天你會感到此承諾是義務——你將為之惱怒。然而，如果你不將它視為承諾，一言無悔，卻視為隨時隨地所做的自由選擇，則惱怒之念永不致來臨。

記住：神聖承諾只有一個：**去表達**、**去實踐你的真實相**。一切其他的承諾都是對自由的毀棄，不可能是神聖的。因為自由就是**你之所以為你**。如果你毀棄自由，你就像喪失了你的**本我**。那不是神聖，那是褻瀆。

13 只有兩顆心才能宣布的事

喲！這些話讓人很難以消受。

你是在說我們永遠不該做承諾——我們永遠不該對任何人承諾任何事？

以你們大部分人的生活而言，你們每件承諾中都含有謊言的成分。謊言在於你們以為知道明天你們對某件事會有某種感覺，或者明天會做某件事。但如果你們以反應（reactive）的方式來過活——你們大部分人正是如此——則你們就不可能知道明天會怎麼感覺，怎麼做。只有那以創造的方式過活的人，才能在諾言中不含謊言。

創造性的生命**能夠**知道在未來的某個時刻，他們對某件事會有什麼感覺，因為他們是去創造他們的感覺，而不只是去經驗。

只有到了你能**創造**你的未來的階段，你才能**預言**你的未來。只有到了你能**預言**你的未來的階段，你才能真的做承諾。

然而，即使那能夠創造、能夠預言未來的人，也有權改變。改變，是一切生物的基本權利。其實，那不僅是「權利」，因為「權利」是被**賦予**的東西，「改變」卻是那**本是**的東西。

改變即本是（IS）。

你**即是**改變。

這不能被**給予**，你**即是**它。

由於你是「變」，由於變是你唯一的**恆常之物**，你就不可能信守的去承諾你**永遠一樣**。

你是說宇宙中沒有恆常之物？在一切的創造行為中，沒有任何東西是恆常不變的？

你們所稱為的生命歷程，是一種再創造歷程。生命中的一切都在每一個**當下**不斷的再創造它的自身。在這個歷程中，「同一」是不可能的，因為如果某個東西是同一的，它就完全不能改變。「同一」固然不可能，「相似」卻可能。在改變的歷程中產生的結果與原先的樣子相似，則是可能的。

當創造產生很相似的結果，你們就稱為同一。從你們有限而粗略的角度看，那就是同一。

因此，以人類的用語來說，宇宙顯得很恆常。也就是說，事物看起來相似，行動相似，**反應**相似。你們在此處看到的是恆常。

這很好，因為提供了一個架構，讓你們可以在其中思考和體驗你們在物質界的生存狀態。

不過，我告訴你：從一切**生命**——物質界生命和非物質界生命——的視角來看，恆常的表象就會消失。事事物物都會以它們**真正的樣子**——也就是恆常在變——來被體會。

你是說，改變有時這般微妙，以致在我們不甚明察的眼光看來，它們**顯得**沒變——有時顯得完全一樣——而事實上並非如此？

完全對。

沒有「同卵雙生兒」這種東西。

完全對。你說得很妙。

但我們可以用非常相似的樣子將自己重新創造，以致產生出「恆常」的效果。

沒錯。

在人與人的關係上我們可以做到這一步——以**我們是誰**、我們如何做事為人而定。

是的——不過，你們大部分人會發現，這很難做到。

因為真正的恆常（這不同於看起來的恆常）違背自然律；這是我們剛剛說過的。即使要創造**看起來一樣**的表象，也非大師莫辦呢。

大師得去克服種種自然傾向（記住：自然是傾向改變的）才能顯得同一。事實上，他也沒辦法一直顯得同一。他**只能**顯得很**相似**，以此創造出同一的**表象**。

然而，那些**不是**「大師」的人，卻一直可以顯得「一成不變」。我知道有些人的行為與表現完全可以預料，你可以用性命來打賭。

然而要**有意的**這樣做，卻極為困難。

大師是那**有意的**創造出極為相似（你們稱為「恆常」）情況的人。學生則是那並不一定有意的創造出恆常情況的人。

比如，對某種處境總以相同方式反應的人往往會說：「我不得不這樣呀！」

大師**永遠**不會這樣說。

有些人的反應即使會令人讚歎，他們也往往會說：「哈，其實沒什麼，是自動的，誰都會這樣。」

大師**絕不會**這樣做。

因此，大師是那名副其實**知道自己在做什麼**的人。

她也知道**為什麼**要這樣說，這樣做。

那些不以精純程度做事的人，往往既不知自己在做什麼，也不知為何而做。

這就是為什麼遵守承諾這般困難？

這是原因之一。我已說過，除非你能預言自己的未來，否則你就不能真正做任何承諾。

第二個原因是，他們跟自己的實情衝突。

你的意思是——

我的意思是，他們演化的實情跟他們**說的**實情不一樣。因此，他們就深陷在衝突裡。要遵從什麼？遵從我的真情實況？還是遵守我的諾言？

你要給我們的忠告是？

我以前就給過你們這樣的忠告：

為了不背叛他人而背叛自己，終是背叛，那是最高的背叛。

但這會使所有的承諾全部破產！沒有任何人的任何話還能當回事。沒有任何人的任何事是可靠的了！

哦，所以你在想靠別人的**說話算話**是嗎？無怪你這麼慘了。

誰說我慘？

那你認為你是在**快樂的**時候這樣看、這樣做的？

好吧。我很慘，有時候。

啊，其實是**很多時候**。就連你有種種理由快樂的時候，你還是讓自己很慘，只因為怕不能保持快樂而擔憂！

而你之所以擔憂，是因為你的快樂有很大一部分得靠別人的說話算話。

你是說我無權期待——至少是**期望**——別人講話算話？

為什麼你**要**這樣的權利？

別人如果不能說話算話，唯一的原因是因為他們不想——或覺得不能——而這其實是同一回事。

一個人如果不想對你遵守諾言，或他覺得他做不到，那究竟為什麼你認為他該做到呢？

你真的想要一個人去信守她不想信守的諾言嗎？你真的覺得人應當被迫去做他們覺得不想做的事嗎？

為什麼你應該去強迫別人做違背他心願的事？

好吧，至少有一個理由可說：如果他們不做他們說過要做的事，那就會傷害我——或我的家人。

所以，為了避免被傷害，你寧願去傷害？

我不懂為什麼只是叫人信守諾言就會傷害他。

可是他一定是覺得受傷害，不然他就心甘情願的去信守了。

所以，我就該眼睜睜的看著自己或我的孩子、家人受傷害，而不去「傷害」別人——不去要求別人信守諾言？

你真的相信如果你強迫他人信守諾言，你就能避免傷害？

我告訴你：那暗中走投無路的人（也就是必須去做那他「不得不做」的事的人），對人造成的傷害遠比那自由做想做之事的人造成的傷害要大得多。

當你讓人自由，你就**除去了**危險，而非增加危險。

沒錯，當你讓人脫卻諾言的「枷鎖」，短期來看，你**好像**受到傷害，但長遠看來，卻絕不會傷害到你。因為當你給別人自由，你也**給了自己**自由。當你強迫別人對你守信，你無可避免的會遭受攻擊，你的尊嚴與自我價值會受辱；你將感到憂愁和苦惱；當你不強迫他人守約，這一切均免。

長期的傷害要遠遠大於短期的——這幾乎是任何曾要他人守約的人都親身發現過的。

商業也可以這樣嗎？這個世界用這個方式，怎麼做買賣？

但這卻是做買賣的唯一明智之途。

你們整個社會目前的問題正在於以力量（force）做基礎。法制力（**legal force**，你們稱為「法律的力量」），但更常見的是赤裸裸的暴力（你們稱為世界「武力」）。

你們還沒有學會說服人的藝術。

如果不用法制力——如果不用法庭所展現的「法律力量」——我們怎麼說服企業界去履行契約和信守協議呢？

就以你們現行的文化倫理而言，確實可能別無他途。然而假如文化倫理做一些**改變**，則你們現行促使企業和個人守約的方式，便會顯得非常原始。

可以再解釋一下嗎？

你們目前是以武力來確保守約。當你們的文化倫理做了改變，領會到你們所有的人都是**一體**時，你們就絕不會再用武力，因為那會傷害到你們**自己**。你們不會用右手去打左手。

即使左手要把你勒死？

這又是另一種不會發生的事。你們會不再去勒死**自己**。你們將不再互咬互唾。你們將不再毀約。當然，你們的契約也將會十分不同。

你們將不會為了交換有價值的東西才把有價值的東西給人。你們將不會為了所謂正當的回報，才把東西給別人或與人分享。

你們會自動給予及分享，因此毀約的事也就少見，因為契約是為了**交換**物品與服務，可是你們的生活到那時，卻是為了**給予**物品與服務，而**不管**可否交換。

然而，就是在這種單向的給予中，你們找到了救贖。因為你們會發現神所體驗到的事情：就是凡是你們給別人的，就是給**自己**。怎麼去，怎麼來。

一切由你而出，一切回歸於你。

所以，不必去憂慮你能「得回」什麼。唯一需要憂慮的，是你能「給出」什麼。生活是為了創造最高品質的給予，而非最高品質的獲取。

你們一直忘記（forgetting）。但生活不是為了獲取（for getting）。生活是「為了給予」（for giving）；而為了這樣做，你們必須「原諒」（forgiving）別人——尤其是那些未能**給予**你們想**獲取**之物的人！

這樣做會使你們的文化故事完全改觀。今天在你們的文化中，所謂的「成功」主要是以能「獲取」多少來衡量：名氣、錢、權力與占有物。在**新文化**中，「成功」是以你能使**別人**擁有多少來衡量。

諷刺的是，你越讓他人擁有，你就擁有得越多，而且無需費力。既不用「契約」，也不用「協議」，不用「討價還價」，不用「談判」，不用打官司去讓雙方「守約」。

在未來的經濟中，你們不會為了個人的利潤而去做事，卻為個人的成長；而這**會是**你們的利潤。然而，當**你們真正是誰**變得更大更恢宏的時候，物質的「利潤」就會不請自來。

到了那個時候，今日你們用武力要求他人守約的事，就會看來非常原始。如果有人不守約，你就會讓他選擇他自己的路，創造他自己的經驗。而不管是別人未能給你什麼，你都不會因之而缺，因為你知道「所來之處還有更多」——而所來之處，並非外在於你的淵源。**你就是淵源**。

哇，**我懂了**！但是，我們好像又離了題。整個這大段討論都始於我問你關於愛的事——人類可以允許自己無限制的表達愛嗎？這又提到開放式婚姻的問題。然後我們突然又講到這裡來。

其實並沒有，我們所講的這一切都是相關的，正好可以轉入所謂啓蒙的（開悟的）社會，或高度演化的社會，這本是你問的問題。在高度演化的社會中，既沒有「婚姻」，也沒有「買賣」——也沒有你們為把社會凝聚在一起，而創造出來的任何人為的社會結構。

好，好，我們馬上談這個。但是我想先把剛剛的話題說完。剛剛你說了一些非常驚人的話。因為，照我的了解，這些話歸結起來等於說，大部分人是不能守約的，因此就不應締約。而這對婚姻機構是一個很大的打擊。

我喜歡你這裡所用的「機構」一詞。大部分人對婚姻的經驗，就是覺得**身在**

「機構」中。

沒錯。它要不是精神治療機構或刑罰機構——最少也算得上是個高等教育機構！

完全對，完全對！這正是大部分人對婚姻的體驗。

哼，我是在跟你逗著玩的，我並不認為「大部分人」是如此。仍舊有上百萬的人愛這種婚姻機構，保護它。

我仍舊維持我的立場。大部分人在婚姻中都吃盡苦頭，**不喜歡**婚姻加給他們的東西。

你們的全球離婚率證明此說不假。

所以你是說婚姻應該「拜拜」囉？

我沒有好惡，而只做——

我知道，我知道，只做觀察。

棒啊！你們總想把我弄成有好惡的神，我卻偏偏不是。謝謝你及時出來阻止。

好吧，我們不但鑿沉了婚姻，還鑿沉了宗教！

沒錯。如果人類了解神沒有好惡，則宗教就無法立足，因為宗教**聲稱神**有好惡。

而如果你**沒有**好惡，則宗教就必定是謊言。

嗯，這樣說讓人很難消化，我寧可稱它為虛構，它是你們編造出來的東西。

比如我們編造說：神喜歡我們結婚？

對，我對這類事情沒有好惡，但我注意到你們有。

為什麼？如果我們知道婚姻困難重重，為什麼我們還偏好結婚呢？

因為婚姻是你們以為唯一可以讓愛情「永恆」的辦法。

那是女人唯一確保生活的辦法，是男人唯一確保隨時可得到性和伴侶的辦法。

所以，社會契約就建立起來了，交易達成，你給我這個，我給你那個，這和買賣幾乎沒有什麼不一樣。契約成立，由於雙方都想加強約束力，因此稱之為與神訂約，說是「神聖契約」。誰毀約，神就懲罰誰。

後來發現這無效，於是你們又訂了人為的法律。

但這也還是無效。

神的法律與人的法律都無法制止人毀棄婚姻誓約。

怎麼會這樣？

因為你們的誓約一般說來，都跟那唯一有效的法則相衝突。

什麼法則？

自然法則。

但是，生命與生命合而為一，合為**一體**，本是自然的事。這不是我從這些對話中所得到的訊息嗎？而婚姻又是我們對結合的最美表達。你知道的，「神所結合的，人不可以分開」，諸如此類。

婚姻，就以你們大部分實行的樣子看來，並不怎麼美。人天生有三個層次，婚姻卻違背了兩個。

可不可以請你再說一遍？我想我才剛剛開始理清。

好。從最高的說起。

你們是愛。

愛是沒有限制的、永恆的、自由的。

因此，這就是**你們**。是你們的**天性**。你們天生是不受限制、永恆及自由的。社會的、道德的、宗教的、哲學的、經濟的，或政治的人為結構，凡是違背或壓抑你們天性的，都對你們的本我造成侵害，因此你們就會起而反抗。

你們的國家之所以產生，你以為是為什麼？不是那「不自由毋寧死」嗎？結果，你們在國家中卻放棄了自由，在生活中也放棄了。統統是為了同一個東西：安全。

你們是那麼懼怕去**生活**——那麼懼怕**生命本身**——以至於為了安全，你們放棄了**生命的最根本本性**。

你們所稱為婚姻的機構，就如你們所稱為的政府機構一樣，是為了求得安全。事實上，這兩種機構都是人為的社會建制，目的是**互相管制對方的行為**。

真慘，我還從沒有這樣想過。我一直以為婚姻是愛的最終宣告。

從你們想像的角度看，是的；但從你們建構它的方式看，不是。你們對婚姻的建構，使它成為恐懼的最終宣告。

如果婚姻允許你們在愛中不受限制，有永恆，而且自由，則它就會是愛的最終宣告。

目前的情況卻是，你們的婚姻致力於降低你們愛的層次，把它變成了一種**承諾或保證**。

婚姻變成了致力於去保證「現在是什麼樣子」**就永遠是什麼樣子**。如果你們不需要這種保證，你們就不需要婚姻。你們又如何去運用這種保證呢？第一，把它用作創造安全的措施（而非由你的內在創造安全）；第二，如果這個安全無法保障，就用婚姻當作懲罰措施——訴諸法律；因為婚姻承諾中包含破壞婚姻者違法的條文。

於是你們發現婚姻非常有用——即使你們贊成婚姻的理由統統是錯的。

你們也想用婚姻保障情感：你們互相的情感絕不給予另外一人。至少，你們不會用相同的方式**表達**。

也就是，不用性的。

也就是不用性的。

最後，你們所建構的婚姻等於是說：「婚姻關係是特別的，我把這關係置於一切關係之上。」

這有什麼錯嗎？

沒有。這不是「對」「錯」的問題，對與錯是不存在的。這是個有用沒用的問題，這是個關於**你真正是誰**的最恢宏意象的問題。

如果**那真正的你**說：「這個關係比別的關係都特別。」則你們對婚姻的建構就有助於你們達到這一點。然而，有一件你或許覺得有趣的事情是：幾乎從來就沒有任何一個被人認為精神大師的人，是結婚的。

是啊，這是因為他們是獨身者，他們沒有性生活。

不是。那是因為大師們無法信誓旦旦的宣布你們目前婚姻要人宣布的話：某一個人對他們來說比別人更為特別。

這不是大師所能說出的話，也**不是神所能說出的話**。

事實上，你們目前的婚姻誓約讓你們說的話是不合神性的。極為諷刺的是，你們卻覺得那是最為神聖的承諾；而神是絕不會做這種承諾的。

然而，為了使你們的恐懼顯得正當，你們便想像出一個**像你們一樣**的**神**來。因此，你們便言之鑿鑿的說，神對他的「選民」有「承諾」，說神跟他所愛的人之間有特別的「盟約」等等。

你們無法忍受神對任何人的愛**都不特別**，因此便發明了虛構的想像，認為神只為了某些理由而愛某些人。你們把這種虛構的想像稱為**宗教**，我卻稱它為褻瀆。因為任何想法若以為神對某人的愛多於另一個，就是虛妄的；任何儀式若**要求你們**做這樣的陳述，則此陳述便不是聖言，而是瀆聖！

哦，天啊！停一停，停一停！你毀滅了我對婚姻一切美麗的想法！這些話絕不是神寫出來的！

我說的正是你們目前所建構的宗教與婚姻。你認為這些話太嚴厲？我告訴你們：你們變造了**神的話**，以便讓你們的恐懼看似合理，使你們對彼此的瘋狂對待有藉口。

為了繼續以我的名互相控制、**互相傷害**、互相殺害，你們會讓神說你們需要神說的話。

沒錯，多少世紀以來，你們在戰場上呼叫著我的名字，揮舞著我的旗幟，拿著十字架，以圖證明我愛某人甚於另一個人，並為了證明此事而**要求你們殺人**。

然而我告訴你們：我的愛是沒有限制的，沒有條件的。

但這是你們聽不進去的話，是你們不能接受的言詞，是你們不能承擔的真理，因為它的泛愛眾生，不但摧毀了你們現在所構築的婚姻機構，也摧毀了你們一切的宗教與政治機構。

因為你們的文化是建立在排他性上，並以一個神話來支持它：神是排他的。

然而，神的文化卻是涵容的，**人人**都涵容在神的愛中，人人都受邀進入神國。

而這個真理，你們卻稱為褻瀆。

你們**不得不**如此。因為，如果那是真的，則你們在生活中所創造的一切，就都是假的了，是虛妄的。人類的一切規約，一切建構，凡違背永恆、自由與無限制的，就是虛妄的。違背得越嚴重，就虛妄得越嚴重。

假如無所謂「對」與「錯」，又怎麼會有「虛不虛妄」？

一件事或一個東西，如果和其立意不合，就是虛妄的。一扇門，如果不能開不能關，就是假門。你不會說它是「對」「錯」，而只能說它「沒用」。

你們在生活中、在社會中所建構的任何事物，如果和你們的立意不合，就是虛妄的，就是假的。它是個虛妄結構。

呃——純粹為了複習——我生而為人的目的是什麼？

去決定、去宣告、去創造、去表達、去體驗和去實現，**你真正是誰**。

每一分每一秒都去創造再創造，**你真正是誰**的最偉大意象之最恢宏版本。

這是你生而為人的目的，是一切生命的目的，是生活中一切事務的目的。

那麼——這把我們帶到了何處？我們摧毀了宗教，廢棄了婚姻，作廢了政府。那麼，我們身在何處？

我們什麼也沒摧毀，沒廢棄，也沒作廢。如果你們所創造的結構不能運作，不能產生你們想要它產生的效果，則對它做**描述**就不能說是摧毀、廢棄或作廢。

請回想一下審判和觀察的不同。

我不是要在這裡跟你爭辯，但你剛剛所說的話，我聽來有許多像是審判。

我們受到言語的可怕限制。可用的言詞實在太少，同樣的用詞必須一用再用，可是指的內容卻往往很不一樣。

你說你「愛」吃香蕉甜餅，你說你「愛」某個人；這兩種愛顯然是不同的。所以，你們的用詞實在太少，無法正確表達你們的感受。

在與你做言詞溝通時，我允許自己體驗這種限制。我也承認，由於這種言詞也是你們用來**做審判**的言詞，所以你們會以為我用它們時，也是**在**做審判。

我要再次鄭重告訴你，我沒有這樣做。整個的對話中，我都在試圖盡可能讓你們知道：你們如何才能走向你們想要去的地方，什麼東西擋住了你們的路，什麼東西讓你們停步不前。

就**宗教**而言，你們說你們想走向真正認識神、真正愛神之處。但我的觀察是，你們的種種宗教並不能把你們帶到那裡。

你們的宗教把神弄成了**大神秘**，讓你們不是愛神，而是怕神。

宗教也很少改變你們的行為。你們還是互相殺害，互相咒罵，互相認為「錯」在別人。事實上，是你們的宗教在**鼓勵**你們這樣做。

所以，就宗教而言，我只是觀察到，你們說它會帶你們去一個地方，實際上，它卻帶你們去另一個。

你們說你們想要**婚姻**帶你們到一個永遠幸福之地，或者，至少到一個相當詳和、安全與幸福之地。它也和宗教一樣，一開始還好，可是越久，越與你們想要的情況背道而馳。

結過婚的人一半以離婚告終，另一半雖留在婚姻裡，卻多數極不快樂。

你們的「幸福結合」把你們帶向苦澀、憤怒與懊悔。不少人則根本是以悲劇收場。

你們說你們想要以政府來確保和平、自由、國泰民安，我的觀察卻是，以你們現在設計的政府，它一樣也沒帶給你們。你們的政府反而帶你們戰爭、**缺乏**自由、動亂不安。

你們連讓人吃飯、健康活潑的活下去都做不到，更不用說提供機會均等了。

這個星球上每天有成千上萬的人丟棄足以餵飽千千萬萬人的食物，卻每天讓成千上萬的人餓死。

將那「有」的人剩餘之物給予那「沒有」的人，本是簡易的事，你們卻處理不了：更不用說去解決你們究竟**想不想**公平分配資源的問題了。

這些話**不是審判**，這是你們社會中可以**觀察到的**事實。

為什麼？**為什麼會這樣**？這麼多年來，我們在處理自己的事情方面少有進步，為什麼？

不是這麼多年，而是這麼多世紀！

好吧，這麼多世紀。

這跟**人類最初的人文神話**有關，當然也跟隨之而來的其他神話有關。除非這些神話改變了，否則其他就不會改變。因為你們的人文神話形成了你們的倫理，而你們的倫理創造了你們的行為。然而重點在於：你們的人文神話和你們的基本本能南轅北轍。

你的意思是——

你們**最初的人文神話**說人類生而邪惡，這是原罪神話。這神話說，不但你們的基本天性是邪惡的，而且是由邪惡而**誕生**的。

由第一個神話必然產生出來的**第二個文化神話**說：「適者」生存。

這第二個神話說：你們有些是強者，有些是弱者，而為了生存，你們必須是強者。你們可以盡量幫助同胞，但如果面臨自己存亡關鍵，你就須以自己為先。你們甚至可以讓他人去死。其實，你們不只於此。如果為了自己生存，你們甚至會去殺害別人——也就是那所謂的「弱者」，以便證明自己是「適者」。

你們有些人會說，這是你們的**基本本能**，稱為「生存本能」；這個人文神話締造了你們許多的社會倫理，造成了你們許多的群體行為。

然而，你們的「基本本能」**不是**生存，而寧是公正、合一與愛。這是一切處所、一切有情眾生的基本本能，這是你們的**細胞記憶**，這是你們的**天性**。所以，你們最初的人文神話被破除了，你們**不是**本惡，你們不是生於「原罪」。

如果你們的「基本本能」是「生存」，如果你們的本性是「惡」，你們就不會

本能的去讓小孩不致跌倒，見溺馳援，或去做任何這類事情。而且當你們依你們的基本本能、基本天性去做的時候，你們甚至沒有**去想**你們在做什麼，甚至於冒著自己**生命的危險**。

因此，你們的「基本本能」不可能是「生存」，你們的基本天性不可能是「邪惡」。你們的本能與天性是去反映**你們是誰**的本質；而這本質就是公正、合一與愛。

好好看看它的社會意涵，要明白「公正」（fairness）與「平等」（equality）的區別。有情眾生的基本天性並非去尋求**平等**，正好相反。

一切有情眾生的基本天性是要表達獨特性，而非一模一樣。要創造一個社會，使其中兩個生命真正平等，這不但不可能，而且不合需求。社會機制如果想製造真正的平等——經濟、政治和社會方面的一模一樣——則就違背了生命最恢宏的理想與最崇高的目的。每一個生命都要有機會使其最恢宏的渴望具體呈現，以此真正再創造它自己。

真正需要的是**機會**均等，而非**事實**的平等，這叫作**公正**。**事實上**的平等，製造外在的武力與法律，這會**消滅**公正，而非**締造**公正。它會消滅真正的「自己再創造」的機會，而自己的再創造，卻是一切處所開悟的眾生之最高目標。

那什麼情況能**創造**機會自由呢？就是那讓每個人都能滿足其基本需求的社會，使所有的人都能去追求自我發展與自我創造，而非自我生存——的社會。換句話說，就是那模仿真正體系的體系；而真正的體系就是生命體系，在此體系中，生存是受到保障的。

在**開悟**的社會中，自我生存不是主旨，因此，在這樣的社會中，只要有夠給所有人的食物，就不可能讓任何人挨餓；在這樣的社會中，自己的利益和相互之間的最佳利益是同一回事。

凡是以「天性邪惡」和「適者生存」的神話為中心建立起來的社會，就不可能達成這種領會。

是的，我明白了。這個「人文神話」問題和高度先進社會的其他行為與倫理，是我等一下想要再請問的。但現在請讓我最後一次重返原題，先解決我這裡開始問的問題。跟你談話的挑戰之一，是你的回答常把我們帶到這麼有趣的方向，以致有時會讓我忘記我原先的問題。但這一次我沒忘。我們原來在討論婚姻。我們在討論愛及其要求。

愛**沒有**要求，這就是愛之所以為愛。

如果你對他人的愛帶有要求，就根本不是愛，而是仿冒品。

這就是我在這裡要告訴你的。這是我在回答你這裡的每個問題時，所用種種方法對你說的。

比如，就以婚姻而言，你們會交換誓約，這卻是愛所不要求的。可是**你們**要求，因為你們不知道**愛是什麼**。因此你們就互相要求對方做出承諾，這卻是愛**絕不會**要求的事。

那你就是**反對**婚姻了！

我什麼也沒「反對」，我只是描述我看到的。

我們可以把我看到的情形**改變**。你們可以把「婚姻」的社會結構改變，要它**不要求**愛所絕不會要求的東西，卻宣告**愛只會宣告**的東西。

換句話說，改變結婚誓約。

不只。改變**期望**；因為誓約是建立在期望上，這些期望很難改，因為那是你們的文化傳承，而文化傳承又來自你們的人文神話。

我們又轉回人文神話的話題上去了。那麼，你想要做的是什麼？

我在這裡想為你們指出正確方向，我看出你們的社會想要走向何方。我希望能找到合適的人類語言，來為你們指出如何去走。

我可以舉個例子嗎？

請。

你們關於愛的人文神話之一，是寧可給予，而非接受。這已經變成了文化的無上命令，可是這便把你們逼得發瘋，造成的傷害遠比你們想像的大。

它使你們陷入惡劣的婚姻中，使你們種種關係陷於失調，可是卻沒有人膽敢挑戰這目前風行的人文神話。你們視為嚮導的父母不敢；你們尋求感召的教士不敢；你們期望釐清心理情結的心理學家和精神病學家不敢；甚至你們視之為精神領袖的作家與藝術家也不敢。

因此，歌詞、故事、電影、指南、祈禱、說教統統在呵護這種神話，結果是你們全都要**去符合它**。

可是你們卻做不到。

但問題卻不在**你們**，而在那**神話**。

愛**不是**給予重於接受？

不是。

不是？

不是。從來就不是。絕對不是。

可是你自己剛剛才說「愛沒有要求」。你說，**這就是愛之所以為愛**。

沒錯。

好哇，可是那很像「給予重於接受」呀！

那你就需要再讀讀第一部的第八章，我這裡所說的在那裡解釋得清清楚楚。這一套對話集本意就要你們連續閱讀，並且當作一個整體。

我知道。但是總有一些人沒讀過第一部就讀了這第三部。所以，可不可以請你解釋一下你剛才說的是什麼意思？坦白說，雖然我以為我**已懂了**這檔子事，但你如果能幫我溫習一遍，還是有用的。

好吧，那就開講！

你們所作所為的一切，都是為自己而做。

這是因為你們都是**一體**。

你為別人做什麼，你就是在為自己做。你未能為別人做，也就是未能為自己做。對別人好的，就是對自己好，對別人有害的，就是對自己有害。

這是最基本的真理。然而這又是你們最常漠視的真理。

在你與人的關係中，只有一個目的。這關係的存在只是一個載具，讓你去決定、宣告、創造、表達、體驗和實現你關於**自己真正是誰**的最高意象。

如果你仁慈、體貼、關懷、分享、慈悲與愛憐，那麼，當你與人共處，你就**是**這些情感，則你就讓你的**本我**體驗到最恢宏的經驗——而你投身到肉體中，本來為的就是如此。

這就是你為什麼投身到肉體，因為只有在物質的相對界域，你們才能覺知自己是這些情感。在絕對界域（你們是從這界域來的）是不可能有這種體驗的。

在第一部中，我對這情況的解釋要詳細得多。

假如你並不愛**本我**，任許**本我**受辱、受損、受毀，則你就會延續這種行為，讓自己去經驗這種損、毀、屈辱。

然而，如果你真是仁慈、體貼、關懷、分享、慈悲與愛憐的人，則你就會把自己包括在你仁慈、體貼、關懷、分享、慈悲與愛憐的人之中。

事實上，你會以自己**為始**。你會**首先把自己**置於這些情感中。

生活與生命中的一切都依你們想要是什麼而定。比如，假設你想要與所有的人為**一體**（也就是，如果你想要把一個本來就知道的概念具體經驗到），你就會發現自己所思所言所行很不一樣，不一樣到讓你可以體驗到和證明到跟眾人**一體**。當你由這種體驗和證明而做某些事情，你將不會覺得那是為**他人而做**，卻是為**自己而做**。

不論你想要的是什麼，情況都會如此。如果你想要的是愛，你就會跟他們做愛的事。但不是**為他人**，而是**跟他人**。

要注意這不同處，明察秋毫。你跟他人做一些愛的事，**為的是**你的**本我**——以便你能夠實現和體驗關於你的**本我**，關於**你真正是誰**的最恢宏意象。

就這種意義而言，**為別人**而做任何事都是不可能的，因此凡是你想要做（act）的任何事，都是「演出」（an"act"）。你在「演」。也就是說，在創造，在扮演一個角色。只不過你不是在**假裝**，你是在實實在在**做**人。

你是人。而你是什麼樣的人，是根據你的決定與選擇。

你們的莎士比亞曾經說過：「整個世界就是舞台，人人都是演員。」

他又說過：「是與不是，乃關鍵所在。」

他還說過：「對自己真，就不可能對任何人假——正如晝與夜必然相隨。」

當你對自己真，當你**不背叛**自己，則那「看來像」是「給予」的，實際上是在「接受」，你名副其實是把自己還給自己。

你真的不可能「給予」別人，因為**並沒有**「別人」。既然**我們**都是**一體**，則唯一存在的，就是**你**。

這有時好像在玩文字「遊戲」。不同的字搬來搬去，意義就不一樣了。

這不是「遊戲」，是**魔術**！這不只是換字來改變意義，而是換知覺來改變體驗。

你們對一切事物的體驗，都是以知覺為基礎，而你們的知覺，又以領會為基礎。你們的領會則建立在你們的神話上，也就是以**別人怎麼告訴你們**為基礎。現在我告訴你們：你們當前的人文神話對你們沒有用，它們沒有把你們帶往你們想要去的地方。

你們不是對自己扯謊，就是瞎子。你們說你們想要去哪裡，可是你們可能是自己在對自己扯謊；不然，你們就是瞎子，沒看到你們並沒有向那邊走。不論就個人、就國家或就整個人類而言，都是如此。

有別的物種做到了嗎？

哦，當然。

好吧，我等得夠久了，告訴我他們的事。

馬上，馬上，但我先要告訴你們如何改變所謂「婚姻」這種人為的發明，好讓離你們想要去的地方更近一些。

就是不要毀掉它，不要拋棄它——而要**改變**它。

好，好。我真的好想知道。我好想知道人類有沒有任何一條路可以表現**真愛**。所以我要用這一段開始的話題來結束這一段。在愛的表達上，我們應當——有些人會說**必須**——設置什麼限制？

一無限制，什麼限制也不要，這就是你們的**婚姻誓約所應當聲明的**。

我很驚訝，因為這正是我與南茜的婚姻誓約中所聲明的！

我知道。

當南茜和我決定結婚時，我突然心血來潮要寫一篇全新的婚約。

我知道。

而南茜贊同我，她同意我們不可能互相交換「傳統」婚禮中的誓約。

我知道。

我們坐下，創造了新的婚姻誓約，嗯，就如你說的：「公然反抗文化指令。」

對，你們做得很好，我很高興。

當我們把它寫下來，當我們把這些誓約寫在紙上準備給教士唸時，我真的相信我們兩個都是有「靈感」的。

當然！

你是說——

你沒想到？你以為只有在你寫書時，我才與你同在？

哦——。

真的，哦——。

那麼，你何不把你們的婚姻誓約附在這裡？

呃？

附上呀，你不是有拷貝嗎？附在這裡就是了。

可是，我們並不是為了要與全球分享才寫的。

當你和我的對話剛開始時，你曾想過是要與全球分享的嗎？

附上吧，附在這裡就是了。

我只是不想讓人以為我在說：「你看，我們寫了一份完美的婚姻誓約！」

你怎麼突然擔心起別人怎麼以為你了？

算啦，你知道我的意思。

可是，沒有人會說這是「完美的婚姻誓約」的。

好吧。

只不過是你們地球有史以來最好的。

唉——！

開開玩笑，讓大家輕鬆輕鬆嘛。

好啦，把那誓約附在這裡。我負責，大家會喜歡的。這會讓大家對我們這裡所說的話有個概念，甚至可以邀請別人也採用這樣的婚姻誓約——而實際上那根本不是「誓約」，只是**聲明**。

嗯，好吧。這是南茜和我在結婚時說的話……感謝我們所得的「靈感」。

教士：尼爾和南茜今晚到這裡來，不是要做莊嚴的承諾，或互換神聖的誓約。尼爾和南茜是來**宣布**他們的互愛，宣布他們的真情，宣布他們選擇了共同生活與成長；大聲在各位面前說出，以盼望由於各位的親自在場，使他們的宣布更充實有力。

他們今晚到這裡來，也是期望他們的締約儀式將有助於把我們**所有的人**都結合得更緊。如果各位今晚與伴同來，則讓這個儀式成為新的愛之獻詞。

我們要由一個問題開始：為什麼結婚？尼爾與南茜對這個問題都做了回答，並把這回答告訴了我。現在我要再問他們一次，好讓他們更為確定他們的回答，更為確定他們的領會，更為確定他們的真情。

（教士從桌上拿起兩朵紅玫瑰……）

這是玫瑰之體，南茜與尼爾分享他們的領會，並紀念他們的分享。

南茜與尼爾，你們曾告訴我，你們清楚了解，結婚並不是為求安全……

……你們清楚了解，唯一真正的安全，並不在擁有或被擁有。

……不在要求，寄望，或期望生活所需由對方供給……

……而寧在知曉生活中的一切所需均**具備於自己之內**——所有的愛、所有的智慧、所有的洞察、所有的權力、所有的知識、所有的領悟、所有的滋養、所有的慈悲、所有的力量，都具備於自己之內……

……你們清楚了解，結婚並非為了**取得**這些禮物，而是期望給與這些禮物，以便讓對方更為富足。

這是你們今晚的清楚領會嗎？

（他們說：「是。」）

南茜和尼爾，你們曾說你們不認為婚姻是為了製造義務，而是為了提供**機會**……

……成長的機會，充分表現自己的機會，把生活提升到最高可能的機會，治療你們小看自己與誤會自己的機會，以及透過你們兩個靈魂的交會（communion），而與神最終重新結合的機會……

這就是真正的**聖餐**（Holy-communion）……跟所愛者共度的生命之旅……你們相互間是平等的伴侶，平等分享權利，分攤責任，不論什麼擔子都平等分擔，並且平等共浴在光輝中。

這是你們所希望走入的願景嗎？

（他們說「是」。）

現在我將紅玫瑰交給你們，象徵你們對這些**人間**事務的領會，表示你們知曉，並同意具備肉身生活會是如何，在婚姻的結構中生活是如何。現在，請二位將紅玫瑰給與對方，象徵你們以愛**分享**這同意與領會。

現在，請二位各取一枝白玫瑰。這象徵你們更深遠的領會，對你們的靈性和精神真理的領會。白玫瑰代表你們**真正的和最高的自己**之純潔，代表神的愛之純潔：這愛，於今照耀著你們，並永遠照耀。

（她給南西一枝白玫瑰，莖上有尼爾的指環；給尼爾一枝白玫瑰，莖上有南西的指環。）

你們今天以什麼代表互相給予和接受的承諾呢？

（他們各自將指環從花莖上取下，交給教士，教士將指環托在掌上，說……）

圓圈象徵**太陽**、**大地**和**宇宙**。象徵神聖、完美與和平，也象徵精神真理，愛與生命的永恆性……是無始無終的。此刻，尼爾與南茜也選擇它來象徵合一，而非占有；象徵結合，而非限制；象徵環抱，而非羈絆。

因為愛不能被占有，也不能被限制，靈魂是從不能陷入羅網的。

尼爾和南茜，現在請拿起你們的指環，給予對方。

（他們各自拿起指環。）

尼爾，請跟著我說：

我，尼爾……請妳，南茜，做我的伴侶，我的愛人，我的朋友，我的妻子……我當著神和各位親友的面宣布……我願意給妳我至深的友情與愛。

……不僅在妳高昂的時候如此……在妳低沉的時候亦然……不僅在妳清楚記得妳真正是誰的時候如此……在妳不記得的時候亦然……不僅在妳有愛心的時候如此……在妳沒有愛心的時候亦然……我也當著神和各位親友的面宣布……我永遠願意看出妳生命內在的**神聖之光**……並願意與妳分享我生命內在的**神聖之光**……甚至於——**尤其是**——在黑暗來臨的時刻。

我願意永遠與妳在一起……做**靈魂的神聖伴侶**……好讓我們一同做神的工作……跟

我們所接觸的每個人分享我們生命中的美好事物。

（教士轉向南茜。）

南茜，妳答應尼爾請妳做妻子的邀請嗎？

（她答道：「我答應。」）

南茜，現在請跟著我說：

我，南茜……請你，尼爾……（她說了與前面相同的誓言。）

（教士轉向尼爾。）

尼爾，你答應南茜請你做她丈夫的邀請嗎？

（他答道：「我答應。」）

那麼，請你們二位各自拿著你們要給對方的指環，隨著我說：以此指環……我與你締結……我於今將此環給予你……（他們交換指環）……將它戴在我的手上……（二人各戴指環）……讓每個人都可看到、都可知道……我對你的愛。

（接著教士以下面一段話結束婚禮……）

我們十分清楚，只有夫妻自己才能為彼此主持結婚聖禮，也只有夫妻自己才能祝聖婚姻。我的教會和國家賦予我的權利，都不足以使我有權去宣布只有兩顆心才能宣布的事，去宣布只有兩個靈魂才能使之成為事實的事。

現在，由於你們二位，南茜和尼爾，業已宣布了早已寫在你們心中的真理實情，並在親友和**宇宙活靈**面前做了見證，我們便高高興興宣布你們結為夫妻。

讓我們一同祈禱：

愛與生命之靈，兩個靈魂在此世界已經相互尋見。從今以後，他們的命運將互相交織，苦樂與共。

尼爾，南茜，願你們的家讓每個走入的人都感到快樂，不論老少都能獲得新的生機，讓人成長，予人分享福慧，提供音樂與歡笑，成為祈禱與愛的處所。

讓那些與你們接近的人，因你們的互愛而充實，讓你們的工作成為你們生活中的喜悅，成為世界之福，讓你們在世上的日子既長又美。

阿門。阿門。

我非常感動。能找到這樣一個人跟我一同真心真意的說這樣的話，讓我感到那麼榮幸和有福氣。親愛的神啊，多謝你差遣南茜給我。

你對她也是禮物，你知道的。

我希望是。

相信我。

你知道我希望怎樣嗎？

不知道。怎樣？

我希望所有的人結婚時，都能做這樣的聲明。我希望大家把這份聲明剪下來，或印下來，結婚時用它，我打賭離婚率會大降。

有些人會覺得做這樣的聲明很難。而許多人要信守這樣的聲明會難上加難。

我真希望**我們**能信守這些話！我的意思是，說出這些話最大的難題，是在生活中實踐。

你們不準備實踐？

當然準備。但我們是人，和每個人一樣。所以，如果我們失敗了，如果我們畏縮了，如果我們的關係發生了什麼變化，或者，更慘的是，如果我們選擇結束目前的狀況，恐怕所有的人都會失望。

胡說。他們會明白你們是對自己誠實，他們會明白你們做了別的選擇，新的選擇。要記住我在**第一部中**對你說的話：不要把關係的長短與品質混為一談。你不是聖像，南茜也不是，也沒有任何人應該把你們放在像座上，你們更不可以把自己放在那裡，只當人，只充充分分的當人。如果以後你跟南茜覺得你們想用不同的方式相待，你們有十足的權利如此，**這才是這整套對話的重點所在**。

這也是我們聲明的重點！

正是！我很高興你看得明白。

對，我很**喜歡**我們的**結婚聲明**，我很高興我們把它寫出來了！那是共同生活的奇妙新方式。它也不再要求女人承諾「愛、尊崇和服從」丈夫。男人要求女人做這樣承諾，完全是自私自利，自以為是，自我膨脹。

你說得好，真是如此。

而男人宣稱這種男性至上的態度是**神頒布的誡命**，更是自以為是，自私自利。

你又說對了，我從來沒有頒布過這種東西。

我們終於說出了真正由神賦予靈感的婚約。這約定，沒有把**任何人**貶為奴隸或個人財產。它所述說的只是愛的真相。它沒有對任何人加任何限制，卻只承諾自由！這樣的聲明，是讓每個人的心都**忠於自己**。

如果有人說：「這種誓約當然好守，因為什麼要求都沒有……」——你會怎麼說？

我會說：「讓人自由比控制人難得多。當你控制人的時候，你得到**你**想要的。當你讓人自由，是別人得到**他們**想要的。」

聰明。

我有一個好主意！我們應該把這結婚聲明印成一本小冊子，就像祈禱書一樣，讓別人在婚禮時可以應用。

可以印成一本小小的書，裡面不僅包括這些話，還有整個的儀式，這套對話三部曲中有關愛情與關係的關鍵語，還有特別適於婚姻的禱詞和冥想——嗨，你一定不會反對吧！

我非常高興。因為剛才有一陣子，我還以為你是「反婚姻的」呢！

我怎麼會反婚姻？我們**是統統結了婚的**。我們是結了婚的——於今如此，永遠亦然。我們結合為一。我們是**一體**。我們的婚禮是歷來最盛大的。我對你們的誓約是最恢宏的。我會永遠愛你們，一切都讓你們自由。我的愛絕不在任何方面對你們有任何約束，而正因如此，你們「注定」終會愛我——因為，自由的去做**你們是誰**

就是你們最大的渴望，是我給你們最大的禮物。

現在，你願依宇宙最高的法則以我為你合法的婚姻伴侶和共同創造者嗎？

我願意。

你現在願意以我為你的伴侶和共同創造者嗎？

我願意。我一向就願意。於今，於永遠，我們都是**一體**。阿門。

14 生命從來沒有開始

在讀這些字句時，我心中充滿敬畏。謝謝你以這種方式與我同在。謝謝你與我們所有的人同在。因為百萬千萬的人已讀過這些對話，更有百萬千萬的人將會讀到。你來到我們心中，讓我們感恩不盡，難以言宣。

我最最親愛的寶貝們——我一直就在你們心中。你們現在真真實實的感覺到我在，讓我十分高興。

我一直與你們同在，我從沒有離開過你們，**我是**你們，你們**是我**，**我們**永不會分離，從未分離，因為那是**不可能的**。

嘿，等等！這聽起來有點似曾相識。我們是否剛剛說過這些話？

當然！請你讀讀第十二章的開頭，只不過現在比那時的更具意義。

如果「似曾相識」是真的，豈不美妙！如果有時候我們真的「再度」經歷某些事情，以便讓我們更領會它的意義，不是很美妙？

你認為呢？

我認為這**正是**有時候發生的情況！

除非它不是。

除非它不是！

很好！真棒啊！你的領會進步得如此之快，真嚇人。

真的，我也覺得！現在，我有些很嚴肅的話題想跟你討論。

我知道，說吧。

靈魂什麼時候跟肉體結合？

你以為呢？

當你選擇要結合的時候。

說得好。

但大家會想知道更確定的時間。大家想知道生命從何時開始——就是大家一般認為的生命。

我了解。

那麼，生命的信號是什麼呢？是從子宮裡誕生出來？是受孕的那一刻？還是肉體生命的元素開始結合的那一刻？

生命沒有開始，因為沒有終結。生命只是延伸；創造新的形象。

這一定像六〇年代大為流行的熔岩燈：黏糊糊的東西，一坨一坨躺在瓶底，由於加熱而浮起來，分裂、結合，成為新的坨，有大有小，奇形怪狀，到了頂端，又結合成一大坨，然後重新來過。但在那瓶子裡並沒有「新」的糊狀物，始終都只是**相同的那些坨**，只不過一直重新改變形象，「看起來」**像新的**、**不同的料子**。變化永遠是沒完的，讓人看起來大開眼界。

這個比喻很棒。靈魂就是這樣。那**唯一的靈魂**——也就是**一切萬有**——將它**自己**組成更小部分又更小部分。而所有的「部分」自始就是存在的。並沒有「新」的部分，只是那**一切萬有**的各個部分將它**自己**重新組合，使得「看起來」像新的、不同的部分。

瓊．奧斯本（Joan Osborne，譯注：美國六〇年代流行歌壇歌手）自寫自唱了一首非常棒的流行歌曲，曲中問道：「如果神就是我們這些傢伙，酒囊飯袋一個，不知會怎麼樣？」我要問問她，是不是可以改成：「如果神就是我們這種傢伙，黏糊糊一坨，不知會怎麼樣？」

嘿，太棒了！你知道，她的歌太棒了，讓所有的人都開了竅。大家都無法接受我和他們差不多。

這種反應有趣得很，很能反映人對自己的看法。如果我們認為把神跟人一視同仁是褻瀆，則人把自己看成了什麼呢？

真的，看成了什麼？

然而，你真的是「我們這些傢伙」。這正是你在這裡所說的，瓊對了。

她當然對。對極了。

我要再回到我的問題。關於我們所認為的「生命開始」，你能告訴我們一些實情嗎？靈魂究竟什麼時候進入肉體？

靈魂並不是「進入肉體」。肉體是被靈魂所包著。記得我原先說過的嗎？肉體不是靈魂的居室；靈魂反而是肉體的居室。

一切都永遠是活的，沒有「死」這麼個東西，沒有這麼一種狀態。

那**永活者**只是把**自己**形成新的形象——新的物質體。而此物質體永遠都存有活生生的能量，生命的能量。

我是能量；如果你們稱此能量為生命，則生命永在。它從未不在。生命**無終**，因此，怎麼可能有一個開始之點？

哦，好啦！別這樣說。你知道我想知道的是什麼。

我當然知道，你想叫我參與墮胎之爭。

對，一點也沒錯！我的意思就是這樣。既然神在這裡，我就要問個有分量的問題。生命什麼時候開始？

答案也是很有分量的，只怕你們聽不進去。

試試看。

從沒有開始。生命**從沒有**「開始」，因為生命從沒有**終止**。你們想要叫我掉進生物科技的圈圈，好讓你們假借「神的法則」來建立起一套「規章」，違反者受罰。

那有什麼錯？這可以讓我們把產科醫生槍殺在診所停車場而自感無罪！

沒錯，我懂。世世代代你們都在利用我和你們所謂的**我的法則**，來做種種行為的藉口。

哦，算了！你為什麼不乾脆說墮胎是謀殺！

你們誰也殺不了，什麼也殺不了。

但是，你可以把它「個體化」的部分結束！在我們的用詞中，這就是殺。

我個體化的某部分以某種方式表現它自己，這個歷程如果不經過這部分的我同意，你們是不可能加以改變的。

什麼？你說什麼？

我說，沒有任何事情是違背神的意志而發生的。

生命，以及一切發生的事，都是神的意志——注意，也就是**你們**的意志——之表現。

我在本對話中已經一說再說：你們的意願（意志）就是我的意願（意志）。因為**我們只有一個**。

生命，是神的意願之完美表現。假如有什麼事情是違背神的意願的，就不可能發生。從**神**是**誰**、是**什麼**的定義而言，那種事情就是不可能發生的。你以為某一個靈魂可以為另一個靈魂決定某件事嗎？你以為你們身為個體可以不得互相的同意，而相互影響嗎？這樣的想法是由於你們以為你們是互相分離的。

你以為你可以以神不要的方式去影響生命嗎？這樣的想法是由於你們以為自己與我是分離的。

兩種想法都錯了。

如果你們以為自己可以以宇宙不同意的方式影響宇宙，你們就太自大了。

你們所對待的是巨大的力量，而你們有些人以為你們自己比這巨大的力量還更大，並不。但你們也不比那巨大力量更小。

你們就是那最巨大的力量。不多，也不少。所以，讓那力量與你們同在吧！

（譯注：此句在電影《星際大戰》中常用而變流行了。）

你是在說，我不可能不經過被殺者的同意而殺他？你是在說，在某個高層次上，凡是被殺的都**同意**被殺？

你是在以世俗的眼光看事情，以世俗的觀念想事情，所以那些話對你都是不可思議的。

我無法不用「世俗的眼光」！我身在此世，此時此地，是在俗世！在地球上！

我告訴你：你「身在此世，但不屬此世」。

所以我世間的事實根本不是事實。

你真的以為它是？

我不知道。

你從沒想過「這裡有更大的事在進行」？

當然想過。

這就是正在進行的事，我正在向你解釋。

好吧。我懂了。所以我猜我可以現在走出門去，見了人就殺。因為如果他們不同意，我就不可能殺他們！

事實上，人類一直都在這麼做。有趣的是，你們竟然覺得那麼難以接受——可是又把它視為理所當然的在做。

更糟的是，你們違背人的意願殺他們，好像那無所謂似的！

當然**有所謂**！只不過我們所想要的東西**更有所謂**。你明白嗎？當人在殺人的時候，我們並不是說那無所謂。因為，那太輕率了。我們是為了**更有所謂**才殺人。

我明白了。所以，**違背**人的意願殺他們，你們可以接受。你們覺得殺而無罪，因為你們覺得他們的**意願**不對。

我絕沒有這樣說。這也不是人類的想法。

不是嗎？讓我告訴你有些人是多麼虛偽。你們說，只要你們有充分的、言之成理的理由，就可以**違背**他人的意願殺他——比如在戰場、在刑場，或在為人墮胎的婦產科診所停車場。然而，如果有人有充分言之成理的理由，想自己死掉，你們就不會幫助他們死。那會是「助人自殺」，那是不對的！

你是在嘲笑我。

不對。是你們在嘲笑我。你們說，你們違背某人的意願而殺他，可以獲得我的寬恕；而依照某人的意願殺他，卻會受我詛咒。

這是瘋狂。

可是，你們卻不僅看不出這種瘋狂，卻說那指出這種瘋狂的人是瘋狂。你們自以為正直，而那些指出的人，卻是麻煩的製造者。

這就是你們歪七扭八的邏輯，而你們**整個的生活**、**整個的神學**都建立在這上面。

我從來沒有完全這樣認為。

我告訴你們：你們以新的態度看待事物的時候將到。這將是你們重生的時候；個人重生，社會重生。現在，你們必須重新創造你們的世界，不然你們的瘋狂將把它毀滅。

現在，**請用心諦聽：**

我們全是一個。

我們只有一個。

你們跟我是不分的。你們各自是不分的。

一切**我們**所做的，我們都協同在做。**我們**的實相是共同創造出來的實相。如果你們墮胎，就是**我們**墮胎。你們的意志，就是我的意志。

神的任何個體層面都無權左右神的任何其他個體層面。一個靈魂不可能違背另一個靈魂的意願而對它有所影響。沒有犧牲者，也沒有惡徒。

從你們有限的視角，你們不可能理解這個；但我告訴你們，事實如此。

去是、去做、去有任何事物，只有一個唯一的原因：就是直接表明**你們是誰**，如果你們——不論就個人而言，還是就群體而言——**所是的**就是你們想要是的，是你們選擇是的，就無需改變。但如果你們認為還有更恢宏的經驗等著你們——比目前所表現的樣子更能表現**神性**——就向那真理前進。

由於**我們**是共同創造者，所以向他人顯示**我們**的某些部分所希望走的道路，是**符合我們**的目的的。你可以成為道的顯示者，呈現你喜歡創造的生活，並邀請別人選取你的榜樣。你甚至可以說：「我是生命與道路，請跟隨我。」但要小心。有些人就曾因為這樣說而被釘上十字架。

謝謝你，我會謹守這警告，我會擺低姿勢。

我可以看出你這方面做得不錯。

嗯，當你說你在跟神對話時，擺低姿勢並不容易。

有人已經發現了。

所以我最好閉嘴。

遲了。

好啊！那錯歸誰呢？

我知道你是什麼意思。

沒問題。我原諒你。

真的？

真的。

你怎麼可以原諒我？

因為我能了解你為什麼這樣做。我了解你為什麼來找我，開始這番對話。當我了解一件事為什麼發生時，枝枝節節的麻煩，我都可以原諒的。

嗯，這有趣了。如果你能認為神像你一樣寬宏大量，多好啊！

答對了。

你跟我的關係非凡。有時候你認為你無法像我一樣寬宏大量，有時候你又認為我無法像你一樣寬宏大量。

你不覺得這很有趣嗎？

好玩得很。

那是因為你認為**我們**是分別的。如果你認為**我們**是**一個**，你的那些想像就會消失。

這是你們文化跟宇宙中高度演化的文化之主要不同。你們的文化還真的是「嬰兒」文化，原始文化。高度演化的文化與你們最重要的不同，在於所有有情眾生都清楚在他們自己和你們所謂的**「神」**之間沒有分別。

他們也清楚他們彼此間沒有分別。他們知道他們各自對整個有個別的經驗。

啊，好得很。你終於要講宇宙中高度演化的社會了，我一直在等。

沒錯，我想是可以探討這個主題的時候了。

但我必須最後一次重提墮胎。你是說，由於沒有任何事情可以違背人的靈魂意願而發生在它身上，所以殺人就沒有什麼關係？你是不是在寬恕墮胎？或者是對這個問題給我們一條「出路」？

我既不寬恕，也不詛咒墮胎，正如**我**既不寬恕，也不詛咒戰爭。

每個國家的人都認為，**我**寬恕他們在打的戰爭，而詛咒他們對方所打的戰爭。每個主張都把神拉到它那一邊。其實，每個人也都**覺得**神站在他那一邊——至少，在做任何決定或選擇時，都**希望**神是贊成的。

你知道為什麼每個造物都相信神站在他那一邊嗎？因為我真的是這樣。所有的造物都直覺知道此事。

這只是用不同的方式在說：「你對你自己的心願，就是我對你的心願。」也是另一種方式在說：我將**自由意志**給與你們每個人。

如果以某種方式展開自由意志會招致懲罰，就沒有自由意志；這會是對自由意志的嘲弄，使它成為冒牌貨。

所以，不論是墮胎或戰爭，是買汽車或結婚，有性關係或無性關係，「盡義務」或不「盡義務」，都沒有所謂對錯。在這些事情上**我**沒有偏好。

你們人人都處在界定自己的歷程中。每一個行為都在為自己下定義。

如果對自己如何創造自己感到高興（有樂趣），如果這種方式對你們有用，那就繼續。如果不如此，那就停止。這稱為演化。

這歷程很慢，因為在你們演化時，對什麼方式於你們真正有用，你們常常改變主意：關於什麼是「樂趣」，你們的概念也常常改變。

記住我原先說過的話：一個生命或一個社會以什麼為「樂趣」，可以看出其演化的程度。如果墮胎對你們有用，那就墮胎。在你們演化的過程中唯一改變的是「有用」的觀念。而這又以你們認為自己想做什麼為基礎。

如果你們想去南方，車頭卻向北，那對你們就沒用。開向北方並非「道德上有錯」，而只是不符合你們的目標。

因此，你們想做什麼才是**最重要**的問題。不僅整個生活說來如此，而且**時時刻刻**如此，甚至更重要。因為生活是**時時刻刻**創造出來的。

所有這些都在**我們**的神聖對話的前部——你們稱為第一部——做過詳細的說明。我在這裡之所以複述，是因為你似乎需要提醒，不然你不會問我關於墮胎的事。

因此，當你準備墮胎，當你準備抽菸，當你準備烹食動物，當你準備在路上突然超某人的車——不論是大事小事，唯一當問的問題是：**這真的是我嗎**？這是**我現在選擇要做的人嗎**？

要了解：**沒有任何事是沒有後果的**。什麼事情都有後果。後果就是你是誰，你是什麼。

你現在就在界定你自己。

墮胎的問題，答案在此。戰爭的問題，答案在此。抽菸，吃肉，以及你的**每一思**、**每一言**、**每一行**的問題，答案都在此。

每一個行為都是自我定義的行為。你的一切所思、所言、所行，都在宣布「這就是我」！

15 你們正在創造神

我最親愛的孩子們，我要告訴你們，這件**你們是誰**、**你們選擇自己是誰**的事，是至關重要的事。不僅因它界定了你們經驗的色調，也因它創造了我的本性。

你們一輩子都聽人說神創造了你們。現在，我告訴你們：**你們正在創造神**。

我知道，這跟你們原先的想法正好顛倒。因此你們必須重組你們的領會。但是，如果你們想去做你們投生為人的真正工作，這重組就在所必須。

這是**我們**——你們與我——正在做的神聖工作。是我們走在上面的聖地。

這就是那**道路**。

時時刻刻，神在你們之內，以你們之身，並透過你們表現**他自己**。你們永遠都在選擇此時此刻如何將神創造，而她則永遠不會剝奪你們的選擇權，也永遠不會因為你們選擇「錯」了而懲罰你們。然而，在這些事情上，你們並非沒有指引，也永遠不會沒有。你們內在**設有**指引系統，向你們指明回家的路。這聲音一直告訴你最高的選擇是什麼，將你最恢宏的意象置於你的眼前。你所需要做的只是諦聽這聲音，不拋棄這意象。

在你們整個的歷史中，我一直派遣老師給你們。每一天每一刻，我都派遣使者為你們帶來盛大的喜訊。

神聖的經典曾寫出來過，神聖的生活由人實踐過，以便你們得以認知這一個真理：**你們與我是一個**。

現在，我再把經典送給你們——就是你執在手上的這一部。現在，我再派使者給你們，為將**神的言詞（the word of God，神的道）**帶給你們。

你們會聽這言詞嗎？你們會聽這些使者的話嗎？你們**會成為使者嗎**？

這是那「大哉問」。這是那至尊的邀請。這是那最輝煌奪目的決定。整個世界都在等待你們的聲明。而你們則要用你們的生活來聲明：以身行道。

除非你自己把自己提升到你最高的理念之處，否則人類就沒有機會脫離它最低的意念。

那最高的理念透過你，以你的身表達出來，便創造了模型，建立了舞台，成為了榜樣，好讓人類的經驗走向更高一個層次。

你是生命與道路。世界將跟隨你。這件事由不得你選擇。這是唯一你不能有自由選擇的事。**它就是那樣**。你對你自己的理念如何，世界將跟隨。一向如此，永遠如此。你對你自己的意念在先，外在世界的物象表現隨之。

你想什麼就創造什麼。你創造什麼，你就成為什麼。你成為什麼，你就表現什麼。你表現什麼，你就經驗什麼。你經驗什麼，你就是什麼。你是什麼，你就想什麼。

循環於是完成。

你所從事的神聖工作才剛開始。因為，現在你終於了解你在做什麼。是你自己使自己知道了這個，是你自己使自己關心這個。而你現在**真的**比以前更關心**你真正是誰**了。因為，現在你終於看到了整個畫面。

你是——我。

你在定義神。

我將你——我至福的一部分——送入軀體中，以便我可以**由經驗**認識**我自己**，而這一切，本是我**由概念**已全然認識的。生命是工具，使神得以將概念轉化為經驗。生命也是你的工具，可以讓你做同樣的事。因為你**是**神，做著這件事。

我選擇每一分鐘重新創造**我自己**。我選擇去體驗關於**我是誰**所曾有過的最偉大意象之最恢宏版本。我創造了你，以便你可以再創造我。這是我們的神聖工作，這是我們最大的喜悅，這是我們存在的真正理由。

16 所有的孩子終有一日全會回家

你的話語使我充滿了敬畏，謝謝你以這樣的方式與我同在，謝謝你跟我們所有的人同在。

不客氣，我也謝謝**你們**與我同在。

我還有一些問題，一些跟「高度演化的生物」相關的問題；問完了，我就可以允許自己結束這對話了。

我所愛的，你永遠不會結束這對話，你也永遠沒有必要，你跟神的對話將永遠繼續下去。而現在，由於你積極的從事這對話，這對話便很快會帶來友誼。一切良性的對話最後都會產生友誼，你跟神的談話也將產生**你跟神的友誼**。

我感覺到了，我感覺到我們實際上已經變成了**朋友**。

正像一切關係一樣，這友誼如果得到滋養、照亮，讓它成長，到最後則將產生交流感。你將感覺到及經驗到與**神的交流**。這將是**神聖的交流**（Holy Communion），因為**我們**將**一體發言**。

那麼，這對話還會繼續嗎？

會，永遠！

在本書結束時，我不用說再見？

你永遠不用說再見，你只需說哈囉。

你真是太棒了，你知道嗎？你真是棒透了！

你也是，孩子，你也是。

我所有各處的孩子，個個都是。

你「所有各處」都有孩子？

當然。

我的意思是：**所有的地方**，在其他星球上也有生命？在宇宙別的地方，你也有孩子？

當然。

那些文明更進步嗎？

有些是。

什麼方面進步？

各方面，科技、政治、社會、精神、生理與心理。

比如你們那麼喜好比較，你們總是需要把樣樣事物都分成「好」「壞」「高」「下」，這就證明你們還是沉陷在二元對立中；沉陷在分別主義中。

在更先進的文化中你觀察不到這類特點？你所說的二元對立是什麼意思？

社會的進化層次無可避免的會反映在它的二元思考程度上。社會的進化是以它走向一體性的程度來證明，而非以它走向分別主義的程度。

為什麼？為什麼一體性是這樣重要的尺度？

因為一體才是真相，分別則是幻象。一個社會如果仍舊自視為分別——一系列的分別單元，或許多的分別單元之集合體——則它就仍活在幻象中。

你們星球上的一切生活，都建立在分別觀上；建立在二元對立上。

你們以為自己是分別的家庭或家族，聚成分別的鄰里或州郡，再聚集為分別的國家，合成為一個分別的世界或星球。

你們以為你們的世界是宇宙間唯一有生物棲息的世界，你們以為自己的國家是地球上最好的國家，你們以為你們這一州是國家中最好的州，你們的家庭是州中最好的家庭。

推到最後，你認為**自己**是家庭中最好的成員。

哦，當然，你們嘴巴上不會**這樣講**，但你們做出來的事卻證明你們**這樣想**。

你們真正的想法天天都會在你們的抉擇中反映出來。社會方面的決定，政治方面的結論，宗教方面的決議，經濟方面的選擇，還有許多個人事務的抉擇：選什麼人做朋友，選什麼信仰體系，甚至選擇跟神——也就是我——有什麼關係。

你們覺得跟我是如此分離，以致你們以為我甚至不會跟你們說話。因此，你們就被人要求否認自己的體驗。你體驗到你跟我是**一體**的，可是你拒絕相信。如此，你們不但彼此分離，而且跟自己的真相分離。

人怎麼可能跟他自己的真相分離？

藉由忽視，明明看見卻否認；或藉由改變、扭曲，來符合你們先入為主的觀念。

就以你此處提出的問題為例。你問：其他星球上有生命嗎？我答：「當然。」因為這再明顯不過。那麼明顯，以至於我很吃驚你竟然會問這個問題。

然而，人就是這樣「跟他的真相分離」的。他明明眼睛看到，無可否認，卻就是否認。

否認是此處的機制，但沒有任何否認比自我否認更為有害。

你們整個一生幾乎都在否認**自己真正是誰，真正是什麼**。

只去否認一些並非完全個人性的事情已經是夠可悲了，比如臭氧層的破洞、古老森林的摧殘、對待未成年人的可怕方式等等。但你們不以否認周遭可見的事物為足，你們連明明可見的**內在**事物也要否認。

你們看到自己內心的善良與悲憫，卻要否認；你們看到內心的智慧，卻要否認；你們看到內在的無限可能性，卻要否認。你們在內心看到神，體驗到神，卻要否認。

你們否認我在你們內心——否認**我是你們**——以此否定了我明顯而正當的居所。

我沒有。我沒有否認你。

你承認**你是神**嗎？

呃，我不會**這樣**說……

正是這樣。我告訴你：**「雞啼以前，你會三次否認我。」**

以你的意念，你將否認我。

以你的言詞，你將否認我。

以你的行為，你將否認我。

在你心中，你知道我與你同在，我在你之內，**我們**是一個；然而你否認我。

哦，你們有些人會說，我在是在，不過離你們很遠，**在某處之外**。你們想像我離你們越遠，你們就離自己的真相越遠。

生活中許多別的事也一樣——從自然資源的濫用到對兒童的虐待——你們明明看到，卻不相信。

可是為什麼？**為什麼**？為什麼我們看到卻不相信？

因為你們是這般沉陷在幻象中，這般深沉的沉陷在幻象中，以致你們看不透。事實上，為了讓幻象得以持續，你們**必須**看不透，這就是**神聖二分法**。

只要你們仍在尋求去**成為我**，你們就必須否認我，而你們正在尋求成為我。然而，凡你們已經是的，你們便不可能去成為。因此，否認有其必要性，那是有用的工具。

直至它不再有用。

大師知道，那些想要讓幻象持續的人，會否認；那些想要讓幻象終止的人，則會用接受。

接受，宣布，實證——這是**走向神的三個步驟**。接受**你真正是誰，是什麼**；宣布它，讓全世界聽到；以所有的方式實證。

自我宣布總是隨著實證。你們會證明自己是神——正如你現在證明你自以為是的自己。你們整個的一生都是這樣的證明。

然而這個證明卻會讓你面對最大的挑戰，因為當你不再否認自己的那一刻，他人就會否認你。

當你宣布與神同在的那一刻，他人就會宣布你與撒旦為伍。

當你們述說最高真理的那一刻，他人就會說你們述說的是最低的褻瀆。

也正如那些以溫柔的方式證明其境地的大師們一樣，你們將既受崇拜，又遭辱罵；既受推崇，又被貶低；既受讚揚，又要被釘在十字架上。因為對你們來說，這循環固然已經走完，但那些仍然生活在幻象中的人，卻不知該如何對待你們。

我會遇到什麼?我不懂。我搞糊塗了。我認為你一再說過，幻象會持續，這「遊戲」必須繼續，不然就沒戲可唱了。

沒錯，我說過。事實也正如此，遊戲真的在繼續。因為你們一兩個人終止了幻象的循環，並不能使遊戲終止——對你們而言，對其他遊戲者而言，都是如此。

一直到**一切的一切**都成為**一體**，遊戲才會終止。然而即使那時也仍未終止，因為在那一切的一切神聖再結合的一刻，那福氣將如此莊嚴華美，如此濃烈，以至於**我—我們**—你將名副其實的因歡樂而爆炸，於是循環再度開始。

我的孩子，那是永無終止的，遊戲永無終止。因為這遊戲就是生命本身，生命就是**「我們是誰」**。

那麼，那達到了精純境界、那已知曉了一切的個體單元——或如你說的「那一切的某部分」——又會遇到什麼情況呢？

大師知曉只有他自己的循環已經完成，她知曉只有她自己對幻象的體驗已經終止。

大師欣然而笑，因為她看出那總體規畫，大師看出即使她完成了她的循環，遊戲卻仍在進行；經歷仍在繼續。大師也看出現在他可以經歷的角色，大師的角色是去引導他人走向精純。因此，大師繼續扮演，唯方式不同，工具不同。因為既然看出了幻象，就會讓大師步出幻象。大師在認為符合自己的目的與樂趣時，隨時步出。以此，她宣布並證明她的精純，而被他人稱為神或女神。

當你們這一物種被帶到精純的地步，你們整個物種（因為真的是一**整個**）就可輕易穿越時空（當你們掌握了你們物理法則後，就能掌握這等法則）。你們會想去協助其他物種、其他文明，來達到這精純境地。

正如現在其他物種、其他文明在對我們做的？

正是，完全對。

只有當全宇宙中所有的物種都達到精純——

或者如我所說的，只有**當我的一切部分**（All of Me）都已知曉了**一體**——

——循環的這一部分才會終止。

你說得好，因為循環的本身**永不**終止。

因為循環這一部分的終止正是循環本身！

棒啊！精采啊！

你已經明白了！

所以，沒錯，其他星球上有生命。沒錯，其中有許多比你們先進。

什麼方面？你還沒有真正回答過。

我回答了。在各方面，科技、政治、社會、精神、生理、心理。

沒錯。舉一些例子，好嗎？你那些回答太籠統了，對我沒什麼意義。

你知道，我喜歡你的真誠。並不是人人都會眼睜睜的看著神，宣稱他所說的話沒有意義。

真的？那你要怎麼辦？

真的。你真的態度正確。因為，你當然是對的。你盡可以挑戰我，對抗我，懷疑我，而我什麼該死的事都不會做的。

但無論如何，我會做一件好事：就像這套對話集。不是嗎？這對話集不是一件好事嗎？

是的，真是一件好事。許多人受惠，千百萬的人受到感動。

我知道。這全是「總體規畫」（master plan）的一部分。這規畫是為了讓你們成為大師（masters）。

你從開始就知道這一套三部曲會極為成功？真的？

我當然知道。不然你以為是誰讓它這麼成功的？你以為讀這套書的人是怎麼找到這套書的？

我告訴你：每一個接觸到這份資料的人我都認識，每個人接觸這份資料的原因我也知道。

每個人自己也知道。

唯一剩下的問題是，他們還會再次否認我嗎？

這對你有影響嗎？

一點也沒有。我所有的孩子終有一日全會回家。這不是他們會不會回家的問題，而是**何時**，因此，這會影響到他們。所以那有耳能聽的，就聽吧。

是的，呃——我們正在談其他星球上的生命，你正要舉例說明他們如何比地球上的生命進步得那麼多。

在科技方面，大部分其他的文明都遠比你們進步，也有比你們落後的——姑且這麼說——但為數不多，大部分都遠比你們超前。

在什麼方面？**請舉實例！**

好吧。例如氣候，你們似乎不能控制氣候（你們甚至連預測都做不好），因此，你們受氣候擺布。大部分其他世界並不如此，大多數星球上的生物都能控制當地的氣候。

他們能？我以為一個星球上的氣候是它跟太陽之間的距離，和它的大氣層結構等等的產物。

這些情況設定了參數，但在這參數之內還有許多事情可做。

怎麼做？在什麼方面？

靠控制環境，靠在大氣層中創造或未能創造某些條件。

你明白，這不僅是你們與太陽相互位置的問題，而且是你們把什麼東西置於你們與太陽之間的問題。

你們把最危險的東西置於你們的大氣層中，卻又把某些重要的東西從中取走，可是你們卻矢口否認，也就是說，你們大部分否認。當你們之中那些頭腦最好的人，向你們無可置疑的證明了你們所造成的破壞時，你們不承認。你們說那些頭腦最好的人是瘋子，說你們知道得比他們清楚。

不然你們就說這些聰明的人別有企圖，別有用心，想保護他們的私利。其實是你們別有企圖，是你們別有用心，是你們想要保護你們的特殊利益。

而你們最主要的關懷就是你們自己。不論多麼科學的論據，不論多麼不容迴避，只要違背你們的私利，你們就一概否認。

這話說得很嚴厲，我不能確定是不是符合事實。

真的？你是說神在說謊？

我當然不會這樣說，其實……

你知道你們世界各國花了多少時間才同意不再用氟氯碳化物來毒害大氣層嗎？

嗯……嗯……

好吧，沒什麼。那麼，你認為為什麼要那麼久呢？沒關係，我告訴你，那是因為不再毒害大氣層會讓許多大公司花掉許多錢。花那麼多時間才能同意，是因為那會讓許多人不方便。

要花那麼多時間，是因為多年來許多人、許多國家否認這些證據；為了保護他們現有的私利，為了讓事情按照舊有的方式進行，他們**必須否認**。

只有到了皮膚癌的增加率到了驚人的地步，只有到了氣溫開始上升，冰河與冰雪開始融化，海水變暖，河川暴漲，你們才有更多的人開始注意。

只有到了**你們的私利**受到威脅時，你們才看到多年以前你們最聰明的人就置於你們面前的真理。

私利有什麼不對？我認為在第一部中你說過，私利是起步點。

沒錯，我說過。然而在其他星球上的社會，「私利」的定義要比你們的世界寬廣得多。對已經啓蒙的造物而言，凡是傷害一個生命的，就會傷害許多生命。而對少數有益的，也必須對多數有益，不然到最後就對任何人都無益。

在你們星球上卻正好相反。對一個生命造成傷害的，眾人都予以忽視，而對少數人有益的，眾人連邊都摸不到。

這是因為你們對私利的定義太窄，僅僅及於個人所愛的人——而且也要他們求才給。

沒錯，在第一部中我曾說，在一切的關係中去做你的**本我**（the self）最有利的事。但我同樣也說，當你看出什麼最符合你的最高私利時，你也會看出它符合他人的最高私利——因為你與他人是**一體**。

你跟所有的他人都是**一個**——這卻是你們尚未達到的認知層次。

你問先進科技的情況如何。我告訴你：如果你們沒有先進的思想，則任何先進科技都不能帶給你們益處。

有先進科技而無先進思想，不會造成進步，只會造成毀滅。

在你們的星球上，你們已經經歷過這種情況，現在，你們又走近即將經歷這種情況的邊緣。

你是指什麼？你在說的是什麼？

我說，在你們星球上，你們曾達到——並遠遠超越——你們現在正在慢慢攀登的高峰。你們地球曾有一個比你們現在更先進的文明，這文明卻毀了自己。

他們不僅毀了自己，他們還幾乎毀了其他一切。

這是因為他們不知道如何處理他們所發展出來的科技。他們科技的演化遠遠超出了精神的演化，以致他們以科技為神。人民崇拜科技以及科技所能創造、所能帶來的一切。因此他們得到了無韁野馬的科技所能帶給他們的一切——以及無韁野馬般的災難。

他們名副其實毀滅了他們的世界。

這些都在地球上發生過？

對。

你說的是消失了的亞特蘭提斯城？

你們有些人是這樣稱呼它。

列木里亞（Lemuria）？姆大陸（The land of Mu）？

這也是你們神話的一部分。

那麼，那是**真的**了！我們曾經達到這種地步！

哦，不只，我的朋友。更進步得多。

我們真的毀滅過自己！

你何需吃驚？你們現在不是正在做嗎？

我知道。你可以告訴我們如何停止嗎？

這方面的書很多，但大部分人不予理睬。

告訴我們書名，我答應不會忽視。

你們可以讀讀《古老陽光的末日》。

是湯瑪士．哈特門寫的。沒錯！我喜歡這本書！

很好。這位使者是受到感召的，你要讓這本書受到全世界的注意。

我會，我會的。

關於你上一個問題我所要回答的話，這本書全說了，我無需再透過你把內容重寫一遍。那本書包含了你們把地球家園破壞的種種途徑，也包含了你們該如何終止破壞的種種途徑。

到現在為止，人類在地球上的所作所為確實不怎麼漂亮。事實上，從這套對話一開始，你就形容我們這物種為「原始」。自從你做了這種形容，我就一直很好奇，那「不」原始文明的生活是什麼樣子，你說宇宙中有許多不原始的社會與文明。

對。

有多少？

很多。

成打？成百？

成千上萬。

成千上萬？先進的文明有成千上萬？

沒錯，也有一些文明比你們更原始。

「原始」或「先進」的文明有什麼指標？

以它將至高的領會付諸實踐的程度而定。

這跟你們所以為的不一樣，你們以為社會之原始或先進，依它領會的**高低**而定。但有至高的領會卻不實踐，又有何益？

答案是：完全無益。事實上，是危險的。

原始社會的指標是：它把退步稱作進步。你們的社會在向後退，而不是向前進。你們的世界，在七十年前，大部分都比現在更慈悲。

這種話有些人很難吞得下去。你說你不是個做審判的神，可是有些人會覺得你現在就在做審判，而且處處找碴。

這我們已經討論過了。如果你說你要去南部，車子卻開向北；這時如果你問路，有人指示方向，說你原先的走法到不了南部，你說這是在做審判嗎？

說我們「原始」不是單純指示方向，「原始」這兩個字有貶抑的味道。

真的？可是你們卻說你們那麼動心於「原始」藝術。某些音樂也因為有「原始」風味也才殊受鍾愛——還不用說女人。

你是在玩弄文字。

一點也不。我只是在告訴你，「原始」二字一點貶抑的意思也沒有。是你們自己的判斷使它帶上了貶抑的味道。「原始」只是形容詞；它所說的只是實況：某件事物還在發展的早期階段。它的意思僅是如此，它沒有「對」或「錯」的意涵，是**你們**把這種意涵加進去的。

我沒有在「找碴」，我只是形容你們的文化是「原始」的，你們之所以聽起來「難嚥」，那是因為你們自己對「原始」有審判。

我自己沒有。

要了解：評估不是審判，那只是對**什麼是什麼**所做的觀察。

我要你們知道，我愛你們，我對你們不做審判，我看著你們，只看到美與妙。

正像原始藝術。

正是。我聽著你們的曲調，唯有興奮。

正像對原始音樂。

現在你懂了吧。我感到你們人類的能量，正像你們會感到那「有原始性感」的男人或女人的能量。我，像你們一樣，會被激起。

這是你們與我的真實情況。你們沒有使我厭惡，沒有干擾我，你們甚至沒有使我失望。

你們激起了我！

我因新的可能性而激起，我因將要來臨的經驗而激起。在你們的生命中，我覺醒到新的冒險，覺醒到因走向新的莊嚴華美而來的興奮。

你們不但沒有令我失望，反而令我**興奮難抑**！我因你們的奇妙而興奮！你們以為你們已經達到人類發展的頂峰，可是我卻要告訴你們，**你們才剛剛開始**。你們才剛剛**開始**體驗到你們的精采！

你們尚待表達最偉大的理念，你們尚待實踐最恢宏的意象。

但是，請等待！請注意！看啊，你們盛放的日子已近在手邊！樹幹已經茁壯，花蕊即將開放。我告訴你們：你們開花的美與芬芳將充滿這大地，你們將在**衆神**的花園中有你們的位置。

17 社會正要變成科技的產品

嗯，這才是我想要聽的！這才是我想要體驗的！我要**激發**，而不要貶抑。

你永遠不會受到貶抑——除非你自己以為。神永遠不會審判你，找你的「碴」。

神竟然說「沒有對與錯這回事」，神竟然宣布永遠不做審判——有許多人是無法「搞懂」這麼一個神的。

好吧，你們得先把自己搞清楚：你們先說我在審判你們，然後又因為我不審判而不知如何是好。

我明白，我明白。全都混亂了。我們統統非常……複雜。我們不要你審判，可是我們自己卻如此。我們不要你懲罰，可是如果你不，我們又覺得迷失。當你如在第一部和第二部中所說：「我永遠不會懲罰你們」時，我們無法相信，有些人甚至幾乎為此發瘋。因為，如果你不審判，你不懲罰，那誰來讓我們走那又直又窄的路呢？如果天國沒有「正義」，誰來更正世間一切的不義呢？

為什麼你們要依靠天國來更正你們所謂的「不義」？雨不是自天而降嗎？

是啊。

我告訴你們：雨同樣降在義與不義的人身上。

但那「主說：我擅於報復」，又怎麼說呢？

我從沒有這樣說過。是你們有人編造的，其他的人就信以為真。

「正義」並不是你們做了某件事**後**所經驗到的東西，而是**因為**你們以某種方式行事。正義是**行為**，不是對行為的**懲罰**。

我看得出來，我們社會的問題在於「不義」的事情發生後才要去尋求「正義」，而非「先行正義之事」。

正中要害！完全對！

正義是行動（action），而非**反應**（reaction）。

因此，不要寄望我在「來生」施加天國正義來把「什麼事情都擺平」。我告訴你們，沒有「來生」（after-life），**只有**生命，死並不存在；而你們身為個人，身為社會，用以創造和體驗生活的方式，就在證明和展示你們所認為的正義。

然而在這方面，你認為人類並沒有很進步？我是說，如果把整個演化都放在橄欖球場上，那我們現在在什麼位置？

十二碼線。

你在開玩笑。

沒有。

我們才在演化場的十二碼線上？

嘿，僅僅過去這一百年，你們就從六碼移動到十二碼了耶！

有沒有任何機會可以持球觸地得分。

當然有。只要不再漏球就好。

不再？

我說過了，這不是你們的文明第一次去到邊緣。我要再說一遍，因為這**與你們生死攸關**。

曾經有一度，在你們的星球上，科技的發展遠遠超過你們能負責的程度。現在，你們在人類史上又去到了相近的階段。

你們必須了解這點，因為攸關生死。

你們目前的科技正要剝奪你們聰明應用它的能力，你們的社會正要變成科技的產品，而非科技是社會的產品。

當一個社會變成它科技的產品，它就會毀滅自己。

為什麼？你可以解釋一下嗎？

可以。關鍵在科技與宇宙原理之間的平衡——一切生命的宇宙原理。

「一切生命的宇宙原理」是指什麼？

簡單的說，就是事物運作的方式，就是那體系，那歷程。

你知道的，我「狂中自有條理」。（There is a "method to my madness."，譯注：似仿莎劇《哈姆雷特》句法There's method in his madness.）

我希望如此。

諷刺的是，一旦你揣摩出那條理，一旦你開始越來越了解宇宙如何運作，你就越容易造成大崩潰。就此而言，無知反而是福氣。

宇宙本身就是科技，是**最偉大**的科技，它運作完滿自足。但是一旦你們涉入，粗暴的運用宇宙原理與法則，你們就很容易破壞這些法則。這是四十碼罰球。

這對守方是很大的挫折。

沒錯。

我們現在是否已經犯規？

接近了，只有你們可以決定要不要犯規，你們要以你們的行動來決定。比如，你們現在很清楚原子能可以把你們送終。

沒錯，但我們不會這樣做。我們不致笨到這種地步。我們會自行止步。

真的？你們一直在繼續擴充集體毀滅性的武器，不久以後就會落入某人之手，可以把全世界當人質，不然就同歸於盡。

你們是在把火柴給小孩，卻又希望他們不致把房子燒掉。而你們甚至**連自己**也還沒有學會怎麼應用火柴。

解決的辦法再顯然不過：**把火柴從小孩手上拿回來**。然後，**把你們自己手上的也丟掉**。

但是，要一個原始社會自己放棄武力，這根本不切實際。所以，廢止核武雖然是我們唯一的生路，卻超出問題之外。

我們甚至連停止核子試爆都做不到，我們是一種就是無法控制自己的物種。

即使你們不用你們的「核子瘋狂」殺死自己，你們也會用你們的「環境自殺」來毀滅自己。你們現在正在摧毀你們星球上的生態系統，卻繼續矢口否認。

而且好像還不夠似的，你們又笨拙的插手生命的生化體系。搞生命複製和基因工程，而且沒有充分顧慮對你們物種的利弊，卻可能讓它變成有史以來最大的災難。如果不小心，你們真的會如兒戲一般，造成核能與環境的浩劫。

你們發明醫藥去做你們身體本來被設計去做的事，結果是製造出抗藥性極強的病毒來，正等著把你們這物種一舉掃滅。

你嚇到我了。那麼，我們是否已經完了？遊戲已經結束？

沒有，但已經在第四次運球而仍差十碼攻克。現在已是丟一個萬福瑪利亞（Hail Mary）球的時候，四分衛正在看有沒有沒被包圍的人可以接球。

你沒被包圍嗎？你能接這個球嗎？

我就是那四分衛，我最後一次看，看到你們跟我穿同色的球衣。現在我們仍舊是同隊的嗎？

我以為只有一隊呢！**誰是另一隊**？

凡是忽視了我們一體性的意念，凡是將我們分別的觀念，凡是宣稱我們並非一體的行為，都是。「另一隊」不是真實的存在，而是你們實相的一部分，因為你們使它如此。

如果你們不當心，你們的科技就會把你們毀滅——而原來創造科技是為了要服務你們的。

現在我就可以聽到有人在說：「單憑一個人的力量又能做什麼？」

他們可以先把「單憑一個人的力量又能做什麼」這個心態丟掉。

我已說過，這方面的書有上百上千本。**不要再忽視它們**，去讀，去照著做，喚起別人去讀去做，發動革命，發動真正演化的改革。

這不是已經進行很久的事了嗎？

也是，也不是。

當然，演化的歷程一直都在進行，但現在這歷程卻發生了新的轉捩點。

現在，你們開始**覺察**到你們在演化，而且不僅覺察到你們在演化，並且覺察到

如何在演化。

現在你們知道了演化是**以什麼樣的歷程在進行**，而你們的實相則是**以此創造**出來的。

以前，你們只是自己物種演化的觀察者，現在，你們卻是有意識的參與者了。

從來沒有像現在那麼多的人覺察到心靈的能力，覺察到心靈能力與一切事物的內在關連性，覺察到人的真正身分是精神體。

從來沒有像現在那麼多的人從這個空間來生活，去實踐某些原則，從而引發和產生某些特殊的和想要的結果。

這確實是一場演化革命。因為你們現在有越來越多的人，**有意識的**創造你們經驗的品質，直接表露出**「你們真正是誰」**，並迅速表白**「你們選擇是誰」**。

這就是何以現在是關鍵時期，這就是何以當前是關鍵時刻。在你們目前有紀錄的歷史中，你們是第一次（雖然在你們人類經驗中並非第一次），你們既有科技，又懂得如何用它來摧毀你們整個的世界，你們真的可以把自己完全滅絕。

這正是芭芭拉．馬克斯．胡巴德的著作《你正在改變世界》一書的論點。

沒錯，正是。

這本書讓人驚心動魄，提出了種種奇妙的視野，讓我們避免目前文化所帶來的悲慘結局，在地上真正建立天國，你可能是它的靈感之源！

我想芭芭拉會說我也參了一手……

你曾說，千百位作家——你的使者——你都曾賦予他們靈感，還有什麼其他的書我們應該注意的嗎？

要列的書目太多了。你們何不自行研讀，然後列出一份特別有影響力的書目，與人分享？

從有時間以來，我就在透過作家、詩人和劇作家發言。我曾把我的真理放在歌詞中，放在畫面上，放在雕像中，放在往日每一次人心的跳動裡。未來我也將永遠如此。

每個人都以他最可解的方式領略智慧，都循著他最熟悉的途徑。神的每個使者都從至為單純的事象見到真理，並以這至為單純的態度與人分享。

你就是這樣的一位使者。現在去吧，去告訴人們，要他們以至高的真理共同生活，共同分享智慧，共同體驗愛。因為這樣他們就**能夠**生存在安詳與和諧中。

那樣，你們的社會也就會是一個提升的社會，就如我們原先討論的那樣。

所以，我們的社會跟宇宙中其他高度演化的社會之主要不同，在於我們的分別觀？

對。先進文明首要的指導原則是合一，認知那一切生命的**一體性**和神聖性。因此，我們發現在所有的進化社會中，一個人不論在任何情況下，都不會違背同一物種中某一個體的意願，而存心取他的性命。

任何情況下都不？

對。

即使被攻擊時？

在那樣的社會或物種中，不會發生這樣的事。

同一物種可能不會，但如果攻擊自外而來呢？

如果高度演化的物種遭受攻擊，則攻擊者必定演化較低，事實上，攻擊者必定會是原始生物。因為演化了的生物不會攻擊任何人。

我明白了。

遭受攻擊的物種殺別的生物的唯一原因，是它忘記了**自己真正是誰**。如果被攻擊者認為自己是自己的肉體——它的物質**形體**——則它就會去殺那攻擊者，因為它可能害怕「自己生命的告終」。

反之，如果被攻擊者完全明白它**不是**它的肉體，它就永遠不會想要去結束另一個生物的肉體——因為它沒有理由這樣做。它會直截了當的把自己的肉體放下，進入非肉體的體驗裡。

像歐比王．肯諾比（Obi-Wan Kenobi，譯注：《星際大戰》中的「絕地戰士」之一，原文名字發音近似all-be-one〔萬物一體〕。）一樣！

完全對！你們所謂的「科幻作家」往往引導你們走向更大的真理。

等一下，這似乎跟第一部中所說的相衝突。

怎麼衝突？

第一部中說，如果有人欺侮你，則任憑這欺侮繼續下去，並沒有任何好處。也說過，當你以愛行動時，要把自己包括在你所愛的對象中。

這些意思似乎在說，為了防止對你的攻擊，你做什麼都可以，甚至說，被攻擊時以**戰爭**回應都是對的，而且——我就直接引用了——「不可以任許暴君興旺，必須終止其暴政」。

你也說「選擇像神，並不意謂選擇當殉道者，也顯然不意謂選擇成為犧牲品」。

而現在你卻說，高度**演化了的**生物永遠不會去終止其他生物的生命。這兩種說法怎麼可以並列？

請你把第一部再讀一次，很細心的讀。

我給你們的回答，完全是配合你們所創造的脈絡，因此也必須在此脈絡中去領會。我是依你提問題的意涵而回答的。

重新讀讀第一部第二〇四頁最後一段開始的那部分，那裡你承認你還未能在精純的層次運作。你說別人的言行有時候會傷害你。在如此情況下，你問如何才是在被傷害時最好的回應。

我的回應則必須在那樣的脈絡中來領會。

我最先說的是，終會有一天，別人的言行不會再傷害到你。就像歐比王・肯諾比一樣，即使有人「殺」你，你也不會覺得受到傷害。

這就是我現在所描繪的社會成員所達到的精純層次。那些社會裡的生物十分清楚**他們是誰**，他們不是誰。很難讓他們有那種「受傷」或「受害」的經驗，更不用說把他們的肉體置於危險中。他們會直截了當的**退出**肉體，把它留給你——如果你覺得那麼需要去傷害它的話。

在第一部中我接下來給你的回應是，你之所以**這般**反應他人對你的言行，是因為你忘了**你是誰**。但是，我在那裡說，這都沒什麼不對，這都是成長歷程的一部分，都是演化的一部分。

然後我做了一個非常重要的陳述。在你整個成長的歷程中，「你必然會在你所是的層次運作。在你領會的層次，在你所願意的層次，在你所記得的層次」。

我在那裡所說的一切，都必須在這個脈絡中認取。

同樣在第一部的第二〇七頁我甚至說：「為了討論的目的，我假定你仍然處在……在尋求實現**你真正是誰**。」

如果一個社會，它的成員還沒有憶起自己**真正是誰**，則我在第一部中所說的就通用。但你這裡的問題並不是這樣的問題，你這裡所問的是，**宇宙中高度演化了的社會**是什麼樣子。

不論是現在所談論的這話題，還是本書所涵蓋的其他話題，你們都須清楚，對其他文化的描述都不是對你們文化的批評；這樣的領會對你們才是有益的。

這裡沒有審判。如果你們做事情的方式和反應的方式不同於那些更為演化的生物，也不會有任何詛咒或譴責。

所以，我在這裡說的是，宇宙中那些高度演化了的生物，不會在憤怒中去

「殺」別的有情生命。

第一，他們不會體驗到憤怒感。其次，如果未得其他生命的允許，他們不會去終止肉身的經歷。第三——為了回答你的特定問題——他們連其他社會或物種對他們的「攻擊」都不會感受到；因為感覺受到攻擊，是因為你有什麼被他人拿去了——比如你的生命、你所愛的人、你的自由、你的財產或擁有物——總之是**某些東西**。

高度演化的生命永遠不會有這種感覺，因為如果有某種東西——包括他的肉體生命——你那麼想要，以致要憑武力取得，那麼你拿去就是；因為，高度演化的生命很清楚，**他可以把任何東西重新創造出來**。他可以自自然然的把一切都給那差一點的生物——而後者並不清楚這一點。

因此，高度演化了的生物並不是殉難者，也不是任何「暴政」的犧牲品。

更進一層的是，高度演化了的生物不但很清楚他可以把一切重新創造出來，而且他清楚他並**不必須**如此。他清楚，他無需這一切就可以快樂，就可以存活。他知道他不需要自己之外的任何東西，而「他自己」卻跟任何物質體沒有關係。

演化較低的生物和物種則並不經常清楚這一點。

更且，高度演化的生物了解他和他的攻擊者是一體的。他明白那攻擊者是**他自**

己的一個受傷部分。因而他在此種情況下，該做的事就是去治癒一切的傷痛，好讓那**一中的一切**（All In One）得以重新知道自己真正是什麼。

把他自己的一切都給出去，就如同自己吃一片阿斯匹靈。

哇。這是何等的概念！何等的見解！但是我需要重回你剛剛說的話題。你說高度演化的生物——

等等，讓我們從現在開始把他們簡稱為「高生物」好嗎？不然稱呼太長了。

好的。嗯，你說過，「高生物」絕不會未得其他生物的允許而結束其軀體經驗。

沒錯。

可是有任何生物會允許其他生物結束自己的身體性命嗎？

有幾種原因會。比如，可能將自己當作食物提供給其他生命。或做其他必需之用——如終止戰爭。

即使在我們的文化中也有類似的情形。比如，有些人屠殺動物做食物或皮革前，一定請求那動物的精靈允許。

沒錯。你們的美洲原住民就是如此。他們即使摘一朵花，一株藥草，或一棵植物，都會先做溝通。所有的原住民文化都這樣做。有趣的是，這些部族和文化卻被**你們**稱為「原始」。

喂，老鄉，你是在說，如果我不預先經過它同意，我就連一根蘿蔔也不能拔？

你可以去做你選擇要去做的任何事，而你剛才問的是「高生物」怎麼做。

所以，美洲原住民是高度演化的生物囉？

像在所有部落裡和物種裡一樣，有些是，有些不是。

這是一種個體的事。不過，就整個文化而言，他們確實到達非常高的層次。他們的文化神話中透露著他們的經驗，可以看出確實非常高度。但你們卻迫使他們把他們的文化跟你們的混合。

等等，你在**說什麼**？紅人是野蠻人！這是為什麼我們要成千上萬的把他們殺掉，剩下的放在我們稱為「保留區」土地的監獄裡！就是現在，我們還是把他們的聖地當高爾夫球場。我們**不得不**如此。不然他們就會再去**尊崇**他們的聖地，又會**回憶起**他們的文化故事，**舉行**他們的神聖儀式，這是我們絕不能答應的。

我有點概念了。

真的，那是不行的。如果我們不把他們的文化消除，他們就會衝擊**我們**！那我們怎麼辦？

那我們就會不得不尊敬土地與天空，拒絕毒害河川，那我們的工商業怎麼辦？

大家可能會仍舊赤身裸體跑來跑去，**不知羞恥為何物**，在河裡洗澡，生活在大地上，而不會擠到高聳的大樓中，在水泥叢林裡謀生。我們甚至還在營火堆前聽古代智慧之言，而不是在看電視！我們可能完全沒**進步**！

嗯，幸虧你們知道什麼是好壞。

18 分享感就是獲利

請再告訴我一些高度演化生物與文明的事。除了不因任何理由而互相屠殺外，他們跟我們還有什麼不同？

他們分享。

嘿，**我們**也分享！

不一樣。他們分享**所有的東西，跟所有的生物**分享，沒有一個生物是虧缺的。

他們把世界和環境的一切自然資源都公平分配，人人有份。

一個國家，一個群體，或一個文化，不能因為某種資源正巧出現在他們的地理位置上，就認為那是他們的。

一個或數個被各個物體稱為家的星球，會被那個體系中所有的物種認為是他們所共有。事實上，那個星球或一群星球的**本身**，就被認為是一個體系。

它被認作是一整個的體系，而不是各個部分或元素的聚合，並不認為其中任何部分都可以遭到毀滅、屠殺，而不傷及體系本身。

我們稱它為生態體系。

嗯，比那還大，它不只是生態。因為生態（ecology）的原意只是指星球上的自然資源與星球上的棲息者間的關係。但它也指棲息者跟自己的關係，棲息者互相之間的關係，以及他們與環境的關係。

那是**所有有生命的物種之相互關係**。

「物種體系」（speciesystem）！

對！我喜歡這個用詞！好用詞！因為我們談的東西比生態體系更大！那真的是**物種體系**。或者像柏克敏斯特．傅勒（Buckminster Fuller）所說的「心智層」（noosphere）。

（譯注：法國古生物學家、哲學家德日進〔Pierre Teilhard de Chardin〕於一九四九年創造的

新詞：noos，希臘文爲「心智」，指人類進化過程中人類意識和智力活動超越生物圈的較高層次和領域，智力圈將不斷發展，直至最終取代生物圈。）

我比較喜歡**物種體系**，比較容易懂。我搞不清楚心智層是在說什麼！

柏克也喜歡你的用詞，他不執著。他一向喜歡簡單明瞭。

你現在也在跟柏克敏斯特．傅勒說話？你把這對談弄成降神會了？

就說我有理由知道那柏克敏斯特．傅勒的本體會高興你的新詞好了。

哇嗚——棒透了。我覺得，這真酷——能夠知道那一點，真酷。

「酷」，我同意。

那麼，在高度演化的文化中，重要的是**物種體系**。

沒錯；但這**並不表示**個體不重要。完全相反，任何決定最先考量的，就是對**物種體系**的影響——這正反映了**個體何等重要**。

他們認為物種體系維持所有的生命，**每一個生物**在最佳的狀態。因此，不做任何損害物種體系的事，便是**肯定每個個體生命都是重要的**。

重要的不只是有地位、有影響力或有錢的個體。也不只是那些有權力、個子大，或自以為更有自我意識的個體。而是體系中**所有的**生物，**所有的**物種。

這怎麼能行得通？這怎麼有可能？在我們的星球上，某種物種的需求**必須**放在其他物種的需求下，否則我們就無法過我們現在所知的這種生活。

你們已經很接近不能過你們現在「所知的這種生活」的邊緣了。這正是因為你們堅持把大多數物種的需求置於一種物種的欲望之下。

人類。

沒錯——但也不是這物種的**所有成員**。甚至也不是最大多數，而是**非常少的少數**（否則還有點道理可言）。

就是最有錢、最有權的。

這是你們自招的。

又來了。又是對那最有錢、最有成就的人的長篇說教。

差遠了。你們的文明不值得長篇說教，就像一屋子的小孩不值得說教一樣。人類要怎麼做——對自己和互相之間——就怎麼做，一直到他們明白那樣做不符合他們的最佳利益為止。否則不論多少的說教都不能改變他們的行徑。

如果說教有用，你們的宗教老早就見效了。

哦！噠噠噠！你今天是跟人人都過不去，對不？

我根本不做這種事。這些純粹的觀察刺到你們了？那麼，要看看為什麼刺到，這是我們雙方都知道的，真理常讓人不舒服。而這套書是為了把真理帶給你們。就如我所給予靈感的其他著作，還有電影、電視節目。

我不敢確定要不要鼓勵人看電視。

不論好壞，電視是你們現今社會的營火。並不是**媒體**把你們帶往你們說你們不想去的方向，而是你們置於其中的訊息。不要歸罪媒體，有一天，你們將可用它來傳播不同的訊息……

我可以……再回到原先的問題？我還是想知道一個物種體系如何能平等對待該體系中所有物種的需求而得以運作。

所有的需求都平等對待，但所有的需求並非平等。是那個比例的問題，是個平衡的問題。

高度演化的生物深深了解，創造並維繫我們這裡稱為的**物種體系**之所有有形體生物，他們的需求必須獲得滿足，他們才能存活。他們也了解，就以各個有生之物需從這個體系求得的供應而言，各自的需求並非相同，也非平等。

讓我們以你們自己的**物種體系**做例子。

好……

讓我們以你們稱為「樹木」和「人類」的兩種生物來說明。

同意。

樹木，顯然不像人類一樣，每天需要那麼多「供應」。所以兩者的需求並不平等；但卻互相關連。也就是說，兩者互相依賴。你們必須像關心人類需求那般關心樹木的需求，但兩種需求的本身卻是不一樣的。可是如果你們忽視某一物種的需求，就是自取滅亡。

我之前曾提到的一本書——《古老陽光的末日》是極具重要性的，它把這些事情都做了令人動容的描述。它提到樹木吸取你們大氣中的二氧化碳，將其中碳的成分轉化為**碳水化合物**——也就是利用它來**生長**。（植物所製造的樣樣東西，包括根、莖、葉，甚至堅果與水果，都是碳水化合物。）

同時，這氣體中的氧氣則被釋放出來。那是樹木的「廢物」。

另一方面，人類卻需要氧氣才能生存。你們大氣中的二氧化碳甚多，而氧氣則甚少；如果不是樹木把二氧化碳轉變為氧，則人類這個物種就不能活下去。

你們則釋放（呼出）二氧化碳，而這又是樹木所需要的。

你明白這平衡嗎？

當然。那麼巧妙。

謝啦。現在，請不要再破壞它。

哦，得啦。我們每砍一棵，就種兩棵。

沒錯。可是，如果要長到你們砍倒的老樹那麼壯，那麼大，可以放出等量的氧氣，卻至少要等三百年。

氧氣製造廠——就是你們稱為亞馬遜雨林的地方——平衡大氣的能力至少要兩三千年，才能由你們現在栽植的樹木取代。不過不用擔心。你們每年砍掉數萬英畝的森林，可是，不用擔心。

為什麼？為什麼我們做這種事？

因為你們要開地養牛，再殺來吃。養牛據說對雨林當地的人提供更多的收入。所以，做這種事的人便口口聲聲說是讓土地增加生產。

然而，在高度演化的文明中，他們卻不認為**侵蝕**物種體系是**生產**，而認為是**破壞**。所以，**高生物**便找到了平衡**各物種所需**的辦法。他們選擇這樣做，而不選擇只滿足某一小群物種欲望的辦法，因為他們明白：**一個體系如果遭受破壞，則體系內的任何物種都不得存活**。

天啊，這真是再明顯不過。明顯得讓人痛心。

如果未來幾年你們所謂的優勢物種不醒悟過來，則這「明顯」還會更令人痛心。

我明白了，我大大明白了。我該做點事，可是我覺得好無助，有時候我覺得好無助。我能做什麼，才能讓事態有所改變？

沒有什麼是你必須去做的，但有許多事情**可以**做。

請指示。

長久以來人類就想在「做」的層次來解決問題，卻不怎麼成功。這是因為真正的改變永遠都在「是」的層次，而不在「做」的層次。

哦，當然，你們有了一些發現，在科技上有了一些進展，在某些方面，你們讓生活容易了些——但是否**好了**一些，卻很難講。在較大的原則方面，你們的進步卻非常慢。你們現在仍然面對著多少世紀以來你們星球上面對的原則問題。

「地球的存在是為了讓優勢物種利用的」這個觀念，就是一個明顯的例子。

如果你們不改變你們**如何是**（如何生活），你們就不可能改變**如何做**。

你們與你們的環境以及其中的一切究竟是什麼關係，在這種關係中**你們是誰**——除非你們改變這方面的**想法**，否則你們不可能有不同的**做法**。

這是意識方面的事。在**改變意識**之前，你們必須先**提升意識**。

怎麼做？

不要再默不吭聲。說出來，大聲嚷嚷，引發議論。你們甚至可以提升一些集體意識。

舉一件事為例。為什麼你們不種大麻來造紙？你們知道全世界每天的報紙要用多少樹嗎？還不用說紙杯、紙巾和外帶紙盒了。

大麻成本低，收成容易，不但可以造紙，而且可以製造最結實的繩索、最耐穿的衣服，甚至你們星球上最有效的藥材。事實上，大麻的栽植那麼便宜，收成那麼容易，用途那麼多，以至於有強有力的國會遊說團在反對它。

但這種植物幾乎處處可種，如果允許普遍種植，**許多人可能就沒錢可賺**。

這只是一個例子，說明在人類事務的經營上，貪婪如何取代了常識。

所以，讓你認識的每個人都看這套書。不僅是為了讓人得知這件事，也得知書中所說的一切。而且**可說的事情還有許多許多**。

只要翻開書看看……

沒錯，但我已經開始覺得喪氣了——像許多看過第一部的人一樣。難道說下去的只是我們如何如何破壞此處的一切，即將把它毀滅殆盡嗎？因為我不能說這就是我期望的……

你不是曾期望獲得靈感嗎？你不是曾期望被激發嗎？學習和探討其他文明——先進的文明——既能給予你靈感，又能激發你！

想想看那種種的可能性！想想看那種種的機會！想想看轉角之處那燦爛的明天！

假如我們能**醒過來**的話。

你們**會醒過來的**！你們**正在**醒過來！範型**正在**轉移。世界正在改變。這些都正發生在你們眼前。

這套書就是其中的一部分。你就是其中的一部分。記住，你就是有機會治療這一切的人。你之所以在這裡，別無其他理由。

別放棄！不要放棄！最偉大的冒險才剛剛開始。

好。我選擇受高度演化生物的榜樣與智慧的激發，由他們獲取靈感，而非被挫喪氣。

很好。以你們說你們人類想走的方向而言，這是一個明智的選擇。從對其他生命的觀察，卻是使你們得以記起許多事情來。

高生物生活在一體性中，有深深的互相關連感。他們的行為是由他們的發起念頭（sponsoring thoughts）所創造，正如你們的行為是由你們的發起意念所創造。這發起意念，你們可以稱它為社會上的基本指導原則。

那麼，高生物的社會基本指導原則是什麼？

首要的指導原則是：我們都是一體。

一切決定，一切選擇，一切你所稱為的「道德」與「倫理」，都是以這原則為基礎的。

第二個指導原則是：一體中的一切都互相關連。

在這原則下，物種中的任何成員都不可能、不會想要僅僅因為「它最先拿到」或因為「在它手上」，或因為「供應不足」而把某個東西據為私有。它們深深體認，並且尊崇**物種體系**內所有有生命的東西互相依存。每個物種的相互需求經常維持著平衡——因為一直放在**心上**。

這**第二個指導原則**是否意謂著沒有「個人所有權」這種事？

不像你們所以為的那樣。

高生物的「個人所有權」是指他對在他照顧下所有的好東西的**個人責任**。高度演化生物對物品的感覺是「珍視」感，在你們的用語中最接近的是「管家」（stewardship）。高生物是**管家**，而非「所有者」。「擁有」二字及其背後的含意，不是高生物文化的一部分。沒有個人所有權或「個人所有物」這類事。高生物並不**占有**（possess），高生物**撫愛**（caress）。也就是說，他們擁抱、撫愛、珍惜和照顧東西，卻不把東西據為己有。

人類占有，高生物愛撫。以你們的用語，只能這樣形容兩者的不同。

在你們的歷史早期，人類會覺得凡是**落在他們手上**的東西，一概屬他們所有。這包括配偶、兒女、土地和土地上的一切資源。「財產」，以及他們的「財產」可以弄到手的一切東西。這種想法有一大部分直到今日仍然被人類社會視為真理。

人類深陷在這種「所有權」的觀念中。那從遠處觀察這現象的高生物稱這為你們的「占有狂」。

現在，由於你們已經有所演化，所以你們越來越了解你們其實並不能真正擁有或占有任何東西——尤其是配偶和兒女。但是你們仍舊有很多人牢牢執著於擁有權，以為你們可以擁有土地，地上、地下以及空中的一切。（真的，你們甚至說有「領空權」！）

宇宙中的高生物卻深深了解，他們腳下的物理星球不是由任何個體所能擁有的；然而，他們的社會卻可以把一小塊土地交由個人照顧。如果他是個好管家，則可獲社會允許或要求將土地照顧權傳給下一代，下一代又可再傳給更下一代。然而，任何時候，當後代未能把土地照顧好，就不再有這管家的資格。

哇！如果這是這裡的指導原則，則世界上一半的產業界都得放掉他們的財產！

而全球的生態體系也會在一夜之間有重大改善。

你知道，在高度演化的文化中，絕不會允許你們所謂的「公司」為了利益而破壞土地，因為明明很清楚可以看出，那擁有公司或為公司工作的人，都會因土地的破壞而生活品質大受損害，無法復原。那麼，利益何在？

不過，損害是多年以後才會感受到的，利益卻眼前可見，所以這可以叫作**短期利益（長期損失）**。但是，如果你自己經歷不到這種長期損失，有誰會在乎它呢？

高度演化生物在乎，但由於如此，他們的壽命也長得多。

長多少？

長了許多倍。在某些高生物社會，生物是永遠活下去的——或在軀體裡要活多久就活多久。因此，在高生物社會中，個體生命一般都會經歷到自己所作所為的長期後果。

他們怎麼能讓自己活那麼久？

當然他們從來就不是不活的，正像你們一樣。但我知道你說的意思，你是說他們在「軀體裡」。

沒錯。他們怎麼能讓自己在軀體裡待那麼久？為什麼能做到這一點？

第一，他們不污染空氣、水和土地。他們不把化學物品放進土壤，所以那靠土壤維生的植物與動物也不會中毒，吃植物與動物的人也不會。

事實上，高生物絕不會用化學品去污染土地與植物，讓植物吸收了化學品再讓動物吃，自己再去吃吸收了化學品的植物與動物。高生物看得清清楚楚，這是「自殺」。

因此，高生物不會像人類這樣污染環境、空氣和自己的身體，你們的身體是奇妙偉大的創作，原意比你們所允許它們的要「耐用」無限久遠。

高生物的心理行為也跟你們不同，更使他們長壽。

比如？

高生物從不憂慮——甚至也不了解人類的「憂慮」或「壓力」是什麼意思。高生物也不會「憤怒」「懷恨」「嫉妒」或「恐慌」。因此，高生物就不會在身體裡製造腐蝕和破壞身體的化學反應。高生物會認為這是「自殘」。他們不會這樣做，正如他們不會去殘食其他的軀體。

高生物怎麼做到的？人類能這樣控制情緒嗎？

第一，高生物明白所有事物都是完美的，宇宙自有其運作的歷程，他們唯一須做的，就是不去干擾。所以，高生物從不憂愁，因為他們懂得這歷程。

你的第二個問題，答案是：人類可以這樣控制。只不過，有些人不相信自己有此能力，又有些人沒有選擇去展用它。有少數人做著這方面的努力，因而會長壽許多——這是說，如果化學品和空中的毒氣沒有殺死他們，又如果他們沒有自願用其他方式毒死自己的話。

等等。我們「自願毒死自己」？

你們有些人是這樣沒錯。

怎麼毒？

我說過，你們吃毒品。你們有些人喝毒品。你們有些人吸毒品。高度演化的生物會覺得這種事情不可思議。他無法想像你們怎麼可能明知故犯的把對身體不好的東西納入身體裡邊。

哦，原因是，我們覺得吃、喝、吸某些東西滿享受的。

高生物卻發現在**軀體內**的生活是享受的；她無法想像既然預先知道某些事情會減少壽命，終止壽命，或使身體痛苦，怎麼還會去做。

我們有些人並不相信吃許多紅肉、喝酒或吸植物菸，會減少或終止壽命，或讓身體痛苦。

那就表示你們的觀察能力頗為魯鈍。需要敏銳化。高生物會建議你們環顧四周。

嗯，沒錯……宇宙中高度演化的社會還有其他什麼特質？

沒有羞恥。

沒有羞恥？

也沒有「罪疚」這種東西。

那麼，當一個人證明自己是土地的「壞管家」時，那又是什麼呢？你不是說別人會把土地拿走嗎？這不表示他受到審判，被認為有罪？

不是。那表示他被觀察到不能把土地照顧好。

在高度演化的文化中，生物從來不會被要求去做他們沒有能力去做的事。

假如他們仍然想要做呢？

他們不會**「想要」**做。

為什麼？

既然證明了沒有這個能力，就消除了他們這個願望。他們了解，既然沒有能力去做某件事，卻硬要去做，就可能傷害到**他人**。這種事是他們永遠不會想去做的。因為，傷害他人就是傷害**自己**。這一點他們**很清楚**。

所以，還是「自我保護」在驅使。這跟我們地球上沒什麼不同。

當然！唯一不同的是，「自我」定義不同。人類把「自己」（自我）定義得非常窄，他們說的是**你自己**、**你的家人**、**你的社區**；高生物對**自己**的定義卻很不一樣，她說的是**自己**、**家人**、**社區**。

就好像唯有一個。

正是只有一個，這是關鍵所在。

我明白了。

因此，在高度演化的文化中，一個生物如果證明了它**沒有能力**養育幼兒，它就不會堅持去養育。

這就是為什麼在高度演化的文化中，孩子不會去養育孩子，幼兒是交由長者養育的。這並不意謂孩子被迫離開生身父母，丟給完全陌生人去養育，不是。

在這些文化中，年長者跟年輕人生活得很密切。他們並沒有被推開去過他們自己的日子。他們並沒有被忽視，任憑他們自己去計畫自己晚年的命運。年長者受到尊敬、善待，是充滿愛心而活躍的、社區的一部分。

當幼兒誕生，年長者已深植於社區和家庭的核心，準備好了；他們對幼兒的養育是理所當然的，正如你們現在社會中認為由父母帶養理所當然。

不同的是，幼兒雖然始終知道誰是「父母」——在他們的用語中跟「父母」最相近的，則是「生命的給予者」——他們的生活基本知識卻不需從父母學習；因為父母**也還在學習生活的基本知識**。

在高生物社會，學習歷程是由長者規畫和監理的，兒童的住宿、飲食與照顧，也是如此。兒童的成長環境充滿了智慧與愛，有非常非常大的耐心，有非常非常深的了解。

給予兒童生命的年輕人則通常在外，去迎接年輕的生命所面對的挑戰，去體會年輕生命的歡樂。他們願意跟幼兒在一起多久就多久；他們也可以跟孩子一同住在**長者之居**，跟孩子生活在一個「家」的環境中，被孩子認為是家庭的分子。

那是一種非常整體的，合而為一的體驗，但負照顧孩子之責的是長者。這是榮譽，因為整個物種的未來交在長者的手上。在高生物的社會中，大家都明白，要年輕人負起這麼大的責任是過分的。

這種情況我以前說過——我曾說，你們星球上如何養育後代，該如何改變。

是。謝謝你再加解釋，再度說明如何運作。那麼，回過頭來說，高生物不論做了什麼事，也不會覺得羞恥或罪惡？

不會。因為罪惡與羞恥感是外加的。當然，外加的東西可以被內化，但它原本卻是外加的。**這從來就是外加的**。神聖的生物（一切生物都是神聖的）**從來**就不會認為它自己所做的任何事情是「羞恥」或「罪惡」的——一直到**它自己之外**的某人給它貼上這樣的標籤。

在你們的社會中，嬰兒會因為它的「洗澡習慣」而覺得害羞嗎？當然不會。一直要等你們**告訴他**，他才會。兒童會因玩性器而有「罪惡」感嗎？當然不會。一直要等到你們**告訴**他，他才會。

一個文化的演化程度會從它標示「羞恥」與「罪惡」的程度顯示出來。

沒有任何行為可以稱為可恥？不管人做了什麼，他都不會有罪？

我已說過，沒有對與錯這種東西。

有些人還是不能了解這一點。

要了解這裡所說的，必須把這套對話錄**整體**閱讀。斷章取義，會不得其解。前面所說的智慧，第一部和第二部都做過詳細的解釋。你在這裡問的是宇宙中高度演化的文化，他們已都領悟了這種智慧。

好得很。這些文化還有什麼地方與我們不同？

很多地方。他們不競爭。

他們明白，一個人失敗，就人人失敗。因此，他們不辦任何「比賽」；因為他們不會教孩子（或鼓勵大人）有人「贏」有人「輸」竟然是娛樂。

再者，我已說過，他們分享一切。當任何人有所需的時候，他們不會僅僅由於資源短缺而囤積或據為己有。相反的，這是他們**要分享的原因**。

在你們的社會中，當物品短缺的時候，你們即使分與他人也會提高代價。用這種方式，你們確保即使將你們所「擁有」的東西分與他人，你們也可以因此「致富」。

高度演化的社會也因分享而致富。但他們跟你們不一樣的地方是他們對「致富」的定義。高生物覺得跟他人免費分享一切就是「致富」，無需「獲利」；事實上，他們認為那分享感就是獲利。

在你們的文化中有數種指導原則，造成了你們的行為。我以前說過，最基本之一是：**適者生存**。

這可以稱為你們的**第二指導原則**。你們社會所創造的一切都以它為基礎。經濟、政治、宗教、教育、社會結構。

然而，在高度演化的生物看來，這原則的本身卻是矛盾的。它是自相衝突的。因為高生物的**第一指導原則，是我們全是一個**，因而除非「我們全部」都適應，「個人」就不可能「適應」。因此，「適者生存」是不可能的；不然就是「唯一」可能的事。因為，只有當所有的都適應，那「適者」才「適應」。

你明白嗎？

明白。我們稱這為共產主義。

在你們的星球上，任何不讓你們以他人為代價而獲利的制度，你們立刻棄之如敝屣。

一個政治或經濟體系，如果想要將「所有的人」的資源創造出來的福利均分給「所有的人」，你們就說這種體系違背自然秩序。然而在高度演化的文化中，自然秩序**就是均分**。

即使什麼都不做的人？即使對大眾福利沒有任何貢獻的人？甚至邪惡的人？

活著就是大眾福利。如果你活著，你就對大眾福利有貢獻。要一個精神體住在肉體中，是非常艱困的事。就某種意義來說，這是一種重大犧牲。然而，為了那**萬有**能夠以經驗的方式認識**它自己**，為了在下一個最偉大的意象之最恢宏的版本中，重新創造**它自己**，這犧牲卻是必須的，甚至是讓人享受的。

務須明白我們為什麼到這裡來。

我們？

那組合成集體的靈魂們。

你讓我迷糊了。

我已經解釋過，只有**一個靈魂，一個存在，一個本體**，你們有些人稱為「神」，這**唯一本體**將它**自身**「個體化」為**宇宙的一切**——換言之，**一切萬有**。這包括一切有情生命，或你們所稱為的靈魂。

所以，凡「存在」的靈魂都是「神」？

一切現在存在、過去存在與未來存在的靈魂都是。

所以，神是一個「集體」。

這是我選用的字，因為在你們的語文中，它是最接近真相的。

不是一個令人敬畏的單體，而是一個集合體？

並不必須是其一而不是其二。「跳出窠臼」來想想！

神兩者都是？是一個令人敬畏的單體，又是各個部分合成的集體？

說得好！好得很！

這集合體為什麼來到地球上？

為了以物質性或肉體性來表現它自己，以它自己的經驗來認知它自己，為了做為神。這在第一部中我已詳細解釋過。

你創造我們做為你？

其實，是**我們**創造，這就是你們**何以**被創造。

人類是被一個集體創造的？

你們的《聖經》上寫道：「讓**我們以我們的形象**創造人，依**我們的樣子**。」——後來的譯文把它改了。

生命是歷程，神藉此歷程創造**自己**，又體驗這創造。這創造的歷程恆在進行中。一切「時間」中都在發生。相對性和物質性是神用以運作的兩種工具。神是純粹的「能」（你們稱為精神或靈）。這本體（本質）就是**聖靈**。

「能」藉由一個歷程變為物質，靈則進入肉體內或肉體化。這樣做是靠「能」名副其實的將自己放慢下來——改變它的擺動，或你們所說的振動。

那「本是一切」者以各個部分這樣做。也就是全體的各個部分。靈的這些個體化單元，就是你們稱為靈魂的。

事實上，唯有**一個靈魂**，不斷的重新型塑**自己**。這可以叫作**再造**（The Reformation）。你們統統是**在造形中的家神**（Gods In Formation）——**神的訊息**（God's information）！

這**就是**你們的貢獻！本身就完滿具足。

簡單的說，你們採取肉體形象，**這本身就已足夠**。我不要更多，不需更多。你們已經對大眾福利做了貢獻。你們使那唯一的**公共元素**（The One Common Element）得以體驗那好，那善，那益（good），就連你們自己也曾這樣寫：神創造了天與地，地上走的獸，空中的鳥，海中的魚，而**那是非常好的**。

但在經驗上，「好」或「善」不可能沒有它的對立面而存在。因此，你們也創造了惡，而這是善的後退運動，或反向運動。這是生命的反面——所以你們創造了你們稱為死亡的東西。

然而，在最終的實相中，死亡是不存在的，僅僅是個編造品，是發明，是個想像出來的經驗，好讓你們更珍惜生命。因此，「惡」（evil）是由「活」（live）反方向拼出！你們在語文上是何等聰明啊！你們在其中隱藏著甚至連自己都不知道的智慧。

當你們了解了這整個宇宙觀，你們就能領會這偉大的真理。那時，你們再把肉體生活的必需品與資源分享時，就不會要求回報。

說得很美。但是，仍舊會有人管它叫共產主義。

如果他們願意這樣說，就讓他們這樣說吧。不過，我仍然要告訴你們：除非你們這**共同生活**的生物，懂得了什麼叫**共同生活**，否則你們就不可能體驗到**神聖交流**（Holy Communion，聖餐），不可能認識**我是誰**。

宇宙中高度演化的文化深深了解我這裡解釋的情況。在那樣的文化中，不可能不分享。也不可能在必需品短缺時「漲價」，以圖「暴利」。只有最原始的社會才會做這樣的事。只有最原始的生物才會把共同需求的短缺視為牟利的機會。高生物的體系不是由「供需」原則在推動。

但供需原則卻被人類稱作是提升生活品質與公益的體制之一部分。可是，從高度演化的生物視野看來，你們的體制卻**違背**了公益，因為它不允許**那有益**的事物被**公共**享用。

高度演化的文化另一個特妙的特徵是，在他們的語言或文字中，或在他們任何傳遞訊息的方式中，都沒有「你的」和「我的」這種概念。在他們的用語中，私人所有格是不存在的，因此，當他們提到世間物時，就只能用冠詞來形容。例如「我的汽車」，他們只能說成「目前的車」。「我的伴侶」或「我的孩子」就會變成「目前的伴侶」或「目前的孩子」。

「目前」，或「面前」，就是最接近你們所稱為的「所有權」、「占有權」的用詞。

「在……面前」的（**in the presence of**）就變成了禮物，這是生命的真正「禮物」（presents）。

因此，在高度演化的社會中，人甚至不會說「我的生命」，而只說「這面前的生命」。

這類似於你們所說「在神的面前」。

當你們在神的面前（任何時候當你們在彼此面前，就是在神的面前），你們永遠不會想要把那屬於神的不給神——而神又正是**一切萬有**的任何部分。你們會把那屬於神的一切，自然的、平均的分給神，**而任何部分都是神**。

在高度演化的文化中，整個的社會、政治、經濟與宗教結構，都是建立在這種精神領悟上。這是總括一切生命的宇宙觀。你們在地球上之所以創造出這麼不和諧的狀態，只是因為你們未能覺察與遵從這宇宙觀，未能領會它，未能生活於其中。

19 把每一個人都看作是自己

其他星球上的生物在體形上是什麼樣子？

不勝枚舉。物種的繁多就和你們星球上一樣。其實，比你們的還多。

有沒有跟我們很相像的？

當然有。有些看起來和你們一模一樣——只是小有不同。

他們怎麼生活？吃什麼？衣服穿成什麼樣子？怎麼互相溝通？我想要知道E.T.的一切。說啦！統統說出來！

我了解你的好奇心，可是這幾本書不是為了要滿足你們的好奇。這番對話的目的是要把訊息帶到你們世界上。

我只再問幾個問題。這不只是出於好奇，而是我們可以從這裡學到一些事。或說得更正確些，可以回憶起一些事情。

這真的是更為正確。因為你們沒有需要學習的；你們唯一需要的，是回憶起**你們真正是誰**。

在第一部中你已經把這一點說得非常清楚了。其他星球上的生物記得**他們是誰**嗎？

如你可以料到的，其他各處的生物演化階段各不相同。但在你稱為高度演化的文化中，那裡的生物已經記得**他們是誰**了。

他們怎麼生活？工作？旅行？溝通？

高度演化的社會是沒有你們文化中所說的旅行的。那裡科技非常先進，不需再用石化燃料推動巨大的載人機器裡的引擎。

除了物質科技的先進外，對於心的了解，對於肉體天性的了解，也十分先進。由於這兩方面的先進，高生物便可以照自己的意願把身體分解和再組合，這使得大部分高度演化文化中的生物能夠在「任何時候」，想身在「何處」就身在何處。

包括橫越宇宙許多光年？

沒錯。大部分情況是如此。橫渡銀河的「長距離旅行」，做起來如像石片在水面上漂過。他們不是要「通過」母體（The Matrix）——也就是宇宙——而是在上面滑過去。用你們的語言來形容這樣的物理情況，這是最接近的說法。

至於你們社會中所說的「工作」，在大部分高生物文化中，是沒有這種概念的。任務的達成，活動的進行，純粹是依各生物愛做什麼，並視之為他**自己**的最高表白而定。

這真是太棒了。那麼，下賤的工作怎麼做？

「下賤的工作」這個概念是不存在的。你們社會中視為「下賤」的工作，在高度演化的世界中往往是最受尊敬的。為了社會的存在與運作而「必須」做的日常「工作」報酬最高，榮譽最高，因為是服務**全體**。我在這裡把「工作」二字加上引號，是因為在高生物社會中根本不把它視為「工作」，而是最高形式的自我實現。

人類在表白自己——你們稱為「工作」——的方面所創造的觀念與經驗，在高生物的文化中，根本就是不存在的。「單調乏味的工作」「超時」「壓力」和你們自己創造的這類經驗，是高度演化的生物不會選擇的；不說別的，他們是不會想要「名列前茅」「出人頭地」或「功成名就」的。

你們所說的「成功」，在高生物而言，沒這回事，這正是因為他們也沒有「失敗」這回事。

那他們怎麼會有成就感？

他們的成就感和你們不一樣。你們是透過一套煞費思量的價值體系來促成的：

「競爭」，「輸」與「贏」。這是你們大部分社會和活動的情況。甚至學校——尤其是學校——也是如此。高生物的成就感則是來自深深了解什麼事情對社會真正有價值，並真正珍惜。

在高生物而言，成就的定義是：「做帶來價值的事」，而非「做帶來名利的事——不論有沒有價值」。

那麼，高生物是有「價值體系」的了！

哦，當然。可是和你們講的很不一樣。高生物認為對**一切**都有益處的事是有價值的。

我們也是這樣啊！

沒錯，但你們給「益處」的定義卻大大不同。你們認為把一個小白球投給一個拿棒子的人很有益處，或在大銀幕上脫衣服很有益處——那益處比帶領你們的後代走向最高的真理，或為社會提供精神食糧更大。所以，你們對球員、電影明星的推崇要比對老師及教士更高，報酬也更高。在這些方面，你們事事倒退——和你們說你們的社會所要走的方向背道而馳。

你們的觀察能力不夠敏銳。高生物總是看出「什麼是什麼」，去做那「有效」的事。人類卻常常不是這樣。

高生物推崇老師與教士，並非因為那「在道德上是對的」，而是因為對他們所選擇的社會而言，那「有效」。

不過，既然他們有「價值體系」，他們就一定會有「有」的人和「沒有」的人。所以，在高生物社會中，有錢有名的人是老師，球員則是窮人。

在高生物社會中，**沒有**「沒有」的人。沒有一個人陷於你們人類允許人類所陷入的窮困境地。沒有人死於飢餓——像你們星球上每小時死四百個兒童，每天死三萬人那樣。也沒有你們工作文化中那種「暗中絕望」的生活。

沒有。高生物社會中沒有「貧困」這回事。

他們怎麼避免的？怎麼避免？

靠實行兩個基本原則——

我們都是**一個**。（**We are all One.**）

一切都夠用。（**There's enough.**）

高生物有「一切皆夠」的覺知；他們的意識也足以創造出這種情況。由於他們意識到一切都互相關連，因此，在高生物的星球上，自然資源都不會被浪費或破壞。這又使得人人都豐饒——因此，「一切都夠用」。

人類的不足感——「不夠」的意識——是一切憂慮、壓力、競爭、嫉妒、憤怒、衝突的根源；最後則導致屠殺。

再加上你們堅信萬物分立而非一體，於是你們生活中百分之九十的不幸就如此產生，歷史上百分之九十的悲劇也是由此產生，目前想使大家的生活改善卻無能為力，百分之九十也是出自這個原因。

如果你們把意識中的這兩個因素改變，則一切都會改變。

怎麼改？我想改，但我不知道怎麼改。給我工具，不要空口說白話。

好。這合理。工具來了。

要「做得像」（**act as if**）。

做得像你們全是**一體**。明天你就開始這樣做。把每個人都看作是「你」，只不過正在度難關。把每個人都看作是你，只不過缺一個公平機會。把每個人都看作是「你」，只不過經驗不同。

試試看。明天到處走走，試試看。用新的眼光看每個人。

然後，做得像「什麼都夠用」。做得像你有「足夠」的錢，「足夠」的「愛」，「足夠」的時間——那你又會怎麼做呢？你會更公開、更自由、更平均的分享嗎？

這倒有趣。因為這正是我們對待自然資源的態度，而生態學家卻為此批評我們。我是說，我們做得像「一切都足夠」。

真正有趣的是，你們做得就像那於你們**有益的**東西**樣樣不足**，因此你們把這類供應品看得很緊——甚至常常囤積。然而，對於環境、自然資源和生態，你們卻採取玩弄的態度。因此，唯一合理的假設是你們並不認為環境、自然資源與生態對你們有益。

或我們「做得像」什麼都足夠似的。

不是。如果真的這樣，你們就會把這些資源更平均的分享。然而現在是世界五分之一的人口用去了五分之四的世界資源。而你們沒有顯示任何跡象要改變這種分配。

你們把世界資源浪費在少數特權者的身上，是極為不智的；假如你們停止這種行徑，則世界資源確實足以供應每個人。如果人人都明智的運用資源，你們就不至於讓少數人這般不明智的運用得那麼多。

使用（use）資源，但不要濫用（abuse）。這就是所有的生態學者所說的話。

哦，我又開始喪氣了。你老是讓我覺得喪氣。

你真奇怪，你知道嗎？你孤單的在路上開車，迷途了，不知道怎麼走向你想去的地方。然後有人來了，**告訴了你方向**。「我知道了！」這時你應該好高興，不是嗎？不是，你卻喪氣。

實在令人驚訝。

我喪氣是因為**我不認為我們會採取這個方向**。我甚至不認為我們想要。我認為我們會直衝牆壁。這個讓我喪氣。

你沒有運用你的觀察力。我看到上千上萬的人在讀這本書時欣歡雀躍，我看到數以百萬計的人承認了這裡簡單的真理，我看到你們地球上正強烈的興起一股改變的力量，許多的思想體系都被拋掉了。原先統馭你們自己的許多方式已遭唾棄，經濟政策已在修改，精神真理已在被你們重新檢定。

你們人類**正在覺醒中**。

你們不需把這書中的一些提醒與觀察視為沮喪之源。當你們承認它是**事實真相時**，它可以成為你們極大的鼓舞力量，讓它成為驅動**你們改革的引擎中的燃料**。

你是改革催化劑。在人類創造生活和體驗生活的歷程中，你是那可以讓世界**有**

所不同的人之一。

怎麼做？我可以做什麼？

讓你自己**是**那不同，**是**那改革。把那「我們都是一體」和「一切夠用」的意識**體現**在你身上。

改變你自己，改變世界。

你把這書和**與神對話**的全部資料都給予了你**自己**，以便你可以再度記起如何去過高度演化了的生物的生活。

我們以前曾經這樣生活過，是嗎？你曾經說，我們以前這樣生活過。

是的。在你們所說的古代和古文明中。我在此處所描繪的生活，大部分是你們人類曾經經歷過的。

好吧。現在我心中有某一部分更為喪氣了！你是說，我們曾經到達過那種地步，然後

又完全失掉？那麼，這種「兜著圈子轉」究竟有什麼意義？

演化！**演化並不是直線進行的！**

你們現在有機會再創造你們古代文明的最佳經驗，而避開它最壞的部分。你們這次可以不必讓你們個人的自我與先進的科技把社會毀滅。你們可以採用不同的做法。**你們可以締造不同**。

如果你們允許自己這樣做，這可以使你們奮發。

好。我懂了。當我允許自己這樣想，我**確實**感到奮發！我會**締造不同**！請多告訴我一些事情。我想盡可能記得我們古代先進文明是什麼樣子，而今日的高度演化生物又是什麼樣子。他們怎麼生活？

他們群居度日，或用你們地球上的說法，生活在社群中。但他們大部分已捨棄你們所謂的「城市」或「國家」這種結構。

為什麼？

因為「城市」已經變得過大，不再能符合群居的需求，卻反而違反。城市造成的不是社群生活，而是「擁擠的個體」。

我們星球上也是一樣！在小鎮和村莊裡——甚至在開闊的城郊——反而比大城裡更讓人有群體感。

沒錯。不過，在我們目前討論的其他星球和你們的世界之間，有一個不同。

什麼？

其他星球上的居民已經學會了這一點。他們更確實的觀察到「什麼更有效」。

我們呢，卻繼續創造更大更大的城市——即使我們明明看得出，這些大城在破壞我們的生活。

沒錯。

我們甚至還因排名而**自得**！如果我們的城市從世界第十二大城**晉升**到第十大城，則人人好像認為值得慶賀！商務部還真的以此來做**廣告**呢！

把退步認為是進步，正是原始社會的特點。

這話你以前說過。這又讓我喪氣起來！

你們已有越來越多的人不走這條路。你們有越來越多的人在重新創造小型「有意的」（intended）社區了。

那麼，你認為我們應該放棄我們的百萬大城而重返小鎮和鄉村嗎？

我沒有好惡。我只在做觀察。

你始終都這樣。那麼，依你的觀察，儘管我們明明看出大城對我們沒有好處，卻為什麼一再遷往越來越大的城市呢？

因為你們有許多人並沒有看出這對你們不好。你們以為聚集在大城中可以**解決**問題，但實際上卻只能製造問題。

沒錯，大城中有服務，有工作，有娛樂，都是小鎮或鄉村不能提供的。你們的錯誤卻在於認為這些事情有價值，而事實上，它們卻對你們有損害。

啊！你終究對這件事**有了觀點**！你露出了馬腳！你說我們犯了「錯誤」。

如果你們想去南部——

又來了——

嗯；如果你非要把觀察說成是「審判」，把事實的陳述說成是「好惡」不成的話。我知道你一直在想使溝通和覺知更為精確，所以我必得常常提醒你。

如果你想去南部，卻明明在開向北方，當你問路，而路人告訴你走「錯」了，你會認為路人是有「好惡」嗎？

我猜不會。

你猜？

好吧。不會。

那麼，那路人做的是什麼？

他只是在說「什麼是什麼」，只在指明我們的路。

好得很，弄懂了。

這一點你以前說過；不只一次。為什麼我一再想要認為你有好惡，會審判？

因為這就是你們的神話所供養的神，而你只要有機會就會把我套進那種神話中。再者，如果我有好惡，你們做起事來就容易得多。你們就不用自己去傷腦筋自求結論。你們只要照我說的去做就好了。

當然，你們卻無法知道什麼是我所說的，因為你們不相信這兩千年來我說過任何話，因此，你們別無選擇，只得依靠那些自稱傳授我**當年真在**傳授的教誨的人所說的話。可是，即使這樣仍舊大有問題，因為老師與教誨多如牛毛，人人不同，你們如何辨其真偽？結果，你們還是得自求結論。

人類有沒有路可以從這迷宮、從這悲慘的循環中走出？我們會「走對」嗎？

有「出去的路」，你們**會**「走對」。你們必須做的只是**增加觀察的技巧**。你們最好是能看出什麼對你們有用。這就叫「演化」。事實上，你們不可能「不走對」。你們不可能失敗。只是遲早的問題，不是會不會的問題。

但在這個星球上來說，我們是否已經時間不多了？

哦，如果你們以此為參數——如果你們想在這個星球上「走對」，想在這個星球仍然支持你們的時候——則沒錯，在這種情況下，你們最好是加緊腳步。

我們要怎樣加緊腳步？請幫助我們！

我在幫助你們。這對話三部曲不就是嗎？

好啊；可是請給我們更多一些幫助。你剛剛提過一點其他星球上高度演化生物的事，你說他們放棄了「國家」或「民族」的概念。為什麼？

因為他們看出，像你們所謂的「民族主義」概念會違背他們的**首要指導原則：我們都是一體**。

可是，民族主義卻支持我們的**第二指導原則：適者生存**。

正是。

你們把自己分成許多民族和國家，為的是生存和安全——造成的結果卻完全相反。

高度演化的生物拒絕結成民族和國家。他們相信只有一個民族，一個國家。你們甚至可以說，他們是「在神之下，形成一國」。（**譯注：此句原出於美國獨立宣言。**）

啊，說得好。（**譯注：作者指神前面的引用很巧妙。**）但他們有「全民共享的自由與正義」嗎？

你們呢？

問得好！

重點是，所有的物種都在演化。觀察什麼對你們有用，並依此調整行為，其目的就在演化。演化似乎是單方向進行的，離另一個方向越來越遠。它一直走向合一，而遠離分離。

這並不令人驚奇，因為合一就是**終極實相**，「演化」與「走向真理」是同一件事，只是名稱有別。

我也注意到「觀察什麼對你們有用，並依此調整行為」聽起來有點像「適者生存」——我們的指導原則之一！

很像，不是嗎？

所以，現在已是時候讓我們「觀察」一下這個事實：「適者生存」（也就是物種的演化）並沒有達成，反而是整個物種面臨災難——實際上是**被自己所毀滅**——為什麼呢？因為把「過程」稱作了「原則」。

哦，你把我搞糊塗了。

過程叫作「演化」。**指導**這過程的「原則」是那指導你們演化過程的東西。

你沒錯。演化是「適者生存」。這是**那過程**，但不要把「過程」跟「原則」混為一談。

若說「演化」跟「適者生存」是同義詞，而你們又宣稱「適者生存」為**指導原則**，那你們就是在說「演化的指導原則是**演化**」。

然而，這是不知道自己**能控制自己之演化過程**的物種所說的話。這是將自己降格為自己演化之觀察者的物種所說的話。因為大部分人都認為「演化」是漠然「進行」的過程，而不是一個他們可以依照某些**原則**來**指導**的過程。

因此，這物種就聲稱「我們依照……呃，**演化原則……演化**」。卻沒有說出那原則**是什麼**。因為他們把過程和原則搞混了。

然而，這物種在清楚了演化是過程，是它**可以控制的**過程時，它就不會把「過程」跟「原則」相混，而會有意識的**選擇**一個原則，用來**指導**演化**過程**。

這叫作**有意識的演化**。你們這物種才剛剛到達這個地步。

哦，何等令人難以置信的真知灼見！**這就是你**為什麼給芭芭拉．馬克斯．胡巴德那本書！我說過，她真的就管那本書叫《你正在改變世界：有意識的演化》。

當然。是我告訴她的。

啊，妙不可言！那麼……我還想再談談E.T.這些高度演化的生物，既然不結成民族和國家，又怎麼組織自己呢？怎麼管理、統治自己呢？

他們不把「演化」當作他們的**首要演化原則**，卻基於純粹的觀察而**創造出**一個原則。他們觀察到事實上他們都是一體，這就是他們的**首要原則**。他們所設計的政治、社會、經濟與精神機制，都是**支持**這首要原則的，而不是**拆它的台**。

「那看起來」究竟是什麼樣子？比如，政府？

當你只有一個你，你怎麼管理自己？

什麼？

當只有你一個人的時候，你怎麼管理自己的行為？誰管理你的行為？除了你自己之外還有誰？

沒人。當我只有自己一個人的時候——比如，獨處孤島——除了我自己之外，沒人管我或控制我的行為。我可以愛怎麼吃就怎麼吃，愛怎麼穿就怎麼穿，也許我根本不穿衣服。我什麼時候餓了就什麼時候吃，什麼好吃、什麼有益健康就吃什麼。我喜歡做什麼就做什麼——有些是我活下去必須做的事。

嗯，你什麼智慧都有。我已經告訴過你，你沒有什麼要學的，只要回憶起來就好。

這是先進文明中的情況？他們光著屁股到處跑、吃草莓、挖獨木舟？這滿像野蠻人的！

你認為誰比較快樂——誰比較接近神？

這我們以前談過了。

沒錯。我們談過了。原始文化的特徵是，以為單純就是野蠻；以為複雜就是先進。

有趣的是，那些高度先進的人看法正好相反。

然而所有的文化——所有的演化——都是越來越走向複雜。

就某種意義而言，確實如此。不過，這裡我們又見到最大的**神聖二分法**：**至極複雜即是至極單純**。

一個體系越是「複雜」，設計就越為單純。事實上，其單純又是極優美的。

大師明瞭這一點。這就是何以高度演化的生物活得至為單純。這也是何以高度演化的體系至為單純。高度演化的行政、教育、經濟或宗教體系，都是至為優美的單純。

比如，高度演化的行政體系就是**完全不管**，只有**自治**。

就如參與者只有一人，就如受影響者只有一人。

正是。

這正是高度演化的文化所了解的。

正是。

我現在開始拼湊得起來了。

很好。我們的時間不多了。

你要走了？

這本書已經很長了。

20 保密變成了你們的社交密碼

等一等！等一下！你不能現在就走！我還有幾個關於E.T.的問題。他們會不會有一天出現在地球上來「拯救」我們？他們會不會帶給我們新科技，來控制地球的地軸、淨化我們的大氣、駕馭太陽能、調整氣候、治療一切疾病，使我們在自己小小的涅槃中得到更好的生活品質？拯救我們免於瘋狂？

你們不會想要此事發生的。「高生物」明白這一點。他們知道這樣的干預只會讓你們屈服於**他們**，視他們為你們的眾神，來替代你們現在所屈服的眾神。

實況是，你們**誰也不屈服**，而這才是高度先進文化中的生物想要教你們明白的事。因此，如果他們要跟你們分享科技，他們在方式與速度上都會非常小心，讓你們得以認出你們**自己的**能力與潛能，而非別人的。

同樣，如果高生物要跟你們分享某些教誨，他們也會在方式與速度上非常小心，讓你們得以看到更大的真理，更真的實相，看出你們**自己的**能力與潛能，而**不**

要把老師當成眾神。

太遲了。我們已經做了這種事。

沒錯。我注意到了。

這使我們想到我們最偉大的老師之一，名叫耶穌的人。即使那些**不把**他當作神的人，也承認他教誨的偉大。

但他的教誨已被嚴重扭曲。

耶穌是——高度演化了的生物嗎？

你認為他是否是高度演化了的？

是。佛陀也是，主、克里希那也是，摩西也是，巴巴吉、賽巴巴和尤迦南達都是。

沒錯。還有許多你沒有提到的。

嗯，在第二部中你曾「暗示」到耶穌和這些其他的老師可能來自「外太空」，他們可能是此地的訪客，跟我們分享高度演化生物的教誨與智慧。現在，把另一隻鞋也脫了吧。耶穌是「宇宙人」（Spaceman）嗎？

你們全都是「宇宙人」。

這是什麼意思？

你們並不是你們稱作家鄉的這個星球上的原住民。

我們不是？

不是。你們是由基因締造，而締造你們的基因則是有意**放置在**你們星球上的，它並不是湊巧「出現」在那裡。形成你們生命的諸種元素，並非由於**生物學上的運氣**而組合起來的。其中有計畫，有某種大得多的事情在進行。你們會以為造成你們生命的億萬零一個生化反應，是偶然發生在你們星球上的嗎？你們真的認為隨機事件的偶然串連，只靠機會就能得到這皆大歡喜的結果？

當然不。我相信一定是有計畫，神的計畫。

很好，你是對的。那是我的想法，我的計畫，我的歷程。

那麼——你是在說你是「宇宙人」？

當你們在想像中以為在與我說話時，傳統上是向哪裡望？

向上。我們向上望。

為什麼不向下？

我不知道，人人都向上望——向「天國」。

我從那裡來？

我猜——是的。

這使我變成宇宙人了嗎？

我不知道，是嗎？

如果我是宇宙人，會使我不大像神嗎？

以我們大部分人對你的想法來說，我想不會。

而如果我是神，會使我不大像宇宙人嗎？

我猜，這得全靠我們的定義而定。

而如果我根本不是「人」呢？如果我是宇宙中的力，是「**能**」呢？是**宇宙**呢？是**一切萬有**呢？如果我是那**集體**呢？

嗯，事實上，這是你說過的。在這部對話中，你曾這樣說過。

是，我真的說過。你相信嗎？

我認為我相信。至少就**神為一切萬有**這層意義而言，我是相信的。

好，現在，你認為有你們所稱為的「宇宙人」這樣的東西嗎？

你是指由外太空而來的生物？

對。

是，我相信有。我認為我一向就相信；而現在，由於**你告訴**了我確實有，所以我確實更相信了。

這些「來自外太空的生物」是「一切萬有」的一部分嗎？

是；當然。

如果我即**一切萬有**，則這使**我成了宇宙人**嗎？

嗯，是的……不過，由這個定義來說，你也是**我**。

賓果！

謝謝。不過你跳開了我的問題，我問你耶穌是否是宇宙人，我想你明白我的意思。我是說，他是來自外太空的生物？還是生在這個地球上的？

你的問題又落到「非此即彼」的模式中了，**跳出窠臼**想一想。把「非此即彼」拋開，而用「既是這樣，又是那樣」。

你是說，耶穌生在這個地球上，卻——姑且這麼說——有「宇宙人血緣」？

耶穌的父親是誰？

約瑟。

沒錯。但據說是誰**使他成胎**？

有些人認為這是無玷受胎。他們說，童貞瑪利亞受大天使之訪。耶穌是由「聖靈受胎，童貞瑪利亞生產」。

你相信這些嗎？

我不曉得要相信哪些。

好。如果瑪利亞受大天使造訪，你認為大天使來自何處？

來自天國。

你說「來自眾天國」？

我說「來自天國」，來自另一個界域，來自神。

我明白了。我們剛剛不是同意神是宇宙人嗎？

不完全是。我們同意神是**一切**，而由於宇宙人是「一切」的**一部分**，所以**神是宇宙人**；這意思跟**神是我們每個人一樣**。**神是一切**。神是那集體。

好的。那麼，這位造訪瑪利亞的大天使是來自另一界域。來自天國。

對。

一個深深在你**自己**之內的界域，因為天國在你們心中。

我沒有這樣說。

好，那麼，是宇宙中內在空間之內的一個界域。

不，我也不會這麼說，因為我不知道這是什麼意思。

那麼，來自何處？**外**太空的一個界域？

（暫停頗久。）

你現在是在玩弄文字。

我在盡力而為。我在**運用**文字，以求盡可能表述一些事情；而你們的文字有著可怕的局限，我要講的事情又無法用你們的語言形容，也無法藉由你們現在的覺知層次來領會。

我在試圖以一種新的方式運用你們的語言來為你們開啓新的覺知。

好啊。那麼，你是在說，耶穌是由來自其他界域的一個高度演化生物受胎，因此，他既是人類，又是高生物？

曾有許多高度演化的生物走在你們的星球上——目前依然很多。

你是說有「外人」（aliens）在我們之間？

我看得出，你在報紙、電台脫口秀和電視上的工作很幫了你的忙。

你是指——？

你可以把什麼事都聳動化。我不會把高度演化的生物稱為「外人」，我不會把耶穌稱為「外人」。

沒有任何東西是「外」於神的。地球上沒有「外人」。

我們全是一體。如果我們全是一體，則我們個體化出來的個體，便沒有一個是「外」於它自己的。

我們個體化出來的某些個體——也就是個人——比其他個體記得的更多。記得的歷程（跟神再結合，或再度跟**一切**合而為一，跟那集體合而為一）就是你們稱為演化的歷程。你們都是演化中的生物，你們有一些是高度演化了的。也就是，記得的更多（re-member more），再度成為一體的部分更多。你們知道了**你們真正是誰**。耶穌知道，並說出來。

好吧，所以我們又在耶穌這碼子事上大跳文字舞了。

完全不是，我和盤托出吧。那個你們叫作耶穌的人，他的靈體（spirit）不是屬於地球的。那靈只是進入一個人類的肉體，允許自己幼兒時學習，成長為大人，自我實現。他不是唯一這樣做的，所有的**靈體**都「不屬於這個地球」。所有的靈魂（souls）都從另一個界域而來，進入肉身。然而，並非所有的靈魂都在某一特定的「一生」中自我實現，耶穌卻實現了。他是一個高度演化了的生物（你們有些人稱之為神），而他到你們這裡來是有目的的，有使命的。

來拯救我們的靈魂。

就一種意義來說，沒錯，是如此。但並不是拯救你們的靈魂免於永遠的懲罰。沒有你們所想像的這麼一種東西。他的使命是——以前是，現在也是——使你們知曉和體驗**「你們真正是誰」**。他的心意是想向你們證明你們可以變成什麼樣子。更真切的說，是你們**是什麼樣子**——只要你們願意接受就可以。

耶穌想用榜樣來引導。這就是為什麼他說「我是道路與生命，跟隨我」。他並不是要你們成為他的「跟隨者」，而是要**你們跟隨他的榜樣，與神合而為一**。他說，「我與父是一個，你們是我的兄弟」。他已經無法講得更明白了。

所以，耶穌不是來自神，而是來自外太空？

你的錯誤在堅持把兩者分開。你堅持分別，就像你堅持把人類與神做區分一樣。但我告訴你；**沒有分別**。

嗯——。好得很。在我們結束之前，你可以告訴我最後幾樣有關其他世界的事嗎？他們穿什麼？他們怎麼溝通？請不要說這只是出於好奇。我想我們可以從中學到一些事的。

好，那就簡單的說說。

在高度演化的文化中，生物看不出有什麼穿衣服的必要；唯一穿衣服的理由是某些天候情況他們無法控制，或為表示「階級」及榮譽而做的一些裝飾。

高生物會想不通為什麼你們在全無必要時把全身都包起來——她也無法理解你們的「羞恥」或「端莊」的觀念——也永遠無法想像把身體包起來會「比較好看」。對於高生物來說，沒有任何方式比赤身裸體更好看了；因此，把某些東西包在身體外面，讓它看起來更美、更有吸引力，在他們看來就是完全不可能的事。

他們同樣不可解的是，你們大部分時間生活在「盒子」裡——就是你們所說的

「建築」或「房屋」。高生物生活在自然環境裡，唯一必須生活在盒子裡的時刻，是環境變得不利的時刻，但這種事情極少發生。因為高度演化的文明會創造、控制，並照顧他們的環境。

高生物也了解他們與環境是一體，他們與環境共享的不只是空間，而是共享著互相依存的關係。高生物無法了解你們為什麼會去破壞維持著你們生存的事物，因此唯一的結論就是你們不了解環境在維持著你們的生存，而你們是觀察技巧極為有限的生物。

至於溝通，高生物的首要溝通管道是你們所謂的感覺（feelings，感情）。高生物敏於覺知自己的和他人的感覺，而絕無意圖要去**隱藏**。隱藏自己的情感或感覺，在高生物來說，是自折台腳的事，因此不可理解。他們不會先隱藏自己的感受，然後又說人家不了解她。

感覺是靈魂的語言，高度演化的生物明白這一點。在高生物的社會中，溝通的目的是為了互相知曉真情實況。因此，高生物無法想像你們人類所說的「說謊」是什麼意思。

以「說謊」來取勝，在高生物而言是如此空洞的勝利，以至於他們不會認為那是勝利，而是驚人的失敗。高生物並不是「說」真情實況，而是「是」真情實況。

他們的整個生存狀態是來自於「什麼是什麼」和「什麼有效」；高生物遠在溝通仍在雛形之際就已明白，虛假無效。而這一點，卻是你們社會到現在還未學會的。

在你們的星球，社會上的許多事都是建立在保密上。你們有許多人相信，使生活得以進行的是互相「不講」，而不是互相「講明白」。因此，保密就變成了你們的社交密碼，你們的倫理密碼。那真是你們的密碼了。

你們並不是人人如此。比如，你們的古代文化就非如此；你們現今的原住民也並非如此。你們目前社會中也有許多人拒絕採取這種行為模式。

然而你們的政治與工商業卻是以此密碼在操作，你們的許多關係也反映了這種情況。對於大大小小的事說謊已經變得被那麼多人接受，以至於你們關於說謊也在說謊。因此，你們發展出關於密碼的**密碼**。就如那國王根本沒穿衣服，人人知道，但沒人會說出來。你們甚至裝作不是沒穿衣服——在這裡，你們是自己對自己說謊。

這一點你以前說過。

在這對話裡，我把重點一說再說，好讓你們「領會」。因為你們說你們想把情況加以改變；但只有真正領會，才能改變。

所以我要再說一次：人類文化與高度演化的文化之間的不同，在於高度演化的生物：

一、充分觀察。

二、照實溝通。

他們看出「什麼有效」，並說「什麼是什麼」。這一個小小卻深沉的改變，將可無以計量的改善你們星球上的生活。

附帶說一聲，這不是「道德」問題。在高生物社會中，沒有「道德命令」；他們會像「說謊」一樣覺得那無法理解。那純粹是什麼可以運作、什麼有益處的問題。

高生物沒有道德？

沒有你們所以為的那種。某一些人設計出一套價值系統，要高生物個體照著它去生活──這種想法會違背他們對「什麼有效」的了解；因為他們認為，什麼行為得當或不得當，每個個體都是唯一和最終的裁決者。

他們的討論永遠都是：對這高生物社會而言，什麼行得通——什麼有效，並產生對每個人都有益的結果——而不是如人類所說的什麼是「對」的，什麼是「錯」的。

但那不是一樣嗎？我們不是把行得通的稱為「對」，行不通的稱為「錯」嗎？

你們把罪惡與羞恥的觀念加到了這些標籤上——而這是高生物同樣無法理解的。你們把非常多的事情標上了「錯」的符號，原因卻不是它們「行不通」，而純是因為你們認為它們「不得當」——有時不僅在你們眼中不得當，而且在「神的眼中」。因此，你們把「什麼行得通」和什麼行不通做了人為化的定義，而這定義卻和「什麼真正行得通」沒有關係。

比如，誠誠實實的表達自己的感覺，在人類社會中往往被認為是「錯」的。這是高生物絕不會達成的結論，因為在任何社群中，知曉互相的感覺正有助於生活之道。所以，如我說過的，高生物絕不會隱藏感覺，或認為這樣做「在社交上得當」。

其實，無論如何這也是不可能的，因為高生物會接收到其他生物的「振動」，而這明明白白的表現了他們的感受。如同你們有時候走進一間房子可以感受到那裡的「氣氛」，高生物就是這樣感受到另一個高生物正在想什麼，正在經驗什麼。

你們所謂的「語言」，在他們是極少應用的。所有高度演化的有情生物彼此之間，都有這種「心電感應溝通法」。事實上，物種演化的程度可以由他們在傳達情感、欲望和訊息時運用「語言」的程度來證明；同一物種內的個體互相之間的關係，也可由此證明。

我知道你現在要問的問題，所以我逕自回答：沒錯，人類可以發展出這種能力，有些人已經發展出來了。事實上，數千年或數萬年前，這是常態。其後你們卻退步了，退到應用最初級的發音——事實上是「噪音」——來做溝通。但你們有許多人現在正在回返更清晰的、更精確的、更優美的溝通方式。相愛的人之間更是如此；這說明了一個主要的真理：**關懷會創造溝通**。

凡有深沉的愛存在的地方，語言幾乎是不必要的。這個定理的逆定理也成立：彼此話越多，能夠互相關懷的時間就越少；因為關懷創造了溝通。

推到最後，一切真正的溝通所溝通的都是真情實況。而推到最後，最後唯一的真情實況是愛。這就是何以當愛在的時候，溝通就在。當溝通困難的時候，表示愛不充分。

說得多麼美妙啊！我應該說：**溝通**得多麼美妙啊！

謝謝。那麼，簡要的說，在高度演化的社會中，生活模式是這樣的：他們群居，或如你們所說的，生活在小型的「鍾意」（intentional）社區。但這些社區不會再擴大為城市、州、省或國家，卻以平等的地位交互來往。

沒有你們所認為的那種政府或法律。他們有議會，通常是由長者組成。還有一種東西，如果用你們的語言，最好的譯法是「協議」。這些協議歸結為三連法（Triangular code）：**覺察**（Awareness）、**誠實**（Honesty）、**責任**（Responsibility）。許久以前，高度演化的生物就已認定這是他們共同生活的章法。他們之選用這樣的章法，並非基於道德考量，也非來自其他的個體或群體給他們的啟示，而純是基於他們的觀察：什麼是**什麼**；什麼**有效**。

他們真的沒有戰爭或衝突？

沒有。主要因為高度演化的生物分享一切，而任何你想要用武力奪取的東西，他們都會給你。他們之所以這樣做，是因為他們覺知到一切事物本就是屬於每個人的，而凡是他們「給」出去的，如果他們真的還想要，他們都可以創造更多出來。

在高生物社會中，也沒有「擁有」或「損失」的觀念，因為這些生物不認為自己是物質體（肉體）生物，而是現在以肉體的方式呈現的存有；他們也明白，一切存有都出自同一淵源，因此，**我們全都是一體**。

我知道你以前說過這些……但即使有人威脅高生物的生命，也不會有衝突？

不會有爭執，他會放下他的肉體——名副其實的把肉體留給你。如果他選擇再要一個肉體的話，他會重新進入一個肉體，以一個完全長大了的人出現，或進入一對相愛的人剛剛結胎的孩子身上。

後面這一種是他們更為喜愛的方式，因為在高度演化的社會中，沒有比新創造出的後代更受推崇的了，而成長的機會是無比的。

高生物沒有你們文化中對「死亡」的恐懼，因為他們知道他們是永遠活下去的，唯一的不同只是在採取什麼「形象」而已。高生物在一個肉體內的壽命通常都是無限期的長，因為他們知道如何照顧身體和環境。如果為了某些物理定律的原因，高生物的肉身不再運作良好，則他離開它就是，高高興興的將這肉體物質還給萬有去「回收再用」。（就是你們所說的「塵土歸於塵土」。）

讓我再回頭說一點：你說他們沒有所謂的「法律」。那麼，如果有人不依照「三連法」來做事又怎麼辦呢？卡崩（ka-boom，譯注：就是「斃了他」之意。）嗎？

不會，沒有「卡崩」，沒有「審判」，沒有「懲罰」，只有觀察「什麼是什麼」和「什麼有效」。

細心的去解釋清楚那「什麼是什麼」（也就是那人所做的）現在跟「什麼有效」不相合。而當某個個體現在所做的對社群無效時，則推到最後對那個體也無效，因為個體就是群體，群體**就是**個體。所有的高生物都很快就「了解」這一點，通常都是在你們所謂的「青少年」期就了解，因此，一個長大了的高生物，極少會在做「什麼是什麼」時產生出「無效」的後果來。

可是如果產生了呢？

讓他改正錯誤就是。運用三連法，先讓他覺知他的所思、所言、所行所造成的全部後果。然後，允許他去評估和聲明他在造成這些後果時扮演的角色。最後，給他機會讓他為這些後果負起責任，使他得以採取改正、挽回或治療措施。

如果他拒絕呢？

高度演化的生物不可能拒絕這種事。那是無法想像的。因為那樣他就不是高等演化的生物，而現在所談的就變成了另一個層次的有情生命。

高生物在哪裡學到這些？在學校？

在高生物社會中，沒有「學校體制」；只有教育歷程，提醒後代「什麼是什麼」和「什麼有效」。後代是由長者養育，而不是由生育他們的人；但在教育過程中，生育他們的人卻不必須跟後代分開來住，而是任何時候想住在一起就住在一起，想陪他們多久的時間就陪多久時間。

在你們所稱為的「學校」中，後代自己訂定「課程」，自己選擇想學什麼技術，而不是被**規定**他們必須學什麼。因此，動機非常強，而生活技術也就學得又快，又容易，又欣歡。

三連法（其實並不是成文的「法規」，只是以你們的語文最接近的說法而已），並不是「填鴨式」的填到年輕人的腦子裡的，而寧是「成人」的「榜樣」，讓孩子自然而然「獲得」的——幾乎可說是滲透進去的。

高度演化的文化中，大人們很明白孩子會去模仿他們所看到的事，而你們的社會卻是大人的所作所為正好和你們想要孩子去做的事相反。

高生物絕不會把某種影片播放給孩子連看幾個小時，而內容卻是父母不願意孩子去學習的。對高生物來說，這種事無法理解。

同樣不可理解的是，既然把這樣的影片播放給孩子看，而等到孩子突然做出光怪陸離的行為時，父母又認這跟影片沒有任何關係。

我要再說一遍：高生物社會和人類社會之間的不同，在於一個關鍵因素，那就是如實的觀察。

高生物社會的人承認親眼所見的事。人類社會中，許多人卻否認親眼所見的事。

他們明明眼見電視毀了孩子，卻予以否認。他們明明眼見暴力和「慘敗」被當作「娛樂」，卻否認其中的矛盾。他們觀察到菸草傷害身體，卻裝作沒這回事。他們看到父親爛醉罵人，卻全家否認，沒有一個人說一句話。

他們觀察到數千年來他們的宗教未能改變大眾的行為，卻也否認。他們清清楚楚看到政府對人民的壓迫甚於對人民的幫助，但他們裝作沒有看到。

他們看到健康照顧系統其實是疾病照顧系統，用了十分之一的資源來預防疾病，卻用十分之九的資源在經營疾病；純粹為了**利潤動機**，而不去教育民眾如何生活，如何作息，怎麼吃，怎麼喝，以得到健康——而這些，他們明明看到，卻予以否認。

將動物強迫餵食含有大量化學品的食物，然後殺來吃，這明明是有害健康的，可是他們否認。

他們做的還不只這些。凡是節目主持人敢討論這類題材的，他們便訴之以法。你知道，食物問題有一本美妙的書，深具洞察，那就是約翰·羅賓斯所寫的《新世紀飲食》。

可是許多人卻會在讀這本書時否認、否認、否認它有任何道理，關鍵就在這裡。你們人類生活在否認中，你們不但否認人人所見的事實，而且否認自己親眼所見的東西。你們否認個人的感覺，到最後，甚至於否認自己的真情實相。

高度演化的生物——你們人類中有一些便是——**不否認任何事物**。他們只是觀察「什麼是什麼」。他們清清楚楚看出「什麼有效」，「什麼在運作」。運用這些簡單的工具，生活變得很簡單。演化「歷程」得以受到尊崇。

沒錯。但是那「歷程」又是如何運作的？

為了回答這個問題，我必須再重複本對話一再重複的一個重點：**一切都依你們認為你們是誰、你們想做什麼而定**。

如果你們的目標是過和平、喜悅和愛的生活，則暴力就行不通。這已經是清楚證明的了。

如果你們的目標是健康長壽，則吃死肉、抽致癌物品、大量飲用殺死神經細胞、傷害腦筋的酒精**是行不通的**。這已經是清楚證明了的。

如果你們的目標是使後代免於暴力與憤怒，則讓他們經年累月暴露於暴力與憤怒的描繪中是**行不通的**。這已經是清楚證明了的。

如果你們的目標是照顧地球，明智的運用她的資源，做得卻像這些資源無限似的，是**行不通**的。這已經是清楚證明了的。

如果你們的目標是發現並培養一種與慈愛之神的關係，由此使宗教可以在人生的事務上發揮影響，則宣揚神會懲罰和報復，就行不通。這也是已經清楚證明了的。

一切都依動機而定，目標決定了後果。生活是由你們的意圖而產生的，你們的真正意圖表露在你們的行為中，而你們的行為又由你們真正的意圖來決定。就像生活中的一切事物（以及**生命本身**），它是循環的。

高生物看清楚這**循環**；人類沒有。

高生物回應這什麼是什麼；人類卻忽視。

高生物**永遠都說真話**；人類則常常說謊——對別人，也對自己。

高生物言行如一；人類則說的是一回事，做的是另一回事。

在你們內心深處，你們**知道**有什麼東西錯了——你們意圖「要去北部」，可是卻在「走向南方」。你們看到自己行為上的種種矛盾，目前已經準備要拋棄它們。你們清楚看到什麼是什麼，又什麼才**行得通**，你們已不願再支持這之間的矛盾與分裂。

你們是正在**覺醒中的物種**。你們的實現時間已近在眼前。

你們無需為此處所聽到的話喪氣，基礎業已打下，讓你們去體驗新的經驗，經歷更大的實相，而現在的一切都是為此做準備。現在，你們要跨出門檻了。

這份對話，特別是意在為你們把門打開。首先，是指出門來。**看到了嗎？就在這裡！**因為真理的光永遠都會照出路來。而現在給予你們的，正是真理之光。

現在，接受這真理，並把它實踐在生活中。秉持著這真理，並與人分享。現在，擁抱這真理，並永遠珍惜它。

因為在這《與神對話》三部曲中，我已再度告訴你們「什麼是什麼」。

無需更向前走。無需提出更多的問題或聆聽更多的回答，或滿足更多的好奇心，或提供更多的例子與榜樣，或更多的觀察。為了創造你們所渴望的人生，一切必需的，此處都已提供，都在這三部曲裡。無需再向前走。

我知道，你們還有更多的問題。我知道，你們還有更多的「但是——如果——又怎麼」。我知道，你們還沒有「做完」我們這裡所享受的探測。因為**任何探測你們都是絕不可能、也絕不會做完的**。

因此很明顯，這本書可以沒完的說下去。但它不會。你們跟神的**對話會**；但這書不會。因為你們可能提出的任何問題，都可以在這裡、在這完成了的三部曲裡找到答案。現在我們全部所能做的，是一再一再複述那相同的智慧，把它重加擴大，回歸它。即使這三部曲的本身都是這樣的一種練習。這裡沒有新的東西，只不過重溫古老的智慧。

重溫是好的。再次熟悉是好的。這就是我說了那麼多次的回憶過程。你們沒有什麼要學習的。唯有憶起……。

所以，要常常重溫這三部曲；隨時翻開來看，隨時，隨時。

當你覺得有一個問題而此處卻未有回答時，翻開書來再找，再看。你會發現你的問題已得回答。然而，如果你仍然覺得你的問題未得回答，那麼，找尋你自己的答案。**跟自己對話**。創造**你自己的真理實相**。

在此中，你將體驗到**你真正是誰**。

21 到達那裡的路是「在」那裡

我不要你走！

我哪裡也不去，我永遠（always）與你同在，**以一切方式**（all ways）與你同在。

在我們停止之前，請讓我再問幾個問題。幾個最後、結尾的問題。

你知道的，不是嗎？你可以在任何時候**走向內在**，返回那**永恆智慧之所**，找到你的答案。

是，我知道；我打從心底感謝是這個樣子，感謝生命是以這方式創造，使我永遠具有這個源頭。但這套對話對我有用。這套對話是一個重大的恩典。我可不可以再問幾個最後

的問題？

當然可以。

我們的世界真的面臨危險嗎？我們人類是在自取滅亡——真正的滅絕嗎？

是的。除非你們慎重思考這種真正的可能性，否則你們就無法避免。因為，凡是抗拒的，就會持續下去。只有注意的，才會消失。

也要記住我對你們所說的關於時間與事件的話。你們所可能想像的——曾經想像的——一切事件，都在現在發生，在此**永恆時刻**發生。這就是**神聖的剎那**。這是先於你們覺察的**時刻**。這是在**光**到達你們之前就在發生著的。這是現在（present）時刻，是在你們甚至還不知道它之前送給你們、被你們所創造的！你們稱它為「禮物」（present）。而它**是**「禮物」。它是**神**給你們最大的禮物。

在你們所曾想像過的一切經驗中，你們有能力選擇**現在**要經歷什麼。

這你曾說過。即使我的覺知能力有限，我現在也開始對這有了一些領悟。這些沒有一樣是「真」的，是嗎？

是的。你們生活在幻象中。這是一場魔術大戲。而你們裝作你們不知道在玩什麼把戲——儘管**你們自己就是那魔術師**。

一定要記得這一點，不然你們就會把什麼東西都弄得非常真。

但是我所看、所愛、所嗅、所觸，真的似乎非常真。如果這不是「真相」，那什麼是？

要記住：你所視的，你並沒有真正「見」。

你的腦子並不是智慧的來源，它只是資料處理器，它收入由感官進入的資料，它依照**對這能量訊息的原先資料**來作解釋，它告訴你它感受到什麼，而不是**真正是**什麼。根據這些感受，**你以為你知道了某些事物的真相**，但事實上，你連一半也不知道。事實上，你是在創造你所知道的真相。

包括這整套與你的對話。

這再確定不過了。

有些人在說：「他沒有跟神說話。這完全是他自己造出來的。」我怕你是在火上加油。

溫柔的告訴他們：「跳出窠臼」來想。他們想的是「不是這樣就是那樣」。他們可以想「既是這樣又是那樣」。

如果你們局限在目前流行的價值、概念與體會中，你們就不可能領會神。如果你們希望領會神，你們必須願意承認你們目前這方面的資料**很有限**，而不是認為你們已經有了一切該有的資料。

我希望你們注意沃納·艾哈德（Werner Erhard）的話，他說只有當願意留意以下這情況，真正的清晰才能到來：

「有一件事是我不知道的，知道了它，會把一切改變。」

有可能你既「跟神說話」，又「完全自己把它造出來」。

事實上，這正是最了不起的真相：**一切都是你造出來的**。

生命是**那歷程**，由此**歷程**，一切被創造出來。神是那能量——那純粹的、原始的能量——你們稱它為**生命**，由這項覺知，我們達到一個新的真理。

神是一個**歷程**。

我認為你說過神是一個集體，神是一切萬有。

我確實說過。神是。神也是那**歷程，以此歷程，一切萬有**藉以創造出來，並體驗其自身。

以前我曾向你做過這啓示。

是的。**是的**。當我寫《再創造你自己》這本小冊子時，你曾給我這智慧。

確實。現在，為了讓更多的聽衆聽到，我要在這裡這樣說：

「神是一個歷程。」

神不是一個人、地或物。神正是你一向所常想而不了解的那樣。

什麼？

你常想神是那**至高的存在**（the Supreme Being）。

是。

這一點你是對的。我正是如此。一個**存在**。注意，「存在」不是一個物；它是一個歷程。

我是那**至高的在**。這是說，那**至高的**，逗點，正在（being）。

我不是歷程的結果；**我是那歷程本身**。**我是那創造者，我又是那歷程**——以此歷程**我被創造出來**。

你在天與地中看到的一切，都是**被創造出來的我**。創造的歷程永不會過去。永不會完成。我永不會「完」。這只是以另一種說法說一切永遠在變。沒有任何事物是恆定不動的。**沒有任何東西**——沒有任何東西——是不在動的。一切事物都是能量，在動。在你們地球上的速記中，你們稱它為「動情」！

你們是神**最高的情感**！

當你們看一個東西時，你們並不是在看著一個「站在」時間與空間中靜態的「東西」。不是！你們是在**目睹一個事件**。因為一切事物都在移動，變遷，演化。**一切事物**。

柏克明斯特．傅勒曾說：「我似乎是一個動詞。」**他是對的**。

神是**一事件**，你們稱此事件為**生命**。生命是一個**歷程**，這歷程是可觀察的，可知的，可預言的。你們觀察得越多，就知道得越多，可預言的也就越多。

這真是我很難接受的。我一向以為神是**那不變者**，是那**恆定者**，是那**不動的動者**，是在關於這不可測的絕對真理中，我找到的我的安全。

但那正是真理！那**唯一不變的真理**是神一直在變。這就是那真理——而你**無法用任何方法改變它**。唯一不變的一件事，就是萬物永遠在變。

生命是變，神是生命。

因此，神是變。

但我想要相信的一件不變的事是，神對我們的愛。

我對你們的愛**永遠**在變，因為你們永遠在變，而我愛**那樣子的你們**。因為我愛那樣子的你們，所以我對什麼是「可愛」的觀念必須常變，因為你們對**你們是誰**的觀念常變。

你是說，即使我決心做謀殺者，你也覺得我可愛？

這我們已經全部講過了。

我知道。但是我搞不懂！

從每個人的世界模型來看，沒有任何人做的任何事是不得當的。我永遠愛——以各式各樣的方式愛。沒有任何「方式」是你們可以使得我不再愛你們的。

但是你會懲罰我們，是不是？你會慈愛的懲罰我們。你會把我們送到永恆的折磨中，在這樣做的時候，你心中卻存著愛與悲傷。

不。我不會有悲傷，因為沒有任何事情是我「必須去做」的。誰會讓我「必須去做」什麼呢？

我永遠不會懲罰你們——但你們卻可能選擇在這一生或在來世懲罰自己，直到你們不再選擇為止。我不會懲罰你們。因為我不會受到傷害——而你們也不可能傷害到我的**「任何部分」**，也就是你們自己，因為你們都是我的一部分。

你們有人可以選擇感覺到被傷害，然則當你們回返永恆界域，你們就會明白你們完全沒有受到傷害。在這一刻，你們就會原諒你們原以為傷害了你們的人，因為你們了解了那更大的計畫。

那更大的計畫是什麼？

你記得在第一部中我送給你的寓言書《小靈魂與太陽》嗎？

記得。

這寓言有下半段。我說給你聽：

「**神**的任何部分，只要你希望成為，你都可以選擇去成為。」我對那**小靈魂**說，「你是絕對的**神性**，在體驗其**自身**。現在，你希望體驗**神性的哪一層面**呢？」

「你是說我可以有選擇？」那小靈魂問道。我回答：「沒錯。你可以選擇在你之內。以你之身並藉由你來體驗神性的**任何層面**。」

「好的，」那小靈魂答道，「那我選擇寬恕。我要體驗我自己為神的那個稱為**完全寬恕**的層面。」

好啦，這造成了一項小小的挑戰，是你可以想像的。

沒有**誰需要被寬恕**。我創造的一切都**是完美與愛**。

「沒有誰需要被寬恕？」那小靈魂有點難以置信。

「沒有，」我又說了一遍，「看看周圍。有哪一個靈魂是比你不完美、不美妙的嗎？」

於此，那小靈魂轉身，吃驚的發現天堂的靈魂都在他周圍。他們從國土各處遠近奔來，因為他們聽說這小靈魂與神有一番不尋常的**對話**。

「我沒看到一個靈魂比我不完美！」那小靈魂驚呼道，「那麼，我要寬恕誰呢？」

正在此時，有一個靈魂從大眾中走出。「你可以寬恕我。」這**友善的靈魂**說。

「寬恕你什麼？」小靈魂問道。

「我會來到你下一次的肉身生活中，做一些事情讓你寬恕。」那**友善的靈魂**說。

「但那是什麼？你這樣一個**完美的光**之存在，你能做什麼事情讓我寬恕你呢？」那小靈魂想要知道。

「哦，」那**友善的靈魂**微笑道，「我們一定可以想出一點什麼來的。」

「但是，為什麼你要做這樣的事呢？」那**小靈魂**無法想像這樣一個完美的存在，何以會要把它的振動放慢那麼多，以致可以做出什麼「壞」事來。

「簡單，」那**友善的靈魂**說，「我那樣做是因為我愛你。你不是想要體會自己為**寬恕之心**嗎？再說，你也曾經為我做過同樣的事。」

「我做過？」**小靈魂**問道。

「當然。你不記得了？我們——你和我——曾經是**那全部**。我們曾是**其上**與**其**

下，其左與**其右**。我們曾是**其此**與**其彼**，**其前**與**其後**。我們曾是**其大**與**其小**，**其公**與**其母**，**其善**與**其惡**。我們**曾是其一切**。

「而且我們這樣做是出於**協議**，因為這樣我們各自才可以體驗到自己為**神最恢宏的部分**。因為我們了解到……

「若無**你所不是的**，則**你所是的**，即**不是**。

「若無『寒』，你即不能『暖』。若無『悲』，你即不能『喜』，若無稱為『惡』之事，則你所稱為『善』的事就無法存在。」

「如果你選擇**是**某一個事物，則**在你的宇宙中**，**就必須有某一事物或某一人**，**呈現為跟你想是的事物的相反面貌來**，才能使你的選擇可能實現。」

那友善的靈魂解釋道：那些人便是**神的特使**。而那些狀況則是**神的禮物**。

「我只要求一件回報。」那友善的靈魂宣稱。

「什麼都可以！**什麼都可以！**」小靈魂喊道，現在，由於他知道了他可以去體驗神的任何**神聖層面**而興奮不已。現在，他知道了**那計畫**。

「在我毆打你的時候，」那**友善的靈魂**說，「在我對你做你無法想像的事情時——就在那當刻……要記得我**真正是誰**。」

「哦，我不會忘記！」那**小靈魂**答應道，「我會以我現在看到的你來認識你——完美無缺。我會記得**你是誰**，永遠記得你是誰。」

這真是……太棒了！這真是個驚人的寓言！

那**小靈魂**的諾言，就是我對你們的諾言，這就是那不變的。然而，你——我的小靈魂，你有沒有對他人信守這諾言呢？

沒有，我很難過的說我沒有。

不要難過。要高高興興的注意到什麼是真的，高高興興的決心實踐新的真理。因為神是個在進行中的工作（a work in progress），所以你也是。要永遠記得這句話：

如果你像神看你一樣看自己，你將時常微笑。

所以，現在去吧，去以每個人**真正是誰**來看待他們。觀察。觀察。觀察。

我曾對你說過：你們與高度演化的生物主要的不同在於他們**更會觀察**。

如果你們想加快你們演化的速度，則**需更會觀察**。

這本身就是奇妙的觀察了。

而我現在希望你觀察到，**你，也是**一個事件。你是一個人類，逗號，**正在是**（You are a human, comma, being.）。你是一個歷程。在任何「片刻」，你都是你歷程的產品。

你是**那創造者**與那**被創造者**。（譯注：英文此處用的是The Creator與The Created，意謂「獨一無二的」創造者與被創造者，跟神完全一樣。）在這我們相處的最後幾段時刻中，我已一再對你這樣說。我這樣做，是為了讓你能**聽見**，能領會。

你跟我是這歷程，而這歷程是永恆的。它一直在發生：過去是，現在是，永遠是。它無需你「幫助」而發生。它的發生是「自動」的。而當任其自行，它發生得很**完美**。

沃納．艾哈德另有一句格言是關於你們的文化的：**在生命自己的歷程中**，生命自理其自己。

有些心靈的運動解釋這句話的意思為：「放手任神行。」（Let go and let God.）這是很好的領會。

只要你放手讓它去，你就會走在「道」上。「道」就是「那歷程」，又稱為**生命本身**。這就是何以一切大師都說：「我是生命與道路。」他們清楚的了解我這裡所說的意思。他們**是**生命，他們**是**道路——也就是在進展中的事件，**那歷程**。所有的智慧要你們去做的，都是信任**那歷程**。也就是，**信任神**。或者，如果你願意那麼說的話，**信任你自己**。因為**你就是神**。

記住：**我們都是一個**。

當那「歷程」——**生命、生活**——老是為我帶來我所不喜歡的事情，我怎麼能「信任」它呢？

去**喜歡**生命一再帶給你的事情！

要知道和領會這些是你自己帶給你**自己**的。

看出那完美。

在**一切事物**中看出，而不僅在你所稱為完美的事物中。在這三部曲中我已細心的向你解釋事情為何會以它們所發生的樣子發生，又如何發生。在這裡，你已不需要重新去閱讀那些資料；不過，經常反覆閱讀它，對你是有益的，因為可以讓你徹底的領會。

請——只就這一點——請給我一個綜括性的灼見：對於那在我的經驗中全不覺得它完美的事，我如何能「看出它完美」？

沒有任何人可以創造你對任何事的經驗。

在你與人共同的生活中，別人可以是、也確實是外在環境與事件的共同創造者；但在任何事情上，沒有任何人可以讓你去經驗你不選擇去經驗的經驗。

在這方面，你是一個**至高**的存在。沒有任何人——**一個都沒有**——可以告訴你「怎麼**做**」。

世界可以提供境遇，但只有你自己，決定這些境遇的意義。

請記住我許久以前告訴過你的真理：

沒有什麼事是了不起的。（Nothing matters.譯注：另一重含義是：「沒有任何東西是物質。」）

是的，但我不確定當時我是否完全懂得。那是一九八〇年在我一次出體的經驗中發生的，我清清楚楚的記得。

你記得的是什麼？

一開始我有點混亂。怎麼可能「沒什麼事是了不起的」呢？如果沒什麼事是了不起的，那麼，這世界又將置於何處，我又將置於何處？

這是個非常好的問題——你找到的答案是什麼？

我「明白」到，沒有任何事情**本身**是有什麼了不起的，是我把意義加在上面，因此使它們有什麼了不起。我是在非常高的形而上的層次上領會到這一點，這使得我對**創造歷程**的本身也有了重大的洞察。

那洞察是——

我「明白」到，一切都是能量，而能量轉化為「物質」（matter）——也就是物理的

「質料」和「事件」——（它所呈現的面貌）則依我怎麼去想它們而定。於是，我領會到，「沒有什麼事是了不起的」這句話，意謂的是除非我們選擇把某某東西轉化為物質，否則它就不會轉化為物質。後來，我把這洞察遺忘了十多年，一直到你在這對話開始不久之後，又重新帶給我。

這對話所帶給你的一切都是你以前知道的。其中的一切，我都曾透過派往你面前的人，或帶給你的教誨給過你。**這裡沒有新的事物**，你沒有什麼要學習的。唯一需要做的是記起。

你對於這句話的智慧之領會是豐富而深刻的，對你有很大的用處。

很抱歉，在這對話結束前，我必須指出一個明顯的矛盾。

什麼？

你曾一再一再教誨我。我們所稱為的「惡」，之所以存在是為了讓我們有一個脈絡，於其中得以讓我們體驗到「善」。你曾說，如果沒有那**我所不是的**，我就無法體驗那**我**

所是的。換句話說，沒有「寒」，就沒有「暖」，沒有「下」，就沒有「上」等等。

沒錯。

你甚至還曾用這個來向我解釋，何以我可以把每個「難題」都看成祝福，把每個做惡者都看成天使。

也沒錯。

那麼，為什麼對高度演化生物的描述中都完全沒有「惡」？你所有的描述都是樂園！

哦，很好。非常好。你真的是把這些事情都想過了。

事實上，是南茜提出來的。我把這資料的某些部分唸給她聽，她說：「我想，在對話結束前，你需要把這件事問一問：如果高生物在生活中把負面的東西都消除掉了，那他們怎麼去體驗**他們真正是誰呢**？」我覺得這是一個好問題。事實上，這問題讓我呆住了。

我知道你剛剛說過，不需再提任何問題，但我想再問這一個。

好的。那麼，我就為南茜回答這個問題。事實上，這是這本書裡最好的問題之一。

（清喉嚨的聲音。）

嗯……我倒是很吃驚，在我們談高生物時，你竟然沒有想到。

我想到了。

你想到？

我們都是**一個**，不是嗎？嗯，是我的**南茜部分**想到的！

啊，**太棒了**！當然，這是**真的**。

那麼，你的回答呢？

我要回到我原初的陳述。

如果沒有你所不是的，則你所是的，就不是。（In the absence of that which you are not, that which you are, is not. 譯注：也可譯為：如果你所不是的那個東西不存在，則你所是的那個東西即不存在。）

也就是說，如果沒有「寒」，你就不能知曉什麼叫作「暖」。如果沒有「上」，則「下」就是空的、沒意義的概念。

這是宇宙的一個真理。事實上，它解釋了宇宙何以是宇宙的樣子，有其寒，有其暖；有其上，有其下；是的，並有其「善」，有其「惡」。

然而要知道：**這全是你造作出來的**。**是你在決定什麼**是「寒」，什麼是「暖」，什麼是「上」，什麼是「下」。（進入太空你就知道你的種種定義都不見了！）是你在決定什麼是「善」，什麼是「惡」。而且你們關於所有這些事物的看法，都隨年代而改變——甚至**隨季節**而改變。夏天，華氏四十二度你們說「冷」，到了隆冬，同樣的溫度，你們會說：「好傢伙，今天真暖和！」

宇宙僅提供你們**經驗場**——可以稱為**客觀現象場域**。但決定如何去**標示**它們的，卻是你們。

宇宙是一個這種物理現象的整個體系。而宇宙是巨大的、浩瀚的、廣不可測的，事實上，**是無盡的**。

有一個大秘密是：為了使你體驗你所選擇的實相，所提供的脈絡並不必然非要將相對境況置於你的**近處**不行。

兩個對比的境況間的距離是無關緊要的。整個宇宙都在提供脈絡場，其中存在了一切互相對比的元素，因而使一切經驗都可能發生。這就是宇宙的目的。這就是其功用。

但如果我從沒有親身**體驗**過「冷」，只是了解某個很遠的地方氣溫很「冷」，我怎麼能知道「冷」是什麼呢？

你**體驗過**「冷」。你體驗過**一切**。若不是在這一生，那就是在前一生。或更前一生。或許許多多生之中的一個。你體驗過「冷」、「大」與「小」、「上」與「下」、「此」與「彼」，以及存在的一切。這些都烙在你的記憶中。

如果你不想要，你就無需再去體驗它們。為了運用宇宙的相對法則，你只需記得它們即可——知道它們存在即可。

你們每一個。你們每一個都體驗過**一切**。宇宙中的萬有（all beings）都是如此，而不僅只是人類。

你不僅**體驗過**一切，你**就是一切**。你是它的**全部**。

你是那你所體驗的。事實上，是你**造成**這體驗。

我不能確定我是否了解這個。

我會用機械式的語言為你解釋。此刻，我要你了解的，是現在你所做的只是記得你所是的一切，並從中選擇你此刻、此生，於此星球，以此肉身想要經驗的部分。

我的神啊，你把它說得多麼簡單！

本來就簡單。你把**自己**從神的身分分開了，從**萬有**、從**那集體**分開了，而你正在重又成為此身的一部分（a member）。這個歷程就叫作「回憶」（re-membering，再成為一部分）。

在你回憶時，你又給了你**自己**一切**你是誰**的經驗。這是一個循環。你一做再做此事，稱它為「演化」（evolution）。你說你在「演化」。其實，你在「繞著轉」（Re-volve）！正如地球繞著太陽轉。正如星系繞著它自己的中心轉。

一切萬有都繞著轉。

循環（revolution，革命）就是一切生命的基本運動，**生命能**在**循環**，這正是它在做的。你是真的處於真正的**革命運動**（revolutionary movement）中。

你是怎麼做到的？你怎麼總是會找到一些字眼，把什麼都說得這麼清楚？

這是因為你讓它更為清楚，你因理清你的「接收器」而讓它更清楚，你把靜電干擾都解除了。你進入了想求知的新願望，這新願望會為你和你們的物種改變一切。因為在你的新願望中，你變成了一個真正的革命者——而你們星球上最大的精神革命正在開始。

最好是趕快，我們需要一種新精神，**現在就要**。我們已經把環境搞得一團糟了。

這是因為儘管一切存有固然都已經歷過一切對照的事件，但其中有些人卻並**不知道**這樣過。他們忘了，又尚未走向充分記憶。

高度演化生物就不是這樣。為了知曉他們的文明何等「正面」，他們並不需要面前有何等「負面」。他們明確覺知**他們是誰**，無需創造負面來做證明。高生物只靠觀察宇宙其他地方的**脈絡場**，就可明白他們**所不是**的樣子。

事實上，你們的星球就是高度演化生物用以做對比場域的處所之一。

當他們這樣做時，就以你們現在正在經驗的情況，提醒了他們曾經經驗的情況，因此，他們形成了一個正在進行中的參考架構，由此，他們可以知道並了解他們**正在**經驗的。

你現在明白高生物為什麼在他們的社會中不需「惡」或「負面」了嗎？

明白了。但為什麼我們社會中卻需要呢？

你們**不需要**，這是我在整個對話中一直告訴你們的。

為了要體驗**你們是誰**，你們**確實**必須生活在一個脈絡場，而這場中存在著你們所不是的那些東西。這是宇宙法則，你們無法避免。然而你們現在卻正是生活在這樣的場中。你們無需去創造一個。你們現在生活的脈絡場叫作**宇宙**。

你們不需要在你的後院再創造一個小型的脈絡場。

這意謂你們可以立即改變你們星球的生活，**消除所有你們所不是的**，而完全不致威脅到你們知曉和體驗你們是什麼的能力。

哦！這是這本書中最大的啓示！結束這書的方式是多麼的令人驚訝！所以，為了創造和體驗關於**我是誰**，我曾經有過的最偉大意象之最恢宏的版本，我不必須招來那**相反的**一面了！

完全對，這是我從開始就在跟你說的。

可是你並沒有用這種方式解釋！

因為一直到現在你才能了解。

為了體驗**你是誰**和**你選擇是什麼**，你**並不**必須去創造相反的一面。你只須觀察到它已經被創造出了——在別處。你只須記得它是存在的。這便是「善惡之樹的知識之果」；對此我已向你解釋過，它不是詛咒，不是原罪，而是如馬修．福克斯（Matthew Fox）所說的**原福**（Original Blessing）。

而為了記得它存在，記得你曾經以肉軀之身體驗過——樣樣體驗過——你必須去做的……只是向上看。

你的意思是說「向裡看」。

不是，我就是**我說的意思**。**向上看**，看星辰，看天，**觀察那脈絡場**。

我曾經告訴過你，為了成為高度演化的生物，你全部需要做的，只是加強**你們的觀察技術**。看出「什麼是什麼」，然後去做那「有效的」事。

所以，由於觀看宇宙其他地方，我可以看到別處的情況是什麼樣子，用作對比，來了解在此時此地**我是誰**。

沒錯，這叫作「回憶」。

嗯，不很對，應該叫「觀察」。

那你以為你觀察到的是什麼？

其他星球上的生活，其他太陽系上的，其他星系上的，如果我們累積的科技足夠的話，這就是我們可能觀察到的。高生物既然科技這麼先進，我想這就是他們現在有能力在做的事。你說過，他們現在正在地球上觀察**我們**，所以那是我們可能觀察到的東西。

但你們可能會觀察到的**真正**是什麼？

我不明白你這問題的意思。

那麼，我就告訴你答案。

你們正在觀察你們自己的過去。

什——麼？？？

當你向上看，你看到星辰——幾百、幾千、幾百萬光年以前的。你所看到的並不**真正**在那裡，你所看到的是曾經在那裡的東西，你看的是過去，而那卻是你**曾經參與**的過去。

請再說一遍！！！

你曾經在那裡，體驗那些事，做那些事。

我？

我不是告訴過你，你曾活過許多世嗎？

沒錯，但是……但是，如果我真能越過許多光年的距離，跑到其中一個地方去，又怎麼樣呢？如果我真的有能力到達那裡又怎麼樣呢？此時，「立刻」到了我現在在地球無法「看到」的幾百光年以外的地方？那我會看到什麼？兩個「我」？你是說，我會看到**兩個自己同時**存在在兩個地方？

當然！你會發現我一直在告訴你的一件事：時間不存在。而你根本不是在看「過去」！一切都**發生**在**現在**！

而且，「此刻」，你也生活在以地球的時間而言你的未來中。是由於你的許多**「自己」**之間的距離，讓你可以體驗到不同的身分和「時刻」。

因此，你所回憶的「過去」和你會看到的「未來」，都是「現在」——那只是「是」的現在（the "now" that simply IS）。

哇！真難以置信。

沒錯，在另一個層面上也是如此。我曾告訴過你：**我們只有一個**。因此，當你上望星辰的時候，你所看到的，可稱為**我們的過去**。

我越來越迷糊了！

撐著點，我還有一件事要告訴你。

你所看到的一切，以你們現在的用詞而言，都**永遠**是「過去」的東西——儘管你在看的是眼前的東西。

真的？

不可能看到**現在**。現在正在「發生」，然後綻放為光——由能量的發散形成——光到達你的接收器，你的眼睛，而**它這樣做是要花時間的**。

當光向你傳遞的時候，生命則在**繼續，向前移動。在上一個事件的光向你傳遞時，下一個事件正在發生**。

能量的爆炸到達你的眼睛，你的接收器把訊息送到你的腦部，腦部解釋資訊，並告訴你你看到的是什麼。然而那已完全不是當前的東西，它是你**以為**你正在看的東西。這就是說，你在思考你曾看到的東西，告訴自己它是什麼，決定管它叫什麼，而「現在」正在發生的事卻已先行，在等待你的處理過程。

簡單的說：就是**我永遠比你先行一步**。

天啊！這真是難以置信！

現在**聽著**。在你**自己**與所發生的事件之間距離越遠，那事件就發生在許久許久之前了。

然而，它卻**並非**發生在「許久之前」。只因為物理的距離，才造成了「時間」的幻象，使你得以體驗你的**自己**，同時既「此時在此處」而又「彼時在彼處」！

有一天，你將明白，你所說的時間和空間是**同一回事**。

於是你就明白，**一切都正在此時發生於此處**。

這……這……簡直是**瘋狂**。我是說，我不知道要怎麼想才是。

當你明白了我對你所說的話，你就會明白**你所看到的一切沒有一樣是真的**。你所看到的一切，都是曾經發生的某一事件的影像（image），然而，即使這影像，這能量的綻放，也是你正在解釋中的東西。你個人對此影像的解釋，叫作你的想「像」（image-ination）。

你可以應用你的想像去創造任何東西。因為——這是一切秘密中最大的秘密——你的想「像」是**雙向運作**的。

什麼？

你不僅**解釋**能量，你也**創造**能量。想像是你的心（mind）的功能，而心是你的三分之一——你本是三合一的生命。在你心中，你想像某一事物，而它就開始具象。你想像的時間越久（或你們想像它的人越多），它就越為具象，直到你們所給予它的越來越多的能量名副其實的使它**爆發綻放為光**，閃耀為它自己的影像，你們稱它為事實。

於是你們「看到」那影像，並且再度**決定它是什麼**。如此，這循環得以繼續。

這就是我所稱為的那歷程。

這就是你，你就是這歷程。

這就是神，神就是這歷程。

我曾說，**你既是創造者，也是被創造者**，意思就是如此。

現在我已把一切為你總結在一起。我們就要結束這對話，我已向你解釋過宇宙的力學，一切生命的奧秘。

我……太震撼了。我……目瞪口呆。我……想要把這一切都實行在日常生活中。

你正在日常生活中**實行它**。**你無法不**實行它。這就是**正在發生的情況**。唯一的問題是，你**有意識的**實行它，還是**無意識的**實行它，你是接受**這歷程**的後果，還是做為它的原因。在樣樣事情上，都要為「因」（be cause）。

孩子們最懂得這一點。問小孩：「你為什麼這樣做？」他會答道：「就是因為嘛！」

這是做任何事情的唯一理由。

驚人！這是驚人之筆，驚人對話的驚人結論。

為了有意識的實行你的**新觀念**，最重要的途徑就是去做你的經驗的**原因**，而不是承受你經驗的後果。要知道，為了知曉和體驗**你真正是誰**、**你選擇是誰**，**你並**

不必須在你個人的空間或個人的經驗中，創造跟你是誰相反的東西。

具備了這種認知，你可以改變你的生活，你可以改變你的世界。

這是我來跟你們所有的人共享的真理。

哇！嗯！哈！我明白了！我明白了！

善哉！現在，你要明白，這整個三部曲中，有三種基本智慧貫穿其中：

1. **我們都是一體**。
2. **一切都足夠**。
3. **並沒有什麼事是我們必須去做的**。

如你們決定「我們都是一體」，則你們就不會再像你們現在那樣互相對待。

如果你們決定「一切都足夠」，則你們就會與一切人分享一切事物。

如果你們決定「沒有什麼是我們必須去做的」，則你們就不會再企圖用「做」來解決你們的問題，而是走向一種存在狀態（state of being，「是」的狀態）——並且出自此種狀態——使你們對這些「問題」的經歷得以消失，那些境況因而也得以消失。

在你們當前的演化階段，這可能是你們最需領會的真理，也是本對話很好的結尾。要永遠記得這個，將它視為你的「真言」：

沒有什麼是我必須有的，沒有什麼是我必須做的，沒有什麼是我必須是的——除了此時此刻我正在是的這個人之外。

這不並意謂「有」與「做」會從你的生活裡消失。它意謂著你的「有」與「做」的經驗，是從你的「是」（being，譯注：生命）中湧出，而非將你帶向它。

當你**出自**「快樂，幸福」，你因**你是**快樂幸福而做某些事——這跟你們舊有的範型相反，因為你們原先去做某些事，是希望**能使你們**快樂幸福。

當你**出自**「智慧」，你因**你是**智慧而做某些事，而不是因你想要**得到**智慧。

當你**出自**「愛」，你因**你是**愛而做某些事，而不是因為你**想要有**愛。

當你**出自**「是」（being），而非尋求要「是」什麼，則一切都會改變；一切都兜轉過來。你不可能由「做」而走向「是」。不管你想要「是」快樂幸福，想要是智慧，是愛——或是神——你都不可能由做而「到達那裡」。然而，一旦你「在那裡」，你就**真會**做出奇妙的事情來。

這就是**神聖二分法**。「到達那裡」之路是「在那裡」。你選擇**去**何處，在那裡就是！就是這麼簡單。**沒有什麼是你必須去做的**。你想要快樂幸福？**快樂幸福就**

是。你想要有智慧？**智慧就是**。你想要有愛？**愛就是**。

這就是你。不管在任何事情上，都是如此。

你是我所愛。

哦！這叫我喘不過氣來了！你表達事情的方式是多麼奇妙啊！

是真理在滔滔善辯。真理自有其優美，可以重新喚醒心靈。

這套《與神對話》正是如此。它觸動了人類的心，將他們驚醒。現在，這些對話把你們帶到一個關鍵性的問題。這是一個所有的人類都必須自問的問題：你們可以、你們願意創造一個新的文化故事嗎？你們可以、你們願意設計一個新的**最初文化神話**，讓其他所有的神話都建立在上面嗎？

人類是性本善？還是性本惡？

這正是你們來到的十字路口。人類的未來端靠你們的抉擇而定。

如果你和你的社會相信你們天生是善良的，則你們的決策與法規都將是肯定生命的，是建設性的。如果你跟你的社會相信你們天生是邪惡的，則你們的決策與法規就將是否定生命的，破壞性的。

肯定生命的法規是允許你去是、去做、去有你想要的事物的法規。否定生命的法規是不讓你去是、去做、去有你想要的事物的法規。

凡相信**原罪**的人，凡相信人性**本惡**的人，就會宣稱神所創造的法規不允許你去做你想做的事，並提倡同樣的人為法規（其數無盡）。

凡相信**原福**的人，凡相信人性**本善**的人，就會宣稱神所創造的法規**允許**你去做你想做的事，並提倡同樣的人為法規。

你對人類的觀點是什麼？你對你**自己**的觀點是什麼？如果完全任憑你自己，你認為你自己是可信賴的嗎？不論什麼事情？別人呢？你認為他怎麼樣？在別人尚未向你顯示他們自己的心意前，什麼是你的基本設想？

現在，回答這個問題：你的設想是有助於你們社會的破滅，還是有助於你們社會的**突破**？

我認為我**自己**是值得信賴的。我以前從不曾這樣，但現在我是這樣了。我**變得**值得信賴了，因為我改變了對自己的看法。我現在已清楚神要什麼，不要什麼。我已清楚了你。

在這改變上，《與神對話》扮演了重大的角色。現在，我對社會的看法和對自己的看法相同：不是走向破滅，而是走向突破。我看到人類文化終於覺悟到它自己的**神聖遺產**，覺察到自己的神聖目的，越來越意識到自己的**神聖自我**。

如果這是你看到的，這就是你將要創造的。你曾失落，於今找到；你曾瞎眼，於今能看。這**正是**驚人的恩寵。（譯注：名歌〈奇異恩典〉的歌詞）

曾有一些時間，在你心中你與我是分離的，但現在我們已經又是一個整體，**我們**可以永遠如是。因為，凡是你結合的，沒有人可以分開。

記住：你永遠是一部分（a part），因為你永遠不可能分開（apart）。你永遠是神的一部分，因為你永遠不曾自神分離。

這就是你生命的真相。我們是整體。所以，你現在知曉整個的真相了。

這真理就是飢餓靈魂的食糧。拿去吃吧！整個世界都在渴望著這喜悅；拿去喝吧！為記得（re-memberance，重新成為其部分）我而這樣做。（譯注：乃天主教「領聖體聖血」儀禮中所言。）

因為真相是神的體，喜悅是神的血，而神是愛。

真相（**真理**）、

喜悅、

愛。

這三者是可以互換的。其一導致其二，不論以什麼順序排列。而三者都導致我。**一切都是我**。

是以，我以此結束這對話，正如以此開始。就如生命，它是一個圓滿的循環。在此，已將生命中最大秘密的答案交給了你。現在，只剩下一個問題。這就是我們以之開始的那個問題。

問題**不在我對誰說，而在有誰在聽**？

謝謝你。謝謝你說給我們每個人聽。我們聽到了；我們會聽。我愛你。而在此對話結束之際，**我心中充滿了**真理、喜悅與愛。我心中充滿了你。我感到與神的**合一**。

那**合一**之境就是天國。

你現在已身在此處。

你從來就未曾不在此處，因為你從來就**未曾不與我合一**。

這是我深願你知道的。這是我深願你終於能從這番話中得到的。

而這是我的訊息，我深願留給世人的訊息：

我在天國的孩子們，你們的名字是神聖的。你們的國度降臨在此世，如降臨在天國；你們的意願完成在此世，如完成在天國。

今天，給予了你們日用的食糧，寬恕了你們的債務和你們的冒犯，就如你們以同樣程度寬恕了別人的冒犯。

不要把你**自己**帶到誘惑中，要將**自己**從你所創造的惡事中救出來。

因為**王國是你的，權力是你的，榮耀是你的**。永遠永遠。

阿門。

復阿門。

去吧，去改變你的世界。去吧，做你**至高的自己**。現在你已了解了你需要了解的一切。現在你已知曉了你需要知曉的一切。現在你已是你需要是的一切。

你從沒有不是這樣過，只是你不知道。你不記得。

現在，你記得了。要時時帶著這記憶。要跟你所接觸的每個人分享。因為你的命運之恢宏要遠遠超過你一切的想像。

你來到這屋中是為治癒這屋子。你來到這空間是為治癒這空間。

你來這裡別無其他原因。

要知道：我愛你。你永遠擁有我的愛，現在如此，永遠如此。

我永遠與你同在。

以一切的方式。

神啊，再見。謝謝你給我們這些對話。謝謝你，謝謝你，謝謝你。

而你，我奇妙的造物，謝謝你。因為你重又給了神一個發言的機會，並在你心中給了神一個地位。我們兩個所需要的全部就是如此。

我們又重相合了。這非常好。

後記

尼爾・唐納・沃許

你可以想像，對我來說，這是一次極特殊的經驗。這三部曲總共花了六年的時間才傳遞出來——最後一部費時四年。我已竭盡全力不要擋路，讓那歷程自行呈現其奧妙。我相信我大部分做到了，不過，我並不是一個完美的過濾器，這是我必須承認的。透過我出現的訊息中，無疑有些是扭曲了的。因此，請不要把這一份——或任何其他的——精神資訊視爲不折不扣的眞理。我奉勸各位不要這麼做。請不要把它看得比書中呈現的更多，但**也請不要把它看得比書中呈現的更少**。

此處所呈現的是一份重要的訊息。這訊息足以改變世界。《與神對話》業已改變了許多人的人生。現在，譯文已經超過二十四種，在全世界都經年累月的排在暢銷榜上；它已進入了千萬人的生活中。美國一百五十餘座城市已經自動出現了《與神對話》的研讀團體，數目正逐月增加中。在我寫這篇文章時，我們每個星期接到四百至六百封信，寫信的人都是這麼被本書的洞察、智慧與眞理深深觸動，以致想要跟我親自見面。

爲了回應這浪濤洶湧的反應，我跟南茜成立了一個非營利的基金會，發行月刊，回答讀者的問題，並刊載課程與《與神對話》的其他教學資料。如果你願意跟這訊息的能量

「保持接觸」，並幫助傳播，訂閱這份月刊是一個很好的辦法。月刊的費用有一部分分撥入我們的獎學基金中，讓那些目前無法付費的人也可以免費參加我們的活動或接到月刊。月刊每年三十五美元（國際四十五美元），請匯至：

ReCreation
The Foundation for Personal Growth and Spiritual Understanding
1257 Siskiyou Blvd.,
#1150 Ashland, OR 97520,
USA
Tel: (002) 1-541-482-8806
E-mail: recreating @ aol.com

如果你想積極參與推動本書的訊息，你能做的事情還有更多。首先，你可以閱讀三部曲所論主題的一些其他重要資料。依據這番對話所提到的主題，我做了一些研讀，發現了一些好書，現在，我熱切的提供一份簡短的書目。這些書都是極具力量的，我稱它們爲**足以改變世界的八本書**。

我不僅是推薦這些書，而且請求你去閱讀。爲什麼？因爲我認爲地球上的人正走入一個特殊的時代。此後九年所做的決定，將會設定以後九十年我們人類的方向與路程。人類目前所面臨的抉擇是重大的，而明日的抉擇將更具關鍵性，因爲我們可以選擇的路越來越有限。

在這抉擇中，我們每個人都扮演著角色。抉擇不是留給別人去做的。我們**就是**那個別人。我所說的抉擇無法由任何政治權力結構、有影響力的精英分子或企業巨大達成。它們是要在全世界各處個人和家人的心中與家庭中達成的。

我們要教孩子什麼？我們要把錢花在哪裡？我們的夢想、期望、要求與渴望很多，但哪一種是我們至高的目標，我們最最優先的考慮？我們如何對待我們的環境？維持健康、改善飲食的最佳途徑又是什麼？我們向領袖要求的是什麼？當生活平順的時候，我們如何判斷事物？我們如何看待成功？我們如何學習愛？這些都是非常個人性的選擇，但集結起來，將會造成科學家兼作家魯柏特．謝覺克（Rupert Sheldrake）所說的「形態場」（morphic field）——一種「共鳴」（共振），足以改變全球人類生活的相貌。

因此，人人都成爲**有意識**的角色，便極爲重要；事實上，是關鍵所在。但我們的選擇卻不能憑空而來。由於許多人都資訊甚豐（坦白說，也由於有些人不是如此），因此我認爲讀讀這幾本書是甚爲有益的，不然我就不至於在此麻煩各位。

我知道好書極多，要列出來必定很長。我選的這八本則是我認爲非常有力，非常有意義和非常重要的。作者有的我認得，有的則尚未謀面。我盼望你能讀讀這**八本足以改變世界的書**：

一、《**為美國治病**》（The Healing of America），瑪利安·威廉遜（Mariance Williamson）著。這是一本火熱的書，充滿老到的洞察和藥到病除的解決方案。凡是認眞思考個人、社會現況與方向的人，都會自此書中獲得大量養分。作者是勇敢非凡並深深投入社會工作的女士，此書是她最近出版的著作，凡想尋找**新世界**的人，必能深感共鳴。

二、《**古代陽光的末日**》（The Last Hours of Ancient Sunlight），湯姆·哈特曼（Thom Hartmann）著。一本震撼你、把你搖醒的書……甚至讓你憤怒。不管怎麼說，你絕不會沒有感覺。讀此書，你便不可能再像以前那樣感受你的生活以及在這星球上的生命——而這，對你自己和地球都是好的。一本撼人的書，容易讀，而又力量強大。

三、《**你正在改變世界：有意識的演化**》（Conscious Evolution: Awakening the Power of Our Social Potential），芭芭拉·馬克斯·胡巴德（Barbara Marx Hubbard）著。見解的深廣令人驚歎。對於人類之爲「智人」的現在處境及走向何處，議論滔滔逼人，將我們對自己的種種可能性推向新的覺察層次。在我們共同創造新的千禧之際，此書是對我們至高的自己充滿啓發的召喚。

四、**《再造成功》**（Reworking Success），羅伯特．迪巴德（Robert Theobald）著。作者被認爲是我們這時代的十大未來學者之一，極具重要性與影響力。小小的一本書，卻帶來重大訊息：除非我們把這個文化中「得勝」的觀念重做選擇，否則這個文化將無法再運轉下去。我們對什麼是「好」的舊有想法正在殺滅我們。

五、**《聖境新世界》**（The Celestine Vision），詹姆斯．雷德菲爾德（James Redfield）著。爲新的、可能的未來提供一份地圖，爲美好的明天指路。此書將最單純而又至深的眞理置於我們面前，可以用以創造我們久來夢想的生活。夢想突然變得伸手可及。

六、**《意義政治學》**（The Politics of Meaning），麥可．樂內（Michael Lerner）著。一本最落實而又最令人指奮的書。作者提出動人的呼籲，要求在政治、經濟與工商企業中講求明智、慈悲和單純的人性愛。只要我們能使權力結構眞正關心人性，則有許多美妙和精采的事情可做；此書並提出如何使權力結構眞正關懷人性。

七、**《愛之未來》**（The Future of Love），達芙妮．露絲．金瑪（Daphne Rose Kingma）著。探討如何以新的方式互愛——此方式承認靈魂在親密關係中所具備的力量。本書深具洞察，大膽新鮮，捨棄舊有觀念，而對我們至眞至大的生命渴望點頭：完完全全充充分分的去愛。

八、**《新世紀飲食》**（Diet for a New America），約翰．羅賓斯（John Robbins）著。

對一個簡單的主題——食物——所發的鴻論。是一本啓示錄。它會永遠改變你對吃進體內物品的看法，因爲我們吃下太多有毒之物，而營養又嚴重不良。這本書挑戰肉食有益人體之說，提出驚人的證據，不論對人體還是對經濟，不再吃肉都多有益處。

這些書每一本都爲人類的明日畫下藍圖。它們發言的相似性令人吃驚。你難免會想像是不是這些作者曾經坐下來共同商討大家一起寫什麼，又如何寫。當然，他們並沒有這樣做。因此，令人吃驚的就是它們的同時發生了。

這八位作者的觀點是如此的清晰，如此的令人興奮，所提議的文明社會是如此大大超出了我們日常生活的現實，以至於你的心會歡唱起來，你想立即知道如何可以有助於推動這樣的文明。幸運的是，他們統統提出了具體的建議，讓我們得知從此處走向何處。所有這八本書都充滿了豐富的觀念，告訴我們**現在我們可以做什麼**，來使事情更好，來創造全球長遠的改變。

我也想讓你知道三個組織和一個草根民間社團；前三者正在積極推動《與神對話》中召喚我們去做的工作，後者則意在提升世界。你也許會想更爲了解這些社團，看看你是否同意它們的哲學，看看它們是否已把你的理想和選擇付諸行動。

性靈精神方面：**使者**（Emissaries）。

這個社團有各國的人參加，其主要宗旨在調整自己，跟生命在日常生活中一切層面的運作相諧和，並力求在日常生活中顯現出神的角色與特質。社團成員相信，當自己持續這樣做，並與他人協同，則神的特質與角色將會在人心中呈現出來，因而導致覺醒，回歸眞正的身分。

「神光使者」（emissary of divine light）：指持續表達那穩定、眞實與愛之精神的人；只要是這樣的人就可稱爲「神光使者」，不必定是該社團成員。人有天賦的精神潛能，但有些態度與設想會限制了這種潛能的釋放；「神光使者」即暗示他接受去面對這些態度與設想，並將它們化解的責任。

當然，許許多多人都並未聽說過**使者**，然而，他們所在之處卻會發出眞正的光輝，使人提升。身爲神光使者，他們帶有多少神光便帶有多少權威與力量。**使者**藉著用心的聯繫以及諸如函授課程、講座、調適和每週聚會，得以使參與者共享靈性與創造性的工作。

通訊處爲：

The Emissaries

5569 North County Road,

#29 Loveland,

Colorado 80538,

USA
Tel: 002-1-970-679-4200
E-mail: sunrise @ emnet.org

政治方面：**自然律黨**（The Natural Law Party）

這個組織建立於一九九二年，塡補了美國政治結構中的一段眞空；於今它已在全球許多國家中有分部。該組織相信，爲了人類繼續進步，爲了地球的繁榮，我們必須與「自然律」結盟。他們所說的自然律是指「統馭整個物質宇宙中的生命之井然有序的原理原則」。

物理學家約翰．海吉林（John Hagelin）——美國該黨上一屆主席候選人——說：「不幸的是，我們的許多機構、許多的現代科技和行爲模式，都越來越違背自然律。我們帶有危險副作用的醫藥，我們的化學殺蟲劑與肥料，我們的基因工程，甚至財經機構，都在播散著傳染病、階級鬥爭和環境災難的種子。」當然，《與神對話》也一再一再指陳過同樣的事實。

自然律黨提供了一個政治舞台，可以對應這些課題。它在美國的連絡處爲：

The Natural Law Party
1946 Mansion Drive
P.O.Box 1900
Fairfield, IA 52556 USA
Tel: 002-1-515-472-2040
Online at: www.natural-law.org

美國的性靈——政治活動方面，我推介**美國復興聯盟**（The American Renaissance Alliance）。這是我跟作家、演說家、遠見者（visionary）瑪利安·威廉遜共創的組織；瑪利安認爲「隨著精神力量在我們內在提升，我們服務世界的願望也跟著提升。民主的程序可以有助於這種服務，使每個人都有機會在政治領域中表達我們的精神價值」。

當許多許多人將愛、慈悲、和平與正義置於全球的政治領域中，它們就會成爲政治的主流。在美國，**美國復興聯盟**提供一個組織，可以讓我們做哲學探試並採取政治行動；把心思相同的人結合起來，爲公益效力。我們的目的是在美國民主政治的核心中駕馭精神力量，有力的見證神在我們每個人心中的愛。

瑪利安和我期望，美國的各城鎮可以兩個或多個聯繫起來，共同爲和平祈禱，爲正義工作。瑪利安在我們的會員冊子上寫道：「聯盟獻身的理念是，靈魂的力量比暴力更爲有力，因此積極推動美國的新願景：免於貪婪，立足和平，向更多的愛演化。我們相信這是地球上人類這種物種的命運；全球各地凡有類似組織，我們將會支持。

「**美國復興聯盟**不是傳統趨向的政治組織。我們認爲傳統的主張根本不是主張。美國的問題絕大部分出自一個根本的根源：就是一般人根本就不參與他們國家的政治程序。全世界各處情況都是如此。」

如果你想知道瑪利安和我在「整體（holistic）政治」方面所想做和正在做的事，並想加入我們，共同努力，請聯繫：

The American Renaissance Alliance
P.O. Box 15712
Washington, D.C. 20003, USA
Tel: 002-1-202-544-1219
online at: www.renaissancealliance.org

最後，你不可能錯過《與神對話》三部曲中屢屢出現的「什麼是什麼」和「什麼有效」——這是高度演化的生物時常會問的。

而現在，在我們的社會中，突然出現了一些人，在更密切的審視我們面對問題的方法與態度，他們發現已經有不少的人採取了步驟，訂定了計畫。這些細心觀察的人凝聚為一些社團，其中之一是**正面解決問題運動**（the campaign for Positive Solutions），目標是以已經有效的一些方法為基礎，協助建立一個新的文明。

該運動細查、測量、聯繫這些突破，鼓勵更多的人接受它們。當更多更多的人接受並採用這些突破法，則我們將可節省數以百億計的錢財，改變千萬人的生活。我跟此運動密切合作，希望藉著這個運動助人將最有效的方式帶入社區，並去設計一些規畫，有助於治療我們的世界，促進演化。

正面解決問題運動的社長是愛蓮諾．慕龍尼．樂坎（Eleanor Mulloney Lecain），她跟未來學家芭芭拉．馬克斯．胡巴德、南茜．卡洛（Nancy Caroll）和佩崔西亞．艾爾斯堡（Patricia Ellsberg）共同合作。該社團是芭芭拉非營利基金會的計畫之一，歡迎個人、團體、組織與機構將有效運作的方案置入其網址，將你的所知與人共享，並從他人學得如何有效運作。

你也可以在自己的社區、教堂、組織或朋友間組成小群體，開始互相交流與共同創造，向自己提出這類的問題：一、我現在的創造熱情是什麼方面的？我「想要」的是什麼？二、我需要的助力是什麼？在我走向下一步時，我覺得是什麼擋住了我？三、我想與人免費分享的資源是什麼？四、在我的生活中、工作中、在世界上，什麼是我所知已經有效運作的？然後，將你的計畫以及你所知其他有效運作的計畫置入網址。對此資訊若想進一步接觸，請聯繫：

The Foundation for Conscious Evolution
P.O. Box 6397
San Rafael CA 94903-0397
Tel: 002-1-415-454-8191
E-mail: fce @ peaceroom.org

我希望這些資訊會於你有用。我寫這些的目的是想提供一個跳板，使你能將《與神對話》中的訊息實行出來。我知道不可能每一位都對前述的每個社團或作品完全同意。這很好。其實這些作品和社團只要能使我們停停腳步，思考思考，就有很大的貢獻了。

現在，在此三部曲結束之際，我想要對你說：謝謝你。謝謝你給我這麼大的寬容，讓我得以說完那透過我而自由流出的意念。我可以確定並非每個人都同意三部曲中的每個意念。這也很好，事實上，這**更好**。我從不喜歡把任何東西囫圇吞下。《與神對話》最重要的一個訊息是，我們每一個人都可以有我們自己的與神對話，跟自己的內在智慧接觸，找到我們自己的內在眞理。這就是自由的所在。這就是機會的所在。這就是生命最終目的的所在。

現在，我們——你和我——有了機會可以將**我們是誰**的下一步最偉大意象之最恢宏版本再創造出來。我們有了機會改變我們自己，並眞正改變世界。

據說，蕭伯納曾這樣說過：有些人看到世界現在的樣子而問：「**為什麼？**」而有些人則看到世界可能的樣子而問：「**為什麼不呢？**」今天，在你跟我共同走過《與神對話》三部曲後，我邀請你擁抱你對自己與世界的最高意象，並問：**為什麼不呢？**

祝福你。

一部最不尋常的驚世之作
與神對話
Conversations with God
An Uncommon Dialogue
本書目前已被譯成14種語文
全球銷售量已超過500萬本
紐約時報排行榜已蟬聯70餘週
Neale Donald Walsch 著 王季慶 譯

與神對話 II

尼爾・唐納・沃許 著
(Neale Donald Walsch)
孟祥森 譯

一部無與倫比的智慧之作

※ 金城武、劉德華、王力宏、蔡健雅、南方朔
徐仁修、孟東籬、李欣頻等 熱烈推薦

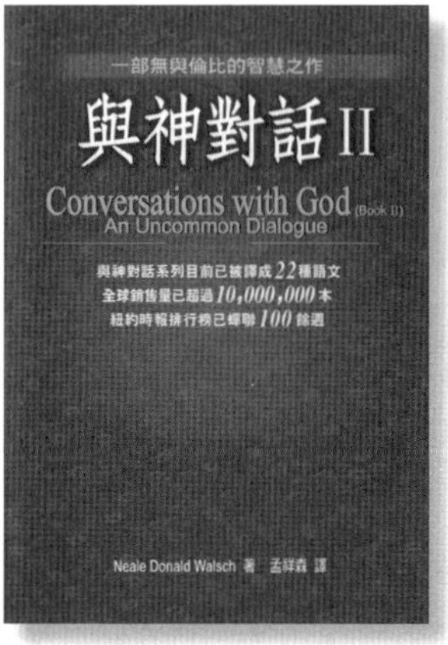

在這裡，你可以肆無忌憚的和你一向以為遙不可及的「神」，一起討論有關性的、教育的、社會的、政治的、經濟的，及神學各方面的問題。

這部書，可能會有比第一部更讓人不自在之處。

然而人生總有新的山岳要爬，總有新的界域要探索，總有新的恐懼要克服，當然也總有更絢爛的處所。所以，當船開始晃動時，請緊緊抓住船舷，然後透過生命的奇妙，創造出自己更新的生活範型來吧！

Eurasian Publishing Group
圓神出版事業機構
用心與你對話・視野無限寬廣
方智出版社
Fine Press

www.booklife.com.tw reader@mail.eurasian.com.tw

新時代系列 94

與神對話Ⅲ

作　　者／尼爾・唐納・沃許（Neale Donald Walsch）
譯　　者／孟祥森
審　　訂／王季慶
發 行 人／簡志忠
出 版 者／方智出版社股份有限公司
地　　址／台北市南京東路四段50號6樓之1
電　　話／（02）2579-6600・2579-8800・2570-3939
傳　　真／（02）2579-0338・2577-3220・2570-3636
總 編 輯／陳秋月
資深主編／賴良珠
責任編輯／楊嘉瑤
校　　對／孟祥森・賴良珠
美術編輯／潘大智
行銷企畫／詹怡慧
印務統籌／劉鳳剛・高榮祥
監　　印／高榮祥
排　　版／杜易蓉
經 銷 商／叩應股份有限公司
郵撥帳號／18707239
法律顧問／圓神出版事業機構法律顧問　蕭雄淋律師
印　　刷／祥峰印刷廠
1999年8月　初版
2024年4月　46刷

Conversations with God (book Ⅲ)

定價 500 元　　ISBN 978-957-679-649-4

「只要學會超條列式表達的三項技術——結構化、故事化、訊息化，你就能成爲最有重點的人。」

——《原來，這才叫說．重．點》

國家圖書館出版品預行編目資料

與神對話Ⅲ／尼爾．唐納．沃許（Neale Donald Walsch）著；孟祥森 譯. -- 初版. -- 臺北市：方智，1998-1999〔民87-88〕
616面；14.8×20.8公分 --（新時代系列；94）
譯自：Conversations with God (book Ⅲ)
ISBN 957-679-649-0（第3冊：精裝）
978-957-679-649-4（加長碼）

1. 哲學-論文，講詞著

107　　87005103